四川省人文社会科学重点研究基地——中国盐文化研究中心招标项目"民国云南盐业与经济社会发展研究"（YWHZB17–01）资助成果

云南大学哲学社会科学创新团队——中国经济史创新团队（CY2262420204）研究成果

云南大学史学丛书

民国云南盐业与经济社会发展研究

赵小平 著

中国社会科学出版社

图书在版编目（CIP）数据

民国云南盐业与经济社会发展研究／赵小平著．—北京：中国社会科学
出版社，2022.7
（云南大学史学丛书）
ISBN 978 - 7 - 5227 - 0085 - 4

Ⅰ. ①民… Ⅱ. ①赵… Ⅲ. ①制盐工业—关系—区域经济发展—研究—
云南—民国 Ⅳ. ①F426.82②F127.74

中国版本图书馆 CIP 数据核字（2022）第 063849 号

出 版 人　赵剑英
责任编辑　刘志兵
责任校对　王　龙
责任印制　李寡寡

出　　版　中国社会科学出版社
社　　址　北京鼓楼西大街甲 158 号
邮　　编　100720
网　　址　http://www.csspw.cn
发 行 部　010 - 84083685
门 市 部　010 - 84029450
经　　销　新华书店及其他书店

印　　刷　北京明恒达印务有限公司
装　　订　廊坊市广阳区广增装订厂
版　　次　2022 年 7 月第 1 版
印　　次　2022 年 7 月第 1 次印刷

开　　本　710×1000　1/16
印　　张　16
插　　页　2
字　　数　246 千字
定　　价　98.00 元

目　录

绪　论

第一节　选题缘由及意义

盐，对于人类生存是不可或缺的重要物质，在人类社会发展史上亦起着举足轻重的作用，素有"立国之本""食肴之将""五味之祖""民之喉粮""白色金子""神赐之物"等多种高贵代称。

食盐作为一种特殊商品，它的流通将盐产地和消费市场紧密地联系在一起，许多地方都出现了专业性的盐贸市场。由于盐的生产，大量商人来往于盐产地和消费市场，推动了一些因盐而兴起的市镇（城市）的发展。而云南流通领域里长时期存在的盐币，在中国盐业史上、货币史上都是十分独特的。

就传统社会而言，盐无疑是当时的战略资源，成为统治者控制民众、稳定边疆民族地区的重要手段。食盐历来关系国计民生，向来是国家管控的对象，就滇盐而言，唐代就经历了中原王朝与南诏对安宁盐井的争夺，清代杜文秀起义攻占盐井以充军费，民国滇系军阀的兴起、发展与衰落皆与盐税有莫大关系。云南盐税一度是地方财政的大头，为云南经济社会发展作出了巨大贡献。在边疆民族地区，盐还涉及边疆稳定这一国家主权问题。特别是近代以后，对盐井的争夺，对盐销区的争夺，对边境食盐民众的争夺，成为滇盐抵制交私（越南私盐）、缅私（缅甸私盐），维护边疆稳定的重要任务。就今天而言，盐业仍属关系国计民生的资源性产业，在国民经济中仍占有重要地位。

因此，对滇盐的研究，既要关注其盐产本身，又要重视其与政治、经济、文化、军事、边疆等之间的关系。然而，就"关系"的研究而言，学术界还是比较缺乏的，这成为本选题的重要考虑因素。

盐业史作为经济史的重要分支，对其研究历来为学界所重视。就中国盐业史的研究而言，海盐史研究成果丰硕，池盐史研究也占有一席之地。就井盐史研究而言，川盐研究已经形成规模，特别在近十年来发展迅速，成果辉煌：不但有中国唯一的盐业史研究期刊——《盐业史研究》，有极具特色的自贡市盐业历史博物馆，而且成立了四川省人文社会科学重点研究基地——中国盐文化研究中心，在四川井盐史研究、盐文化研究方面取得了重大进展。相比较而言，同为井盐的滇盐研究则显得十分薄弱，这与历史上滇盐在云南拥有举足轻重的地位不相匹配。

对滇盐的研究，一些前辈学者①为我们作出了引领性的贡献，一些史学新人②也进行了一些尝试，但从研究的队伍来讲，十分分散，人数太少。从研究成果来看，没有形成规模化、体系化的成果。从研究内容来看，多为就某一个问题而论，很少通论某一时期的云南盐业发展史。就笔者的研究经历来看，在导师林文勋教授的悉心指导下，笔者硕士阶段曾完成硕士学位论文《清代滇盐与商品经济的发展》。因此，博士学位论文选题，从时段上看，是在硕士学位论文基础上的一个顺延；从内容上看，研究的内容比硕士学位论文更加丰富和全面：本书选取民国时期云南盐业与经济社会发展为研究对象，试图全面研究民国时期云南盐业的发展情况。与此同时，希望将历史上滇盐与云南财政、经济、政治、军事、文化之间的关系进行一次全面梳理，以期探讨滇盐与云南经济社会发展之间的紧密关系。从加强滇盐研究的系统化和推动云南盐文化研究的角度看，本论文有一定的学术价值和现实意义。

---

① 如潘定祥、杨勋民、何珍如、董咸庆、黄培林、谢本书、林文勋、吴强、黄国信等。
② 如朱霞、李正亭、赵小平、陈萍、陈东、丁琼、周靖、余劲松、张崇荣、蒋丽娜、金知恕等都选取滇盐为其学位论文研究对象。

第二节　学术研究综述

中国盐业的悠久历史和重要地位，使得学术界对盐业史的研究历来非常重视。经过百年来的研究，全国性盐业史研究成果丰硕，盐政、盐务、盐法、盐税为其研究重点。就各盐类来看，海盐史研究队伍庞大，成果斐然；池盐以山西为中心，研究风生水起；井盐以四川为龙头，川盐研究后劲迅猛。相比之下，同为井盐，滇盐的研究却相对薄弱。由于研究成果庞杂，出于篇幅原因不能一一列出，现将有代表性的全国盐业史研究成果、井盐史研究成果和目前能够收集到的云南盐业史研究成果总结如下。

一　中国盐业史代表性研究成果

（一）国内研究概况

盐业通史是在盐业史各方面研究不断发展的基础上出现的，它需要研究者对中国盐业发展史"融通"，此类大作中的著作有：郭正忠主编的《中国盐业史·古代编》①，丁长清、唐仁粤主编的《中国盐业史·近代当代编》②，唐仁粤主编的《中国盐业史·地方编》③。三部书时间上从古代到当代，空间上从全国到地方，对中国盐业发展历史进行了系统介绍，但"古代编"和"近代当代编"中只提及了云南盐业的产地分布、煎盐、灶户等概况，"地方编"第二十五章虽然专门介绍了云南盐业的发展，但是在时间上却将重点放在了1949年以后，对古代云南盐业发展的论述极其简略。钟长永的《中国盐业历史》④，对我国盐业的起源，以及各个时期的盐业发展情况进行了论述，该书在研究时特别关注盐业生产技术的改进和生产方式的变化，但是对云南的论述仍然不多。陈然等编著的《中

---

① 郭正忠主编：《中国盐业史·古代编》，人民出版社1997年版。
② 丁长清、唐仁粤主编：《中国盐业史·近代当代编》，人民出版社1997年版。
③ 唐仁粤主编：《中国盐业史·地方编》，人民出版社1997年版。
④ 钟长永：《中国盐业历史》，四川人民出版社2001年版。

国盐业史论丛》① 收集了 1950 年至 1985 年有关中国盐业史研究论文 300 余篇,然而,涉及云南盐业者仅有 5 篇,这恰恰从一个侧面反映了云南盐业史研究的薄弱。此外,代表性论文还有彭泽益的《盐业与盐业史研究》②。

综述性的专著成果有吴海波、曾凡英的《中国盐业史学术研究一百年》③;论文有何亚莉的《二十世纪中国古代盐业史研究综述》④,李晓龙、温春来的《中国盐史研究的理论视野和研究取向》⑤,李敏的《20 世纪 90 年代以来中国盐文化研究综述》⑥,吴海波的《近十五年来清代私盐史研究综述》⑦ 等。

盐业考古为盐业史研究提供了第一手资料,这方面的成果有李水城、罗泰主编的《中国盐业考古》(第一集⑧、第二集⑨、第三集⑩),燕生东的《商周时期渤海南岸地区的盐业》⑪;论文有王子今的《张家山汉简〈金布律〉中的早期井盐史料及相关问题》⑫ 等。

食盐专卖制是自春秋战国管仲"官山海"后政府长期实施的制度,从中充分体现了食盐在国计民生方面的重要性,李殿元的《论西

---

① 陈然、谢奇筹、邱明达:《中国盐业史论丛》,中国社会科学出版社 1987 年版。

② 彭泽益:《盐业与盐业史研究》,《盐业史研究》1986 年第 1 期。

③ 吴海波、曾凡英:《中国盐业史学术研究一百年》,巴蜀书社 2010 年版。

④ 何亚莉:《二十世纪中国古代盐业史研究综述》,《盐业史研究》2004 年第 2 期。

⑤ 李晓龙、温春来:《中国盐史研究的理论视野和研究取向》,《史学理论研究》2013 年第 2 期。

⑥ 李敏:《20 世纪 90 年代以来中国盐文化研究综述》,《盐业史研究》2013 年第 2 期。

⑦ 吴海波:《近十五年来清代私盐史研究综述》,《盐业史研究》2001 年第 3 期。

⑧ 李水城、罗泰主编:《中国盐业考古》第一集《长江上游古代盐业与景观考古的初步研究》,科学出版社 2006 年版。

⑨ 李水城、罗泰主编:《中国盐业考古》第二集《国际视野下的比较观察》,科学出版社 2010 年版。

⑩ 李水城、罗泰主编:《中国盐业考古》第三集《长江上游古代盐业与中坝遗址的考古研究》,科学出版社 2013 年版。

⑪ 燕生东:《商周时期渤海南岸地区的盐业》,文物出版社 2013 年版。

⑫ 王子今:《张家山汉简〈金布律〉中的早期井盐史料及相关问题》,《盐业史研究》2003 年第 3 期。

汉的盐铁官营》①、汪崇筼的《以商品经济观念论开中盐法及其嬗变》②、吴慧的《中国食盐专卖的历史考察》③、林文勋的《中国古代专卖制度的源起与历史作用：立足于盐专卖制的考察》④ 和《中国历史上的"盐铁时代"及其地位》⑤ 是这方面的代表作。

食盐的产销是两个重要环节，它直接关系到盐产量和销量，是历代政府强化控制的两个领域，盐税则主要征自这两个领域。在这些问题的研究上，代表作有王子今的《两汉盐产与盐运》⑥，吉成名的《汉代食盐产地研究》⑦《论金代食盐产地》⑧《元代食盐产地研究》⑨，李三谋的《清代食盐贸易中的引岸制度》⑩，林文勋的《北宋解盐入蜀考析》⑪，董振平的《1937—1941 年国民政府食盐运输制度述论》⑫《抗战时期国民政府食盐产制政策述论》⑬ 等。

盐政、盐务、盐法问题是盐业史研究的重要领域，涉及国家对盐业的管理思想、管理制度和管理措施。这方面的代表著作有欧宗佑的《中国盐政小史》⑭，蒋静一的《中国盐政问题》⑮，林振翰等编的《中国盐政纪要》⑯，盐务署盐政稽核所编的《中国盐政实录》⑰，盐

---

① 李殿元：《论西汉的盐铁官营》，《浙江学报》1993 年第 6 期。

② 汪崇筼：《以商品经济观念论开中盐法及其嬗变》，《盐业史研究》2000 年第 3 期。

③ 吴慧：《中国食盐专卖的历史考察》，《盐业史研究》1990 年第 4 期。

④ 林文勋：《中国古代专卖制度的源起与历史作用：立足于盐专卖制的考察》，《盐业史研究》2003 年第 3 期。

⑤ 林文勋：《中国历史上的"盐铁时代"及其地位》，载曾凡英主编《盐文化研究论丛》第 1 辑，巴蜀书社 2006 年版。

⑥ 王子今：《两汉盐产与盐运》，《盐业史研究》1993 年第 3 期。

⑦ 吉成名：《汉代食盐产地研究》，载曾凡英主编《盐文化研究论丛》第 2 辑，巴蜀书社 2007 年版。

⑧ 吉成名：《论金代食盐产地》，《盐业史研究》2008 年第 3 期。

⑨ 吉成名：《元代食盐产地研究》，《四川理工学院学报》2008 年第 3 期。

⑩ 李三谋：《清代食盐贸易中的引岸制度》，《盐业史研究》1992 年第 1 期。

⑪ 林文勋：《北宋解盐入蜀考析》，《盐业史研究》1990 年第 2 期。

⑫ 董振平：《1937—1941 年国民政府食盐运输制度述论》，《盐业史研究》2002 年第 1 期。

⑬ 董振平：《抗战时期国民政府食盐产制政策述论》，《盐业史研究》2005 年第 3 期。

⑭ 欧宗佑：《中国盐政小史》，商务印书馆 1927 年版。

⑮ 蒋静一：《中国盐政问题》，正中书局 1936 年版。

⑯ 林振翰等编：《中国盐政纪要》，商务印书馆 1930 年版。

⑰ 盐务署盐政稽核所编：《中国盐政实录》，上海汉文正楷印书局 1933 年版。

务总局编的《中国盐政实录》①，曾仰丰的《中国盐政史》②，何维凝的《中国盐政史》③，丁长清主编的《民国盐务史稿》④，倪玉平的《博弈与均衡：清代两淮盐政改革》⑤，足见盐政、盐务的重要性。代表性论文有千家驹的《关于中国的盐务史》⑥，王仲的《袁世凯统治时期的盐务和盐务改革》⑦，林文勋的《略论食盐入中法的产生发展及作用》⑧，李德成的《北洋政府时期的盐务管理》⑨，黄纯艳的《魏晋南北朝世族势力的膨胀与盐政演变》⑩，刘经华的《抗战时期国民政府盐务管理体制的变迁》⑪，陈锋的《微员任重：清代的盐场大使——清代盐业管理研究之五》⑫等。

盐税是对食盐生产、运销两个领域所征收的税，为历代政府的主要财政收入，因此，学界对其研究成果较多，代表著作有田斌的《中国盐税与盐政》⑬，陈锋的《清代盐政与盐税》⑭，李何春的《动力与桎梏：澜沧江峡谷的盐与税》⑮。代表论文有董振平的《论抗战时期国民政府的盐税政策》⑯。

中国盐业发展史，也是一部私盐发展史，私盐与中国盐业发展始终相伴随，因此，私盐问题一直是学术界比较关注的问题，张小也的

① 盐务总局编：《中国盐政实录》，上海新生德记印刷厂 1948 年版。
② 曾仰丰：《中国盐政史》，商务印书馆 1936 年版。
③ 何维凝：《中国盐政史》，大中图书有限公司 1966 年版。
④ 丁长清主编：《民国盐务史稿》，人民出版社 1990 年版。
⑤ 倪玉平：《博弈与均衡：清代两淮盐政改革》，福建人民出版社 2006 年版。
⑥ 千家驹：《关于中国的盐务史》，《盐业史研究》1986 年第 1 期。
⑦ 王仲：《袁世凯统治时期的盐务和盐务改革》，《近代史研究》1987 年第 4 期。
⑧ 林文勋：《略论食盐入中法的产生发展及作用》，《盐业史研究》1991 年第 1 期。
⑨ 李德成：《北洋政府时期的盐务管理》，《江西师范大学学报》2001 年第 1 期。
⑩ 黄纯艳：《魏晋南北朝世族势力的膨胀与盐政演变》，《盐业史研究》2002 年第 2 期。
⑪ 刘经华：《抗战时期国民政府盐务管理体制的变迁》，《盐业史研究》2005 年第 3 期。
⑫ 陈锋：《微员任重：清代的盐场大使——清代盐业管理研究之五》，《中国经济史研究》2019 年第 3 期。
⑬ 田斌：《中国盐税与盐政》，省政府印书局 1929 年版。
⑭ 陈锋：《清代盐政与盐税》，中州古籍出版社 1988 年版。
⑮ 李何春：《动力与桎梏：澜沧江峡谷的盐与税》，中山大学出版社 2016 年版。
⑯ 董振平：《论抗战时期国民政府的盐税政策》，《盐业史研究》2002 年第 1 期。

《清代私盐问题研究》① 是这方面的代表著作。代表论文有史继刚的
《两宋对私盐的防范》，认为虽然两宋对私盐的防范措施有很多，但
还是无法根治私盐问题②。姜锡东的《关于宋代的私盐贩》③，认为宋
代私盐贩有非法性、武装化和在食盐生产流通中有特殊作用三大特
征。郭正忠的《宋代私盐律述略》④，则考察了私盐作为专用律名的
来源及私盐法的演变进程。吴海波的《清代湖广官盐流通、运销与私
盐》⑤，认为不合理的划界行盐体制和官盐的不合理运线是湖广私盐
盛行的主要因素。此外，还有张小也的《清代盐政中的缉私问题》⑥。

　　盐商是食盐运销的重要力量，也是私盐盛行的又一大因素。关于
盐商的研究代表作有宋良曦的《清代中国盐商的社会地位》⑦，认为
盐商对经济发展、社会变迁和文化演变都产生了影响，而其负面影响
是造成私盐泛滥的重要原因。金成基的《清代前期两淮盐商的盛
衰》⑧，对清代两淮盐商与盐法的关系、盐商兴衰的原因进行了系统
考察。此外，还有陈星生的《两个城市的背影——扬州盐商与自贡盐
商的比较研究》⑨ 等。

　　食盐销售与市场密不可分，食盐贸易是一种长途、大额贸易。这
方面的研究代表性著作有黄国信的《市场如何形成——从清代食盐走
私的经验事实出发》⑩《国家与市场：明清食盐贸易研究》⑪。代表性
论文有屈小强的《三星堆文明时期的食盐贸易》⑫，黄国信的《从清

①　张小也：《清代私盐问题研究》，社会科学文献出版社 2001 年版。

②　史继刚：《两宋对私盐的防范》，《中国史研究》1990 年第 2 期。

③　姜锡东：《关于宋代的私盐贩》，《盐业史研究》1999 年第 1 期。

④　郭正忠：《宋代私盐律述略》，《江西社会科学》1997 年第 4 期。

⑤　吴海波：《清代湖广官盐流通、运销与私盐》，《求索》2006 年第 2 期。

⑥　张小也：《清代盐政中的缉私问题》，《清史研究》2000 年第 1 期。

⑦　宋良曦：《清代中国盐商的社会地位》，《盐业史研究》1998 年第 4 期。

⑧　金成基：《清代前期两淮盐商的盛衰》，《中国史研究》1981 年第 2 期。

⑨　陈星生：《两个城市的背影——扬州盐商与自贡盐商的比较研究》，《盐业史研究》
2008 年第 2 期。

⑩　黄国信：《市场如何形成——从清代食盐走私的经验事实出发》，北京师范大学出
版社 2018 年版。

⑪　黄国信：《国家与市场：明清食盐贸易研究》，中华书局 2019 年版。

⑫　屈小强：《三星堆文明时期的食盐贸易》，《盐业史研究》1994 年第 1 期。

代食盐贸易中的官商关系看传统市场形成机制》①，张世福、张莉红
的《论清代中国的盐业贸易》②，刘经华的《民国初期食盐贸易自由
化论析》③。

盐业史是中国经济史的重要组成部分，盐业经济本身就是经济史
的重要内容，因此，一些学者对盐业经济史也进行了较为系统的研
究，如郭正忠的《宋代盐业经济史》④，林建宇的《中国盐业经
济》⑤，刘淼的《明代盐业经济研究》⑥ 等。

对于食盐的功能、历史地位和重要性，一些学者也进行了探讨，
林文勋的《宋代盐钞功能试探》⑦《宋代食盐与周边民族关系》⑧ 是
这方面的代表作。

中国悠久的盐业历史，孕育了非常多彩的盐文化。近年来，对盐
文化的研究成果频频出现，代表性的有张银河的《中国盐文化史》⑨，
宋良曦的《中国盐与食文化》⑩ 和《中国盐文化的内涵与研究状
况》⑪，黄俶成的《论两淮盐业经济对清代学术文化的影响》⑫，曾凡
英的《盐文化的内涵与特征》⑬ 和《再论盐文化》⑭，赵逵、杨雪松
的《川盐古道与盐业古镇的历史研究》⑮，万吉琼的《中国盐文化研

---

① 黄国信：《从清代食盐贸易中的官商关系看传统市场形成机制》，《扬州大学学报》
（人文社会科学版）2018 年第 1 期。

② 张世福、张莉红：《论清代中国的盐业贸易》，《盐业史研究》1989 年第 2 期。

③ 刘经华：《民国初期食盐贸易自由化论析》，《中国社会经济史研究》2003 年第 2 期。

④ 郭正忠：《宋代盐业经济史》，人民出版社 1990 年版。

⑤ 林建宇：《中国盐业经济》，四川人民出版社 2002 年版。

⑥ 刘淼：《明代盐业经济研究》，汕头大学出版社 1996 年版。

⑦ 林文勋：《宋代盐钞功能试探》，《中州学刊》1995 年第 2 期。

⑧ 林文勋：《宋代食盐与周边民族关系》，《云南民族学院学报》1993 年第 2 期。

⑨ 张银河：《中国盐文化史》，大象出版社 2009 年版。

⑩ 宋良曦：《中国盐与食文化》，《盐业史研究》1996 年第 1 期。

⑪ 宋良曦：《中国盐文化的内涵与研究状况》，载曾凡英主编《盐文化研究论丛》第
3 辑，巴蜀书社 2008 年版。

⑫ 黄俶成：《论两淮盐业经济对清代学术文化的影响》，《江海学刊》2001 年第 3 期。

⑬ 曾凡英：《盐文化的内涵与特征》，《四川理工学院学报》（社会科学版）2006 年第
1 期。

⑭ 曾凡英：《再论盐文化》，《盐业史研究》1998 年第 1 期。

⑮ 赵逵、杨雪松：《川盐古道与盐业古镇的历史研究》，《盐业史研究》2007 年第 2 期。

究的现状与趋势》①，赵小平的《对做好盐文化资源开发利用与保护的几点思考》② 等。更值得关注的是，中国盐文化研究中心精心组织的《盐文化研究论丛》（从第8辑改为《中国盐文化》）③ 和于云汉主编的《海盐文化研究》④，为中国盐文化研究和海盐文化研究提供了专门平台。

更值得欣喜的是，出现了一批以盐为研究对象的博士学位论文，如周莉的《清代广东盐业与地方社会》⑤，纪丽真的《明清山东盐业研究》⑥，吴海波的《清中叶两淮私盐与地方社会》⑦，李青淼的《唐代盐业地理》⑧，张毅的《明清天津盐业研究》⑨，毕昱文的《1912—1928年长芦盐区缉私武装研究》⑩，赵小平的《民国云南盐业与经济社会发展研究》⑪ 等，这批学者现在已经逐步成长为盐业史研究的中坚力量。

盐业问题历来为学术界所重视，不仅我国内地学者从全方位、多角度对中国盐业问题进行了深入探讨，香港、台湾的一些学者也给予了高度关注。如台湾学者林瑞翰的《宋代盐榷》⑫、王抚州的《中国之盐政》⑬；香港学者陈璋的《汉武帝盐铁官卖政策考略》⑭；学位论

① 万吉琼：《中国盐文化研究的现状与趋势》，《江西社会科学》2013年第10期。
② 赵小平：《对做好盐文化资源开发利用与保护的几点思考》，载曾凡英主编《盐文化研究论丛》第7辑，巴蜀书社2014年版。
③ 曾凡英主编：《盐文化研究论丛》第1—7辑，巴蜀书社（第6辑在四川人民出版社出版）；《中国盐文化》第8—9辑，中国经济出版社；第10—11辑，西南交通大学出版社。
④ 于云汉主编：《海盐文化研究》第1辑、第2辑，中国海洋大学出版社2014年11月、2015年12月出版。
⑤ 周莉：《清代广东盐业与地方社会》，博士学位论文，华中师范大学，2005年。
⑥ 纪丽真：《明清山东盐业研究》，博士学位论文，山东大学，2006年。
⑦ 吴海波：《清中叶两淮私盐与地方社会》，博士学位论文，复旦大学，2007年。
⑧ 李青淼：《唐代盐业地理》，博士学位论文，北京大学，2008年。
⑨ 张毅：《明清天津盐业研究》，博士学位论文，南开大学，2009年。
⑩ 毕昱文：《1912—1928年长芦盐区缉私武装研究》，博士学位论文，河北师范大学，2011年。
⑪ 赵小平：《民国云南盐业与经济社会发展研究》，博士学位论文，云南大学，2014年。
⑫ 林瑞翰：《宋代盐榷》，《大陆杂志》1953年第28卷第6期。
⑬ 王抚州：《中国之盐政》，《大陆杂志》1950年第1卷第6期。
⑭ 陈璋：《汉武帝盐铁官卖政策考略》，《港大史学年刊》1960年第1卷。

文有台湾徐泓的《明代的盐法》①，全面、系统地考察了明代的盐法。魏严坚的《安史之乱后唐代盐业之发展——以江淮地区为重心》②，探讨了唐代盐业产地的分布及其各盐区的发展情况，进而分析了唐代盐政衰微的原因。

（二）国外对中国盐业史的研究概况

日本学者一直重视对中国历史的研究，对中国盐业史的研究也不例外。日本学者宫崎市定的《西夏的兴起与青白盐问题》③ 一文，揭开了日本学者研究中国盐业史的序幕。对汉代盐业史研究的代表作有影山刚的《西汉的盐专卖》④，对唐代盐业史研究的代表作有横山裕男的《唐代的盐商》⑤，研究宋代盐业史的代表作有池田诚的《宋代解州官营盐业之构成——其支配与隶属》⑥，研究明代盐业史的代表作有佐伯富的《明代的票法——明代盐政的一瞥》⑦，研究清代盐业的代表作有加藤繁的《关于清代的权盐法》⑧；带有综述性的则有吉田寅的《中国盐业史在日本的研究现状》⑨。

韩国学者研究中国盐业史的起步明显比日本晚，且成果较少，代表作有金钟博的《明代盐法之演变与盐商之变化》⑩，探讨了明代盐法与盐商之间的关系问题。

新加坡学者对中国盐业史的研究以姜道章为代表，其代表作有

---

① 徐泓：《明代的盐法》，博士学位论文，台湾大学，1973 年。

② 魏严坚：《安史之乱后唐代盐业之发展——以江淮地区为重心》，硕士学位论文，台湾东海大学，1986 年。

③ ［日］宫崎市定：《西夏的兴起与青白盐问题》，《东亚经济研究》1934 年第 18 卷第 2 期。

④ ［日］影山刚：《西汉的盐专卖》，载《日本学者研究中国史论著选集》第 3 卷，中华书局 1993 年版。

⑤ ［日］横山裕男：《唐代的盐商》，日本《史林》1960 年第 43 卷第 4 期。

⑥ ［日］池田诚：《宋代解州官营盐业之构成——其支配与隶属》，日本《史林》1950 年第 33 卷第 6 期。

⑦ ［日］佐伯富：《明代的票法——明代盐政的一瞥》，日本《史林》1954 年第 37 卷第 4 期。

⑧ ［日］加藤繁：《关于清代的权盐法》，《史潮》1937 年第 7 卷第 1 期。

⑨ ［日］吉田寅：《中国盐业史在日本的研究现状》，载彭泽益、王仁远主编《中国盐业史国际学术讨论会论文集》，四川人民出版社 1991 年版。

⑩ ［韩］金钟博：《明代盐法之演变与盐商之变化》，《史学集刊》2005 年第 1 期。

《论清代中国的盐业贸易》①。

欧美学者对中国盐业史的研究关注要少一些，但也有相关研究成果出现，如瑞士学者傅汉思的《中西盐业史比较研究》②；美国学者对中国盐业史研究的代表人物为何炳棣，其代表作有《扬州盐商：十八世纪中国商业资本的研究》③，重点分析了盐商资本及其盐商的兴衰。

二　以川盐为代表的井盐史研究成果

井盐以川盐和滇盐为代表，从井盐的生产规模、生产技术、盐税在全国所占的比重来看，川盐明显优于滇盐。而从研究方面来看，无论是研究平台的建设④、研究队伍的组成还是研究成果，川盐研究都领先于滇盐研究。现将部分有代表性的川盐研究成果罗列出来，以期与后面的滇盐研究成果进行比较，找出滇盐研究中的薄弱环节，为下一步开展滇盐研究明确方向。

（一）国内学者研究概况

国内对川盐研究十分全面，研究成果基本上包括了川盐的方方面面。盐业考古方面的研究有黄健、钟长永的《川东盐业与三峡库区的盐业遗址》⑤，林永铸的《富顺古"富义盐井"遗址考》⑥。

对四川盐业史的研究著作有宋良曦、钟长永的《川盐史论》⑦，彭久松、陈然的《四川井盐史论丛》⑧ 等。研究论文有李福德的《四

---

① ［新加坡］姜道章（Ching, Tao - chang）：《论清代中国的盐业贸易》，《盐业史研究》1989 年第 2 期。

② ［瑞士］傅汉思：《中西盐业史比较研究》，《盐业史研究》1993 年第 4 期。

③ ［美］何炳棣：《扬州盐商：十八世纪中国商业资本的研究》，《中国社会经济史研究》1999 年第 2 期。

④ 如中国盐文化研究中心和《盐业史研究》期刊。

⑤ 黄健、钟长永：《川东盐业与三峡库区的盐业遗址》，《四川文物》1997 年第 2 期。

⑥ 林永铸：《富顺古"富义盐井"遗址考》，《自流井》1985 年第 2 期。

⑦ 宋良曦、钟长永：《川盐史论》，四川人民出版社 1990 年版。

⑧ 彭久松、陈然：《四川井盐史论丛》，四川省社会科学院出版社 1985 年版。

川盐业发展概述》①、陈然的《清咸、同时期的四川井盐业》②、程龙刚的《元代四川盐业生产》③，学位论文有胡莉的《元代井盐研究》④。

四川井盐生产技术在世界上都处于先进行列，产地则分川北、川南，其中以川南为主。由于销岸既有四川省内销岸，又有贵州、云南、湖南、湖北等省外销岸，盐运条件比较复杂。对井盐生产技术、产地进行研究的著作有林元雄等的《中国井盐科技史》⑤。研究论文则有梁鹰的《中国的井盐开采技术》⑥，白广美的《中国古代井盐生产技术史的初步探讨》⑦《中国古代盐井考》⑧，何珍如的《我国古代的井盐》⑨，吉成名的《论清代井盐产地》⑩。对盐运方面的研究则有张莉红的《丁宝桢与川盐官运》⑪。

盐政、盐商、盐税研究也是川盐研究的重点对象。对川盐盐政问题进行研究的著作有吴炜辑的《四川盐政史》⑫，论文有张学君的《论宋代四川盐业与盐政》⑬。对盐商进行研究的有林建宇的《盐商与自贡地方议事会》⑭、陈星生的《自贡盐商与扬州盐商》⑮。对盐税进

---

① 李福德：《四川盐业发展概述》，《盐业史研究》1992 年第 1 期。
② 陈然：《清咸、同时期的四川井盐业》，《盐业史研究》1988 年第 4 期。
③ 程龙刚：《元代四川盐业生产》，《盐业史研究》2000 年第 3 期。
④ 胡莉：《元代井盐研究》，硕士学位论文，暨南大学，2013 年。
⑤ 林元雄等：《中国井盐科技史》，四川人民出版社 1987 年版。
⑥ 梁鹰：《中国的井盐开采技术》，《盐业史研究》1986 年第 1 期。
⑦ 白广美：《中国古代井盐生产技术史的初步探讨》，《清华大学学报》1962 年第 9 卷第 6 期。
⑧ 白广美：《中国古代盐井考》，《自然科学技术史研究》1985 年第 2 期。另见《中国盐业史论丛》，中国社会科学出版社 1987 年版。
⑨ 何珍如：《我国古代的井盐》，《文史知识》1990 年第 6 期。
⑩ 吉成名：《论清代井盐产地》，《盐业史研究》2010 年第 3 期。
⑪ 张莉红：《丁宝桢与川盐官运》，《盐业史研究》1988 年第 2 期。
⑫ 吴炜辑：《四川盐政史》，民国二十一年（1932）铅印本。
⑬ 张学君：《论宋代四川盐业与盐政》，载《四川井盐史论丛》，四川省社会科学院出版社 1985 年版。
⑭ 林建宇：《盐商与自贡地方议事会》，《盐业史研究》2003 年第 2 期。
⑮ 陈星生：《自贡盐商与扬州盐商》，《中国档案》2008 年第 3 期。

行研究的有宋良曦的《论清代四川盐税的发轫》①、钟长永的《近代四川盐税与地方财经》②。

在盐业契约文书的研究方面，自贡盐业契约研究取得了长足的进步，专著如吴斌、支果、曾凡英的《中国盐业契约论——以四川近现代盐业契约为中心》③，论文如李三谋的《清代四川盐井土地买卖契约简论》④、彭久松的《自贡盐业契约考释》（连载一至连载十）⑤。特别是自贡市档案馆编的《自贡盐业历史档案·契约卷》⑥，为下一步的川盐研究提供了丰富的第一手资料。

在盐业与经济社会发展关系及盐业地位研究方面，也出现了一批代表性成果，如研究盐业与城市发展关系的主要有曾凡英的《盐业与自贡城市发展》⑦，研究盐与军事关系的有钟长永的《西南军阀与四川盐税》⑧、林建宇的《军阀与近代自贡盐业》⑨、宋良曦的《四川军阀对自贡盐商的掠夺》⑩，研究盐业与商品经济关系的有吴泽霖的《从近百年自贡盐业运销史看商品经济的重要性》⑪，研究井盐历史地位的有贾大泉的《井盐在宋代四川经济及政治中的地位与作用》⑫。

———————————

①　宋良曦：《论清代四川盐税的发轫》，载《盐史论集》，四川人民出版社 2008 年版。

②　钟长永：《近代四川盐税与地方财经》，载《中国盐业史国际学术讨论会论文集》，四川人民出版社 1991 年版。

③　吴斌、支果、曾凡英：《中国盐业契约论——以四川近现代盐业契约为中心》，西南交通大学出版社 2015 年版。

④　李三谋：《清代四川盐井土地买卖契约简论》，《盐业史研究》2001 年第 1 期。

⑤　彭久松：《自贡盐业契约考释》连载一至连载十，参见《盐业史研究》1986 年第 1 期、1988 年第 1—4 期、1989 年第 1—4 期、1990 年第 1 期。

⑥　自贡市档案馆编：《自贡盐业历史档案·契约卷》（全 18 册），凤凰出版社 2017 年版。

⑦　曾凡英：《盐业与自贡城市发展》，《盐业史研究》1994 年第 3 期。

⑧　钟长永：《西南军阀与四川盐税》，《井盐史通讯》1984 年第 1 期。

⑨　林建宇：《军阀与近代自贡盐业》，《文史杂志》2003 年第 3 期。

⑩　宋良曦：《四川军阀对自贡盐商的掠夺》，《井盐史通讯》1982 年第 1 期。

⑪　吴泽霖：《从近百年自贡盐业运销史看商品经济的重要性》，《盐业史研究》1988 年第 2 期。

⑫　贾大泉：《井盐在宋代四川经济及政治中的地位与作用》，《盐业史研究》1986 年第 1 辑。

近年来，盐文化研究在四川发展迅速，出现了规模化的研究成果①，除前面提到的宋良曦②、曾凡英③、万吉琼④等学者的成果外，还有程龙刚的《自贡盐文化遗产保护与利用研究》⑤，邓军的《文化线路视阈下川黔古盐道遗产体系与协同保护》⑥，刘彦群的《川滇黔古盐道与旅游开发研究》⑦，罗益章的《川盐运道概略》⑧ 等。

对川盐的研究，台湾地区学者在井盐生产、运销及盐税等方面给予了关注。台湾学者中有程光裕的《宋代川盐之产销》⑨，谭亘闿的《四川的盐井》⑩，周询的《清代川盐盐税》⑪。并且台湾有学位论文也选取川盐为研究对象，如许世融的《宋代川盐的生产管理运销及其对社会经济之影响》⑫，重点探讨了宋代川盐的产销情况，以及川盐对四川经济、民族关系等方面的影响。

（二）国外学者研究概况

国外学者对盐井的研究，有日本学者古贺登的《唐代井盐考》⑬，韩国学者李俊甲的《太平天国时期川盐在湖南湖北市场的进出与银流

① 四川理工学院自 2005 年成立中国盐文化研究中心以来，已经在巴蜀书社（第 6 辑开始改为四川人民出版社出版）公开出版了由曾凡英教授主编的《盐文化研究论丛》（后改为《中国盐文化》），已有 11 辑。

② 宋良曦《中国盐文化的内涵与研究状况》，载曾凡英主编《盐文化研究论丛》第 3 辑，巴蜀书社 2008 年版。

③ 如曾凡英《盐文化的内涵与特征》，《四川理工学院学报》（社会科学版）2006 年第 1 期；曾凡英《再论盐文化》，《盐业史研究》1998 年第 1 期。

④ 万吉琼：《中国盐文化研究的现状与趋势》，《江西社会科学》2013 年第 10 期。

⑤ 程龙刚：《自贡盐文化遗产保护与利用研究》，《中国名城》2011 年第 8 期。

⑥ 邓军：《文化线路视阈下川黔古盐道遗产体系与协同保护》，《长江师范学院学报》2016 年第 6 期。

⑦ 刘彦群：《川滇黔古盐道与旅游开发研究》，《盐业史研究》2005 年第 4 期。

⑧ 罗益章：《川盐运道概略》，《盐业史研究》1992 年第 3 期。

⑨ 程光裕：《宋代川盐之产销》，《学术季刊》1954 年第 2 卷第 4 期。

⑩ 谭亘闿：《四川的盐井》，《大陆杂志》1952 年第 5 卷第 1 期。

⑪ 周询：《清代川盐盐税》，《四川文献》1957 年第 66 期。

⑫ 许世融：《宋代川盐的生产管理运销及其对社会经济之影响》，硕士学位论文，台湾中国文化大学，1991 年。

⑬ ［日］古贺登：《唐代井盐考》，《史观》1958 年第 53 期。

通》①，美国学者珍琳·玛德莱的《富荣盐业考》②。研究重点仍然放在川盐的产销方面。

三　滇盐的研究成果

滇盐研究基本上集中在国内，以云南学者为主。由于研究人员较少，且没能形成团队，故而对滇盐的研究成果并不多。现将目前能够收集到的研究成果整理如下。

民国时代，云南共编撰了两部省志：《新纂云南通志》和《续云南通志长编》，其中，《新纂云南通志》卷一百四十七"盐务考一"、卷一百四十八"盐务考二"、卷一百四十九"盐务考三"对清代及以前云南盐业有专论，卷一百五十二"财政考三"对云南"盐课"进行了梳理。③《续云南通志长编（中册）》卷五十六（"盐务一"）至卷六十（"盐务五"）分别从场产、运销、征榷、缉私、职官、经费、借款、稽核等方面全面介绍了民国时期的云南盐业④。

史料和方志是研究的基础。在云南盐业档案史料整理和方志撰写方面成果虽然不多，但是，吴强、李培林、和丽琨编的《民国云南盐业档案史料》⑤，《云南省志·盐业志》⑥两部书为滇盐研究，特别是对民国以后的滇盐研究奠定了史料基础。

对滇盐的系统性研究成果并不多见，但还是有一部分概述性的研究成果出现，如著作有黄培林、钟长永主编的《滇盐史论》⑦，主

---

① ［韩］李俊甲：《太平天国时期川盐在湖南湖北市场的进出与银流通》，《盐业史研究》2006 年第 1 期。

② ［美］珍琳·玛德莱：《富荣盐业考》，载《中国盐业史国际学术讨论会论文集》，四川人民出版社 1991 年版。

③ （民国）龙云、卢汉修、周钟岳等撰：《新纂云南通志》，1944 年刻本。参见牛鸿斌等点校《新纂云南通志》第 7 册，云南人民出版社 2007 年版。

④ 云南通志馆编：《续云南通志长编》（注：民国时期一直未能印刷出版）。参见云南省志编纂委员会办公室《续云南通志长编》中册，云南省科学技术情报研究所印刷厂 1986 年版。

⑤ 吴强等编：《民国云南盐业档案史料》，云南民族出版社 1999 年版。

⑥ 云南省地方志编纂委员会：《云南省志》卷 19《盐业志》，云南人民出版社 1993 年版。

⑦ 黄培林、钟长永主编：《滇盐史论》，四川人民出版社 1997 年版。

要从盐业史概述、三大产盐区、滇盐生产技术、滇盐经济（主要是清代之后的盐业经济）、滇盐文化五个部分来进行研究，是第一部对云南盐业史进行全面研究的著作。研究论文有张心雄的《川滇井盐概述》①，黄培林的《云南盐业四十年》②《云南盐史概说》③，吴强的《抗战时期的云南盐业》④，谢本书的《滇盐发展的历史特点》⑤。

对盐政、盐务、盐法、盐税的研究也是滇盐研究的重点，专著有杨勋民编的《云南盐务纪要》⑥，对云南盐务进行了较全面梳理。论文有刘隽的《清代云南的盐务》⑦，何珍如的《清代云南的盐务缉私》⑧，董咸庆的《清代云南盐务制度》⑨，李正亭、孔令琼的《明清云南盐务管理与盐课考述》⑩，刘楠楠的《1915 年云南盐务整理案》⑪，何珍如的《明代云南的盐政》⑫，《康熙时期的云南盐政》⑬，黄培林的《民国年间滇盐的产制管理》⑭，武晓芬的《清代及民国云南盐政变化与地方经济的关系》⑮，李正亭的《明代云南开中盐法及

① 张心雄：《川滇井盐概述》，《旅行杂志》1940 年第 14 卷第 3 期。
② 黄培林：《云南盐业四十年》，《云南文史丛刊》1990 年第 4 期。
③ 黄培林：《云南盐史概说》，《盐业史研究》1996 年第 3 期。
④ 吴强：《抗战时期的云南盐业》，《盐业史研究》1995 年第 1 期。
⑤ 谢本书：《滇盐发展的历史特点》，《盐业史研究》1996 年第 3 期。
⑥ 杨勋民：《云南盐务纪要》，昆明：开智印刷公司代印，1940 年。
⑦ 刘隽：《清代云南的盐务》，《中国近代经济史研究集刊》1933 年第 2 卷第 1 期。
⑧ 何珍如：《清代云南的盐务缉私》，载《中国历史博物馆馆刊》总第 6 期，文物出版社 1984 年版。
⑨ 董咸庆：《清代云南盐务制度》，载云南大学历史系编《史学论丛》第 4 辑，云南大学出版社 1989 年版。
⑩ 李正亭、孔令琼：《明清云南盐务管理与盐课考述》，《盐业史研究》2007 年第 4 期。
⑪ 刘楠楠：《1915 年云南盐务整理案》，《民国档案》2013 年第 4 期。
⑫ 何珍如：《明代云南的盐政》，载《中国历史博物馆馆刊》总第 10 期，文物出版社1987 年版。
⑬ 何珍如：《康熙时期的云南盐政》，载《中国历史博物馆馆刊》总第 5 期，文物出版社 1983 年版。
⑭ 黄培林：《民国年间滇盐的产制管理》，《盐业史研究》1992 年第 1 期。
⑮ 武晓芬：《清代及民国云南盐政变化与地方经济的关系》，《中国经济史研究》2004年第 3 期。

其社会影响析论》①，赵小平的《清代云南盐政探析》②，马琦的《清代贵州盐政述论——以川盐、淮盐、滇盐、粤盐贵州市场争夺战为中心》③，黄培林的《云南盐税琐谈》④，赵小平的《略论清代云南盐税及其变化》⑤《近代滇盐盐税与云南地方财政》⑥，丁琼、李月声的《略论清代云南盐税收入在地方财政上的流向》⑦，张柏惠的《以丁之名——再论明清云南黑、白、琅井盐课提举司的赋役征派》⑧《明清易代与国家制度下的地方运作——论清初云南的黑、白、琅井盐课提举司》⑨，马琦的《清前中期云南盐税的定额、实征与奏销》⑩，谢祺的《清末边疆危机下中央与云南当局围绕盐课的博弈》⑪。从研究成果来看，重点是明清时期的云南盐政、盐务和盐法，但也关注到了盐政、盐法变化所带来的影响。盐税则重点关注的是清代盐税及其征收方式。

对滇盐的生产、运销两大环节进行研究的成果相对较多，有些从产地沿革着手，有些从生产技术的改革入手，有些从生产方式的革新入手，有些从运销管理及体制研究入手。生产方面的如萧右乾的《滇

① 李正亭：《明代云南开中盐法及其社会影响析论》，《四川理工学院学报》2013年第3期。

② 赵小平：《清代云南盐政探析》，载曾凡英主编《盐文化研究论丛》第6辑，四川人民出版社2013年版。

③ 马琦：《清代贵州盐政述论——以川盐、淮盐、滇盐、粤盐贵州市场争夺战为中心》，《盐业史研究》2006年第1期。

④ 黄培林：《云南盐税琐谈》，《盐业史研究》1990年第4期。

⑤ 赵小平：《略论清代云南盐税及其变化》，《盐业史研究》2008年第4期。

⑥ 赵小平：《近代滇盐盐税与云南地方财政》，《四川理工学院学报》2007年第4期。

⑦ 丁琼、李月声：《略论清代云南盐税收入在地方财政上的流向》，载曾凡英主编《盐文化研究论丛》第5辑，巴蜀书社2010年版。

⑧ 张柏惠：《以丁之名——再论明清云南黑、白、琅井盐课提举司的赋役征派》，《盐业史研究》2016年第3期。

⑨ 张柏惠：《明清易代与国家制度下的地方运作——论清初云南的黑、白、琅井盐课提举司》，《中国边疆史地研究》2018年第1期。

⑩ 马琦：《清前中期云南盐税的定额、实征与奏销》，《盐业史研究》2018年第2期。

⑪ 谢祺：《清末边疆危机下中央与云南当局围绕盐课的博弈》，《盐业史研究》2018年第2期。

中盐区元永井》①，赵德厚的《滇西盐场巡礼》②，董咸庆的《云南食盐产地沿革与变迁》③，刘德林的《滇盐矿山开发史略论》④，谢本书的《移卤就煤——云南盐业史上的创举》⑤，吴强的《抗战时期的云南盐业》⑥，赵小平的《北洋政府时期云南盐业生产研究》⑦《抗日战争时期云南盐业发展研究》⑧，胡士铎的《滇盐钻探之经过及其展望》⑨，罗守杰的《云南采用岩盐定向对接井采卤方法》⑩，杨柳、诸锡斌的《黑井传统制盐技术新考》⑪，赵小平的《民国时期云南盐业生产技术改进与生产关系演变研究（1927—1937年）》⑫，李如海的《石羊传统制盐技艺的价值审视》⑬；运销方面的如黄培林的《民国时期滇盐运销体制概括》⑭，董咸庆的《清代云南食盐产销的独特性》⑮，赵小平的《清代滇盐的流通与销盐市场的拓展》⑯《民国初期滇盐的运销研究》⑰《北洋政府时期滇盐的运销体制演变研究》⑱ 等。

盐业经费是保障云南开采、生产、运销的基础，然而对这一问题

---

① 萧右乾：《滇中盐区元永井》，《建国报道》1945年第1卷第16期。
② 赵德厚：《滇西盐场巡礼》，《旅行杂志》1948年第22卷第3期。
③ 董咸庆：《云南食盐产地沿革与变迁》，《盐业史研究》1986年第1期。
④ 刘德林：《滇盐矿山开发史略论》，《盐业史研究》1996年第3期。
⑤ 谢本书：《移卤就煤——云南盐业史上的创举》，《盐业史研究》1991年第4期。
⑥ 吴强：《抗战时期的云南盐业》，《盐业史研究》1995年第1期。
⑦ 赵小平：《北洋政府时期云南盐业生产研究》，《四川理工学院学报》2012年第1期。
⑧ 赵小平：《抗日战争时期云南盐业发展研究》，《盐业史研究》2005年第3期。
⑨ 胡士铎：《滇盐钻探之经过及其展望》，《教育与科学》1949年第2卷第3期。
⑩ 罗守杰：《云南采用岩盐定向对接井采卤方法》，《中国井矿盐》2000年第5期。
⑪ 杨柳、诸锡斌：《黑井传统制盐技术新考》，《云南农业大学学报》2007年第1期。
⑫ 赵小平：《民国时期云南盐业生产技术改进与生产关系演变研究（1927—1937年）》，《四川理工学院学报》2011年第4期。
⑬ 李如海：《石羊传统制盐技艺的价值审视》，《盐业史研究》2013年第1期。
⑭ 黄培林：《民国时期滇盐运销体制概括》，《盐业史研究》1988年第3期。
⑮ 董咸庆：《清代云南食盐产销的独特性》，载云南大学历史编《史学论丛》第5辑，云南大学出版社1993年版。
⑯ 赵小平：《清代滇盐的流通与销盐市场的拓展》，《盐业史研究》2004年第1期。
⑰ 赵小平：《民国初期滇盐的运销研究》，载曾凡英主编《盐文化研究论丛》第5辑，巴蜀书社2010年版。
⑱ 赵小平：《北洋政府时期滇盐的运销体制演变研究》，载曾凡英主编《盐文化研究论丛》第3辑，巴蜀书社2008年版。

的关注目前非常薄弱，主要有赵小平、余劲松的《清代云南盐业生产中的薪本银借贷问题研究》①《清代云南盐业经费来源问题研究》②。

对灶户、盐工的研究也开始进入人们的视野。如刘淼的《明朝灶户的户役》③认为通过琅井在明初及成化六年（1470）的丁数记载可知云南盐业生产中灶丁人数很少，苗成的《民国时期云南盐工的生活状况》④对从事滇盐生产的盐工贫困生活和艰苦条件进行了探讨，认为盐工们的付出与所领薪水悬殊。此外，还有温礼敬的《红军长征与滇中盐工》⑤。

私盐问题也是云南长期以来必须面对的重要问题，云南私盐既有滇私，又有外省食盐解运云南销岸过程中出现的私盐，更有交、缅私盐。但与私盐在云南的泛滥相比，对私盐的研究却相对较少，代表作有朱霞的《从口述材料看民国时期的私盐运销——以云南诺邓盐村为个案》⑥《私盐、国家垄断与民间权力：以云南诺邓井的私盐问题为例》⑦，赵小平的《清代云南私盐与缉私制度演变研究》⑧《民国时期云南私盐与缉私制度的变迁》⑨《民国时期云南盐商、私盐与缉私关系探析》⑩，丁琼的《清代云南私盐问题研究》⑪，

---

① 赵小平、余劲松：《清代云南盐业生产中的薪本银借贷问题研究》，《盐业史研究》2017 年第 1 期。

② 赵小平、余劲松：《清代云南盐业经费来源问题研究》，《盐业史研究》2018 年第 2 期。

③ 刘淼：《明朝灶户的户役》，《盐业史研究》1992 年第 2 期。

④ 苗成：《民国时期云南盐工的生活状况》，《盐业史研究》1996 年第 3 期。

⑤ 温礼敬：《红军长征与滇中盐工》，《盐业史研究》1996 年第 3 期。

⑥ 朱霞：《从口述材料看民国时期的私盐运销——以云南诺邓盐村为个案》，《民俗研究》2006 年第 3 期。

⑦ 朱霞：《私盐、国家垄断与民间权力：以云南诺邓井的私盐问题为例》，《广西民族大学学报》2007 年第 2 期。

⑧ 赵小平：《清代云南私盐与缉私制度演变研究》，载曾凡英主编《盐文化研究论丛》第 4 辑，巴蜀书社 2009 年版。

⑨ 赵小平：《民国时期云南私盐与缉私制度的变迁》，《盐业史研究》2010 年第 1 期。

⑩ 赵小平：《民国时期云南盐商、私盐与缉私关系探析》，《四川理工学院学报》2008 年第 1 期。

⑪ 丁琼：《清代云南私盐问题研究》，《四川理工学院学报》2009 年第 3 期。

刘永福、毛立红的《清代及民国时期云南私盐活动概况及其影响》①，杨亚东的《试论清代云南汉族移民与盐业发展、私盐泛滥的关系》② 等。

盐币在云南历史上流通时间很长，自唐代以来就有记载，并一直延续到民国时期。盐币既是云南货币史上的一道独特风景，也是云南食盐的又一大功能，故而也引起了一些学者的关注，如董咸庆的《盐币：云南市场流通过的货币》③，吴承越的《盐与滇盐币》④，林文勋的《南诏货币流通分析》⑤，赵小平的《历史时期云南盐币流通探析》⑥。

云南自古以来因食盐运销、贸易而形成了自己的盐运道，甚至因滇盐产量不足，一些地区改食川盐、粤盐，并出现了历史上极为壮观的滇粤间贸易——"铜盐互易"。甚至还存在云南与缅甸、越南食盐贸易情况。国内食盐贸易方面的研究成果有张学君的《南方丝绸之路上的食盐贸易》⑦《南方丝绸之路上的食盐贸易（续篇）》⑧，黄国信的《清代滇粤"铜盐互易"略论》⑨，滕兰花的《清代滇桂通道上的滇粤铜盐互易及其影响》⑩，舒瑜的《从清末到民国云南诺邓盐的"交换圈"》⑪，李和的《清代粤西路上的滇粤"铜盐互易"》⑫，赵小

① 刘永福、毛立红：《清代及民国时期云南私盐活动概况及其影响》，《楚雄师范学院学报》2009年第5期。

② 杨亚东：《试论清代云南汉族移民与盐业发展、私盐泛滥的关系》，《清史论丛》2018年第2期。

③ 董咸庆：《盐币：云南市场流通过的货币》，载《中国盐业史国际学术讨论会论文集》，四川人民出版社1991年版。

④ 吴承越：《盐与滇盐币》，《盐业史研究》1997年第2期。

⑤ 林文勋：《南诏货币流通分析》，《云南社会科学》1991年第1期。

⑥ 赵小平：《历史时期云南盐币流通探析》，《盐业史研究》2007年第2期。

⑦ 张学君：《南方丝绸之路上的食盐贸易》，《盐业史研究》1995年第4期。

⑧ 张学君：《南方丝绸之路上的食盐贸易（续篇）》，《盐业史研究》1995年第4期。

⑨ 黄国信：《清代滇粤"铜盐互易"略论》，《盐业史研究》1996年第3期。

⑩ 滕兰花：《清代滇桂通道上的滇粤铜盐互易及其影响》，载广西博物馆编《广西博物馆文集》第4辑，广西人民出版社2007年版。

⑪ 舒瑜：《从清末到民国云南诺邓盐的"交换圈"》，《西南民族大学学报》2010年第7期。

⑫ 李和：《清代粤西路上的滇粤"铜盐互易"》，《甘肃农业》2006年第9期。

平、谢华香的《南方丝绸之路上的川盐入滇古道研究》①。关于云南与缅甸、越南间食盐贸易的研究成果有赵小平的《南方丝绸之路上的滇缅食盐贸易研究》②，梁建的《抗战时期缅盐销滇正常化努力述论》③。

　　盐业关系国计民生，盐税又是财政收入的重要来源，因此，对盐业发展与当地经济社会、政治、边疆之间关系的研究也受到学者们的重视。如赵小平的《试论滇盐在商品流通中的历史作用》④ 提出滇盐是云南社会经济的重要因素，推动了云南商品经济的发展，并肯定了盐币是云南货币经济中的重要元素。赵小平在《清代以来云南主要矿业城市的发展研究——以因锡矿、铜矿、盐矿开采而形成的城市为例》⑤《试论云南盐矿生产、移民与工商市镇形成、发展的关系》⑥《盐与云南市镇发展关系研究》⑦《盐与唐继尧时期的滇系军阀》⑧《滇盐与政治、军事及边疆问题的关系研究》⑨ 等系列论文中，从盐与市镇发展、盐与政治、盐与军事、盐与边疆问题的关系等多个角度分析了滇盐的历史作用。李正亭的《元代以前滇盐与云南经济社会发展》⑩ 一文，认为虽因地理环境及经济发展水平所限，云南盐业生产直至明清时才有较大发展，但在元代以前滇盐对云南社会经济发展依然起到相当大的作用。徐

---

①　赵小平、谢华香：《南方丝绸之路上的川盐入滇古道研究》，载自贡市盐业历史博物馆编《川盐文化圈研究——川盐古道与区域发展学术研讨会论文集》，文物出版社 2016 年版。

②　赵小平：《南方丝绸之路上的滇缅食盐贸易研究》，《盐业史研究》2019 年第 3 期。

③　梁建：《抗战时期缅盐销滇正常化努力述论》，《盐业史研究》2015 年第 3 期。

④　赵小平：《试论滇盐在商品流通中的历史作用》，《盐业史研究》2002 年第 1 期。

⑤　赵小平：《清代以来云南主要矿业城市的发展研究——以因锡矿、铜矿、盐矿开采而形成的城市为例》，载《经济史论丛》第 2 辑，中国经济出版社 2007 年版。

⑥　赵小平：《试论云南盐矿生产、移民与工商市镇形成、发展的关系》，《四川理工学院学报》2006 年第 4 期。

⑦　赵小平、张惠、余劲松：《盐与云南市镇发展关系研究》，载曾凡英主编《中国盐文化》第 10 辑，西南交通大学出版社 2018 年版。

⑧　赵小平：《盐与唐继尧时期的滇系军阀》，《盐业史研究》1999 年第 4 期。

⑨　赵小平：《滇盐与政治、军事及边疆问题的关系研究》，载曾凡英主编《盐文化研究论丛》第 2 辑，巴蜀书社 2007 年版。

⑩　李正亭：《元代以前滇盐与云南经济社会发展》，《盐业史研究》2008 年第 2 期。

建平、文正祥的《清代云南盐业法律制度与工商市镇的形成和发展》①一文，则认为清政府在云南推行的盐业法律制度，推动了矿产区兴起的一大批有别于传统政治型城镇的工商业市镇的发展。张海超的《试论南诏大理国的盐业与国家整合》②认为南诏在与唐帝国、吐蕃博弈中夺得川滇交界地区盐矿的控制权，奠定了其后来长时期强盛的基础。此外，还有朱霞的《民间卤水资源分配与国家灶户制度——以云南诺邓白族村盐井的"十六灶"习俗为个案》③，杨卓如的《明代云龙盐井的开发与"改土归流"》④。更值得关注的是，近年来还涌现了一批学位论文专门来讨论这些关系（具体见后面学位论文专列综述）。

云南盐业历史悠久，一些市镇甚至因盐而形成。对这些古盐井地的历史及其所衍生出来的盐文化进行研究，也是滇盐研究的重点，这方面成果相对较多，如著作有杨镜主编的《乔后盐文化》⑤，黄晓萍的《失落的盐都：云南古镇黑井》⑥，刘光平的《逝去的盐都：黑井》⑦，龙晓燕的《千年盐都：黑井》⑧，郑凡的《沧桑小镇黑井村》⑨，杨甫旺的《千年盐都——石羊》⑩，李文笔和黄金鼎的《千年白族村——诺邓》⑪，舒瑜的《微"盐"大义：云南诺邓盐业的历史人类学考察》⑫，李玥的《秘境琅溪——琅井古镇的人文解读》⑬，李

① 徐建平、文正祥：《清代云南盐业法律制度与工商市镇的形成和发展》，《广西社会科学》2009 年第 12 期。
② 张海超：《试论南诏大理国的盐业与国家整合》，《中国社会经济史研究》2018 年第 2 期。
③ 朱霞：《民间卤水资源分配与国家灶户制度——以云南诺邓白族村盐井的"十六灶"习俗为个案》，《云南社会科学》2007 年第 1 期。
④ 杨卓如：《明代云龙盐井的开发与"改土归流"》，《大理文化》1982 年第 1 期。
⑤ 杨镜主编：《乔后盐文化》，云南民族出版社 2010 年版。
⑥ 黄晓萍：《失落的盐都：云南古镇黑井》，云南民族出版社 2001 年版。
⑦ 刘光平：《逝去的盐都：黑井》，云南美术出版社 2002 年版。
⑧ 龙晓燕：《千年盐都：黑井》，云南大学出版社 2008 年版。
⑨ 郑凡：《沧桑小镇黑井村》，社会科学文献出版社 2008 年版。
⑩ 杨甫旺：《千年盐都——石羊》，云南民族出版社 2006 年版。
⑪ 李文笔、黄金鼎：《千年白族村——诺邓》，云南民族出版社 2004 年版。
⑫ 舒瑜：《微"盐"大义：云南诺邓盐业的历史人类学考察》，世界图书出版公司 2010 年版。
⑬ 李玥：《秘境琅溪——琅井古镇的人文解读》，云南民族出版社 2008 年版。

群的《盐不由衷：琅盐井历史新探》①　等。研究论文有林文勋的《诺
邓村：一个盐井村落的历史文化解读》②，朱霞的《盐井与卤龙王：
诺邓盐井的技术知识和民间信仰》③，舒瑜的《丰产的文化理性解释：
云南诺邓历史上两套丰产仪式之研究》④，马米的《诺邓千年白族村
的开发与保护》⑤，黄培林的《有关滇盐的诗歌及民谣随录》⑥，钟长
永的《盐与云南的民俗风情》⑦，程龙刚的《云南诺邓中国盐文化原
生态博物馆》⑧，蒲培勇、宋来福、马宏强的《盐商文化视角下对历
史建筑价值研究——以"千年盐都"中国历史文化古镇云南黑井为
例》⑨，曾原、戴世莹的《边疆地区历史文化名镇的保护、开发和利
用研究——以云南省禄丰县黑井镇为例》⑩，唐柱的《城镇更新中黑
井盐文化遗产建筑空间保护与设计》⑪，李陶红的《云南白盐井盐业
社会的传说、信仰与仪式》⑫，胡月的《白盐井与石羊古镇盐文化研
究》⑬，孙亚明、田亚莲的《楚雄州盐文化资源调研》⑭，孙亚明的

①　李群：《盐不由衷：琅盐井历史新探》，中山大学出版社 2019 年版。

②　林文勋：《诺邓村：一个盐井村落的历史文化解读》，《盐业史研究》2004 年第 4 期。

③　朱霞：《盐井与卤龙王：诺邓盐井的技术知识和民间信仰》，《广西民族学院学报》
2004 年第 2 期。

④　舒瑜：《丰产的文化理性解释：云南诺邓历史上两套丰产仪式之研究》，《民族研
究》2011 年第 6 期。

⑤　马米：《诺邓千年白族村的开发与保护》，《大理学院学报》2007 年第 1 期。

⑥　黄培林：《有关滇盐的诗歌及民谣随录》，《盐业史研究》1991 年第 3 期。

⑦　钟长永：《盐与云南的民俗风情》，《盐业史研究》1997 年第 3 期。

⑧　程龙刚：《云南诺邓中国盐文化原生态博物馆》，《中国文化遗产》2009 年第 1 期。

⑨　蒲培勇、宋来福、马宏强：《盐商文化视角下对历史建筑价值研究——以"千年盐
都"中国历史文化古镇云南黑井为例》，载曾凡英主编《盐文化研究论丛》第 6 辑，巴蜀书
社 2013 年版。

⑩　曾原、戴世莹：《边疆地区历史文化名镇的保护、开发和利用研究——以云南省禄
丰县黑井镇为例》，《思想战线》2003 年第 4 期。

⑪　唐柱：《城镇更新中黑井盐文化遗产建筑空间保护与设计》，载曾凡英主编《中国
盐文化》第 9 辑，中国经济出版社 2017 年版。

⑫　李陶红：《云南白盐井盐业社会的传说、信仰与仪式》，《民族论坛》2016 年第 2 期。

⑬　胡月：《白盐井与石羊古镇盐文化研究》，载曾凡英主编《中国盐文化》第 10 辑，
西南交通大学出版社 2018 年版。

⑭　孙亚明、田亚莲：《楚雄州盐文化资源调研》，《盐业史研究》2011 年第 4 期。

《云南楚雄地区盐文化旅游发展探讨》①，赵敏的《洱海区域的盐井与南诏大理文化》②，黄培林的《〈云南盐法道题名记〉碑文揽要》③，吕长生的《清代云南井盐生产的历史画卷——〈滇南盐法图〉》④，朱霞的《从〈滇南盐法图〉看古代云南少数民族的井盐生产》⑤，赵小平、褚质丽的《云南盐文化及其传播》⑥，赵小平的《云南黑井盐文化及其保护与开发》⑦，赵小平、胡月的《川滇盐文化比较研究》⑧ 等。

关于盐业人物的研究，则主要集中于对一些有作为的代表人物的研究。谢本书的《移卤就煤——云南盐业史上的创举》⑨，李国喜的《一平浪盐矿的创始人——张冲》⑩，和丽琨、张卓玛的《张冲与"移卤就煤"》⑪ 三篇论文都对民国时期盐运使张冲及其"移卤就煤"改革进行了考察，并给予张冲及其改革以充分的肯定，认为是云南盐业史上的创举。盛茂产的《力主云南盐政改革的谷际岐》⑫ 一文，则认为嘉庆二年（1797）谷际岐针对云南配盐、派夫激起民变一事，反复上疏朝廷痛陈云南盐政之弊，并认为这对后来促成云南盐政改革起到了关键作用。

---

① 孙亚明：《云南楚雄地区盐文化旅游发展探讨》，载曾凡英主编《盐文化研究论丛》第 7 辑，巴蜀书社 2014 年版。

② 赵敏：《洱海区域的盐井与南诏大理文化》，《大理学院学报》2012 年第 5 期。

③ 黄培林：《〈云南盐法道题名记〉碑文揽要》，《盐业史研究》1992 年第 4 期。

④ 吕长生：《清代云南井盐生产的历史画卷——〈滇南盐法图〉》，《中国历史博物馆馆刊》，文物出版社 1983 年版。

⑤ 朱霞：《从〈滇南盐法图〉看古代云南少数民族的井盐生产》，《自然科学史研究》2004 年第 2 期。

⑥ 赵小平、褚质丽：《云南盐文化及其传播》，载曾凡英主编《中国盐文化》第 8 辑，中国经济出版社 2015 年版。

⑦ 赵小平：《云南黑井盐文化及其保护与开发》，《扬州大学学报》（人文社会科学版）2018 年第 5 期。

⑧ 赵小平、胡月：《川滇盐文化比较研究》，载曾凡英主编《中国盐文化》第 9 辑，中国经济出版社 2017 年版。

⑨ 谢本书：《移卤就煤——云南盐业史上的创举》，《盐业史研究》1991 年第 4 期。

⑩ 李国喜：《一平浪盐矿的创始人——张冲》，《盐业史研究》1991 年第 3 期。

⑪ 和丽琨、张卓玛：《张冲与"移卤就煤"》，《云南档案》2008 年第 4 期。

⑫ 盛茂产：《力主云南盐政改革的谷际岐》，《盐业史研究》1995 年第 4 期。

就滇盐研究成果而言，还有一些是难以归入前面所列类型的。如黄健的《云南盐业考察报告》①，是 1995 年 4 月 12 日自贡盐业历史博物馆盐业考察队对云南盐业的历史和现状进行考察后的报告，该报告力求展现川滇盐区的异同，使人们更全面地掌握井矿盐的生产状况和云南丰富多彩的盐文化。重仁、怀玉的《云南盐业史上一个以盐为主多种经营的成功范例》② 一文，则从盐业经营角度出发，认为一平浪盐场是 20 世纪 40 年代云南以盐为主多种经营的成功范例，在盐产业发展的同时，还积极扩大经营范围，先后开办了煤矿、林场、铁矿以及水利工程等。此外，还有唐靖的《清末资政院滇籍议员活动述论——以云南盐斤加价案为核心》③ 等。

云南以柴薪煎盐的传统方式，势必对盐产地的生态环境产生破坏，因此，食盐生产与周边生态环境的关系问题，近年来也引起了一些学者的关注。李正亭的《元代以前滇盐与云南经济社会发展》④ 关注到滇盐发展与经济社会发展、环境变化间的关系。李源的《云南盐业生产与生态、环境保护问题》⑤ 一文，提出因砍伐带来水土流失、泥石流，因过度开采引起的地表下陷以及"废渣、废水、废气"等问题，已经严重影响云南盐业的生产以及生态环境，倡议对这一现象给予足够的重视。杜雪飞在《技术、制度、利益与生态环境变迁——云南黑井地区盐矿生产的生态环境史研究》⑥ 一文中，则从盐矿开采技术、政府管理制度以及盐业利益的角度对黑盐井地区生态环境演变史进行了研究。此外，还有李正亭的《环境史视域下云南井盐生产与

①　黄健：《云南盐业考察报告》，《盐业史研究》1996 年第 3 期。
②　重仁、怀玉：《云南盐业史上一个以盐为主多种经营的成功范例》，《盐业史研究》1996 年第 3 期。
③　唐靖：《清末资政院滇籍议员活动述论——以云南盐斤加价案为核心》，《中国边疆史地研究》2016 年第 4 期。
④　李正亭：《元代以前滇盐与云南经济社会发展》，《盐业史研究》2008 年第 2 期。
⑤　李源：《云南盐业生产与生态、环境保护问题》，《中国井矿盐》1990 年第 6 期。
⑥　杜雪飞：《技术、制度、利益与生态环境变迁——云南黑井地区盐矿生产的生态环境史研究》，《思想战线》2012 年第 6 期。

井场森林生态》①，李陶红的《危机的调适：清末云南白盐井盐业生产与林业生态互动研究》②。

综述性的成果有赵小平、肖仕华的《八十年来云南盐业史研究综述》③。

可喜的是，近年来，以云南大学为首的一些高校出现了一批以滇盐为研究对象的学位论文，这些学位论文的相继出现，从一个侧面说明滇盐研究已经日益受到一些高校的关注，这对培养滇盐研究的新生力量大有裨益。近年来出现的博士学位论文有朱霞的《云南诺邓井盐生产民俗研究》④，赵小平的《民国云南盐业与经济社会发展研究》⑤；硕士学位论文有董咸庆的《清代滇盐及其与地方政治、经济关系》⑥，李正亭的《滇盐与明清云南社会经济述论》⑦，赵小平的《清代滇盐与商品经济的发展》⑧，陈萍的《清代云南的盐业及相关问题研究》⑨、陈东的《民国时期滇盐运销制度的演变》⑩，李清清的《唐代西南地区盐的产销及其在经济社会中的作用》⑪，丁琼的《清代粤盐销滇研究》⑫，胡莉的《元代井盐研究》⑬，金知恕的《清前期滇西云龙地区

① 李正亭：《环境史视域下云南井盐生产与井场森林生态》，《青海民族大学学报》（社会科学版）2018年第4期。

② 李陶红：《危机的调适：清末云南白盐井盐业生产与林业生态互动研究》，《西南民族大学学报》（人文社科版）2019年第6期。

③ 赵小平、肖仕华：《八十年来云南盐业史研究综述》，《盐业史研究》2014年第3期。

④ 朱霞：《云南诺邓井盐生产民俗研究》，博士学位论文，北京师范大学，2004年。

⑤ 赵小平：《民国云南盐业与经济社会发展研究》，博士学位论文，云南大学，2014年。

⑥ 董咸庆：《清代滇盐及其与地方政治、经济关系》，硕士学位论文，云南大学，1985年。

⑦ 李正亭：《滇盐与明清云南社会经济述论》，硕士学位论文，云南师范大学，2002年。

⑧ 赵小平：《清代滇盐与商品经济的发展》，硕士学位论文，云南大学，2002年。

⑨ 陈萍：《清代云南的盐业及相关问题研究》，硕士学位论文，云南大学，2006年。

⑩ 陈东：《民国时期滇盐运销制度的演变》，硕士学位论文，云南民族大学，2009年。

⑪ 李清清：《唐代西南地区盐的产销及其在经济社会中的作用》，硕士学位论文，西南大学，2010年。

⑫ 丁琼：《清代粤盐销滇研究》，硕士学位论文，云南大学，2011年。

⑬ 胡莉：《元代井盐研究》，硕士学位论文，暨南大学，2013年。

的盐井与地方社会》①，张崇荣的《清代白盐井盐业与市镇文化研究》②，周靖的《云南黑井井盐研究》③，余劲松的《清代云南盐业经费问题研究》④，姚伟男的《明清以降楚雄大理井盐聚落的历史演变与建筑类型研究》⑤，崔校的《云南楚雄黑井镇明清时期空间格局的复原研究》⑥ 等。

　　前面介绍了大批海外学者对中国盐业史的研究成果，但由于篇幅原因，并没有全部罗列出来。对一批海外学者研究川盐的情况，也没有全部进行介绍，也只是选取了大部分有代表性的研究成果。与这两种情况形成显明对比的是，海外学者对滇盐的研究可以称为凤毛麟角，日本学者腾泽义美的《唐代云南史上的盐井》⑦ 可以算是不多的代表作了。

　　从上述研究成果的综述来看，研究成果丰硕，并出现了一些成规模、很有影响力的论著。全国性盐业史研究经过几代人的努力，既包括了对中国盐业的产地、生产、运输、销售、生产技术、生产方式、盐业生产者的研究，也包括对盐政、盐务、盐法、盐业管理等盐业制度的研究，更包括对相互有关联的盐税、私盐、盐商的研究，还有对历史上广受关注的盐专卖制度的研究，以及对丰富多彩而独特的盐文化研究，对盐与经济社会发展、环境等方面"关系"的研究等。

　　就研究队伍而言，形成了老、中、青合理的人员结构。就各盐类

　　① 金知恕：《清前期滇西云龙地区的盐井与地方社会》，硕士学位论文，复旦大学，2013 年。

　　② 张崇荣：《清代白盐井盐业与市镇文化研究》，硕士学位论文，华中师范大学，2014 年。

　　③ 周靖：《云南黑井井盐研究》，硕士学位论文，云南大学，2015 年。

　　④ 余劲松：《清代云南盐业经费问题研究》，硕士学位论文，云南大学，2016 年。

　　⑤ 姚伟男：《明清以降楚雄大理井盐聚落的历史演变与建筑类型研究》，硕士学位论文，深圳大学，2018 年。

　　⑥ 崔校：《云南楚雄黑井镇明清时期空间格局的复原研究》，硕士学位论文，中央民族大学，2019 年。

　　⑦ ［日］腾泽义美：《唐代云南史上的盐井》，载《森嘉兵卫教授退官纪念论文集（1）——社会经济史诸问题》，1969 年。

的研究来讲，海盐史研究①、池盐史研究②、井盐史研究③各自形成了一批基本的研究力量。

从研究平台上来看，《盐业史研究》期刊、中国盐文化研究中心、中国商业史学会盐业史专业委员会等，为从事盐业史研究的学者搭建起了全国性的研究平台，构建起了定期开展学术交流的有效机制，有利于加强各学术团队之间的交流与合作。

四　不同时期滇盐研究的重点、不足及未来发展方向

（一）不同时期滇盐研究的重点

不难看出，自20世纪30年代以来的滇盐研究，不可避免地打上了时代的烙印，各个时期有不同的研究重点和特点。

民国时期，政府重视修史是这一时期的主要特征，《新纂云南通志》《续云南通志长编》是代表作，成为后世研究滇盐的核心史料。就个人论著而言，盐场、盐务为当时研究重点。民国中后期可以说是滇盐研究的第一个高峰时期。

中华人民共和国成立后至改革开放前，国内对滇盐的研究极为少见，出现了滇盐研究的断档，这与当时的国情有很大关系。

改革开放以来的20世纪后期，滇盐研究取得了重大发展：史料汇编、方志、通论性专著相继出现；研究对象更加丰富，涵盖了产地、运销、盐政、盐务、盐税、盐币、盐业改革、盐业贸易等。20世纪后期可以称得上是滇盐研究的第二个高峰时期。

21世纪以来，滇盐研究进入一个全新阶段：一是许多高校开始重视对滇盐的系统性研究，相继出现了一批高水平的博士、硕士学位论文，培养了一群从事滇盐研究的后备力量；二是滇盐与云南经济社会发展关系问题成为研究的新热点；三是研究方法上有重大突破，民

---

① 如黄俶成、汪崇筼、陈锋、黄国信、吉成名、吴海波、纪丽真、毕昱文等。

② 如郭正忠、柴继光、王勇红等。

③ 如川盐史研究方面的钟长永、陈然、彭久松、李三谋、宋良曦、林建宇、曾凡英、黄健、程龙刚、邓军等，滇盐研究方面有董咸庆、谢本书、林文勋、黄培林、吴强、刘德林、李正亭、朱霞、赵小平、马琦等，西藏井盐研究方面有李何春等。

族学、生态学、民俗学、边疆学等方法在研究成果中开始出现；四是视角呈现多元化，开始出现以商品经济史、财政史、制度史、文化史、环境史为新视角的研究成果。

（二）研究中存在的不足

综上所述，虽然云南盐业史研究成果相对丰硕，研究方法上也取得了一些突破，但仍然存在一些问题，需要认真思考和总结：

第一，研究时段上"薄古厚近"。云南盐业生产自西汉以来就有记载，历史悠久。遗憾的是，以往研究成果多集中在清至民国时期，明代研究成果已经不多，明以前研究成果更是寥寥无几。

第二，研究区域较窄。滇盐研究对象多集中在黑盐井、白盐井、诺邓井，重点虽然突出，但全面性不够，无法呈现滇盐发展的全貌。

第三，研究内容有缺陷。与其他产盐省区的研究成果相比，滇盐研究在盐商、盐专卖、盐法、盐与民族关系、盐与边疆问题上极其薄弱。

第四，研究方法上过于单一。一是上述成果绝大部分运用的是史学研究法，运用民族学、民俗学、生态学等学科研究方法的成果数量太少；二是研究资料多以古籍、方志等基本史料为主，考古资料、档案、契约文书、碑刻和田野调查资料相对缺乏。

第五，比较研究不够。中国盐业种类多，海盐、池盐、井盐差异较大，即使同是井盐，川盐与滇盐也有不同。因此，滇盐研究缺乏横向比较所带来的问题，一是无法将井盐区作为一个整体来看待，陷入了就滇盐论滇盐的困境，二是不能全面、准确把握滇盐与其他盐类的区别，影响对滇盐特点、地位的客观评价。

（三）下一步研究的方向

从前面对滇盐研究的历史回顾以及对存在问题的分析来看，未来滇盐研究要想取得全面发展，一是要在新史料的发掘上再下功夫，二是要加强明以前和现当代两个薄弱时期的滇盐研究，三是加强滇盐的整体性、系统性研究，四是建立和完善盐文化理论体系，五是通过整合研究力量来加强团队建设。

但就滇盐研究而言，仍然存在许多不足之处：一是研究呈现出细碎化的倾向，研究缺乏整体性；二是研究时段多集中在清代和民国，清以前研究成果极少；三是即使就清代和民国而言，全面、系统地研究成果仍缺乏；四是由于国内对滇盐的研究未能形成成规模、有影响力的重大成果，因而基本上没有引起海外学者的关注。解决上述研究中存在的不足，就是下一步滇盐研究的重点方向。

第三节　研究方法及创新点

一　研究方法

以历史学研究方法为主，借鉴了边疆学学科的研究方法和社会学的调研方法。收集和整理的相关资料以历史学文献资料为主，并参阅了相关档案、报刊资料，以及对一些重要盐井进行实地调研后的整理资料，各资料间相互补充、相互印证。

在具体研究中，注重动态研究与静态研究相结合、总体研究与个案分析相印证的方法，关注不同时期滇盐的发展与"变化"。同时，强调整体认识，重视滇盐与云南政治、经济、财政、军事、文化等问题间的"关系"研究。

二　创新点

中国有不同的盐类，故而不同盐类又有自己专门的生产技术、生产工具、生产关系，以及与之相关的盐产、盐运、盐销、盐商、盐税，也有着独具特色的盐政、盐务等。盐的多样性和各类盐的独特性无疑是中国盐业史的两大特点。

滇盐与海盐、池盐、岩盐不同，与同是井盐的川盐也有不同，如何客观展现这些不同，是研究中的难点，也是研究的重点。在历史上，滇盐与其他省份食盐相比，又有其独特性（如滇盐在地方财政中的重要地位、历史上流通的盐币、滇盐与地方军阀的紧密关系、滇盐与边疆问题等），如何分析这些独特性，如何认识滇盐在云南经济社会发展各方面的重要性，同样是研究的难点和重点。

因此，本成果的创新点可以归纳如下：

　　对民国时期滇盐的研究，既论述了盐产本身，又关注不同时期滇盐在产、运、销、盐业生产技术、盐业生产关系方面的发展，也关注私盐、盐税、盐政等方面的变化。既将重点放在民国滇盐研究上，又把对滇盐的研究上升到历史上其与云南地方政治、经济、军事、文化等问题"关系"的研究上：一是体现了滇盐在历史上作为战略资源的重要地位；二是突出了滇盐在政治集团角逐、军事势力发展方面所扮演的重要角色，凸显了盐税在云南财政收入中的巨大贡献，甚至提升了滇盐在促进民族地区发展、维护社会稳定、传承和发扬传统文化方面的功能。

第一章　北洋政府时期的云南盐业
（1912—1928 年）

北洋政府时期，云南食盐生产虽然继续巩固了清末形成的滇中、滇西、滇南三片区盐业生产格局，但清代黑盐井在滇独大局面于民国初期已受到了强烈挑战，同时，盐产量总额也比清代有了较为明显的增加。这一时期，部分大盐井和全省的总体盐产额都有较大的波动，而卤矿含盐量的变化、燃料成本的变化、生产技术和生产关系等方面的变化无疑都会影响盐产量的变化。

民国初期，随着人口的增长和盐的工业用途的扩大，盐税收入显得举足轻重。由云南首先发难的护国讨袁战争，其军费开支主要来源于盐款。因此，云南地方政权当时对盐政、盐务十分重视，而管理机构亦自成体系，趋于健全。这一时期，以唐继尧为首的滇系军阀逐渐形成，并迅速发展壮大。而其发展壮大及其最终衰落皆或多或少地与对盐的控制权得失息息相关，从而在客观上促使云南地方政府改善滇盐的运销条件，整顿盐务，健全对盐税的征收制度，滇盐由此向近代化的管理迈进。而善后大借款，指定以全国的盐税和关税作抵押，云南盐业的发展因而亦被迫卷入了进去。

第一节　食盐的生产

北洋政府时期，由于人口剧增和工业盐需求量的增加，云南盐业常常产不敷出。同时，中央和外省对云南的协饷停止，加之滇系军阀的发展和"护国战争"的进行使得军费开支浩大，财政开支相形见绌，盐税无疑成为解决财政困境的主要手段，因而急需增加食盐生产量。因此，这一时期云南盐业生产方面的研究很值得我们重视。

一　产地集约化格局的巩固

民国初期，云南食盐产地的分布基本上承袭清末的规模。清末云南驿传盐法道专理盐井有 25 个①——黑盐井、新井②、白盐井、沙卤井③、安丰井④、丽江老姆井⑤、琅盐井、云龙井、安宁井、阿陋井、只旧草溪井⑥、弥沙井、按板井、恩耕井、抱母井⑦、香盐井、景东井、猛野井、磨铺井⑧、磨黑井、猛茄井、慢磨井、木城井、安乐井⑨、石膏箐新井。上述定课额盐井中安丰井在"咸丰军兴"时报废，猛野井、磨铺井于光绪二年（1876）封闭。

与清代相比，民国初期云南食盐生产的布局趋于集约化和稳定化，并形成了以滇中、滇西、滇南为中心的三大片区生产格局。且在三区内设十场，就场征税。因此，云南盐业史上设场之举，当自民国肇建始。《中国盐政史》云："民国肇建，将产地划为三区，区内设场……一曰黑井区，设元永井⑩、阿陋井、黑井三场，而以琅井为黑井之分场。一曰白井区，设白井、乔后井、喇鸡井、云龙井四场。一曰磨黑区，设磨黑井、按板井、香盐井三场，而以石膏井为磨黑之分场，益香井⑪为香盐之分场。"⑫ 黑井历史悠久，唐代就已开采，可以

---

① 道光《云南通志·食货志·盐法》。未包括道光四年（1824）开采的元兴井和永济井。

② 新井，雍正二年（1724）开采，属黑盐井下五区之一。

③ 沙卤井，雍正八年（1730）开采，属黑盐井五区之一。

④ 安丰井，隶属于白盐井。

⑤ 丽江老姆井，实为丽江、老姆二井合称，雍正二年开采，二井共有八区（八井）。

⑥ 只旧草溪井，实为只旧井、草溪井二井合称，雍正元年（1723）开采。

⑦ 抱母井，雍正二年开，下属九区。

⑧ 猛野井、磨铺井，雍正三年（1725）开采。

⑨ 猛茄井、慢磨井、木城井、安乐井为磨黑井四区。

⑩ 元永井，道光四年（1824）开采时称为元兴井、永济井二井。

⑪ 益香井，在景谷县南，光绪二十八年（1902）开办，并未列入道光《云南通志·食货志·盐法》记载的云南 25 大盐井中。

⑫ 曾仰丰：《中国盐政史》，商务印书馆 1984 年版，第 81 页。

说，唐、宋、元、明、清各代一直都是执滇中云南盐产之牛耳①，同时也是云南最大的盐产区。民国以后，因卤水日淡而致使产量下降，民国中后期其在滇中地区（特别是在楚雄地区）的龙头地位亦逐渐被元永井所取代。即使与清代相比其在楚雄地区各盐井中比重有所下降，但是，在北洋政府时期，黑井盐产仍然在该地区占有30%左右比重②。白井发现于汉代，开采于唐代，在明清时盐产盛极一时，民国后亦因卤淡产降而逐渐衰落。相较前黑、白两大井而言，磨黑井于雍正三年（1725）开采，为清代滇南盐井之龙头，清光绪年间其盐产量已升居中第二位。从此以后，云南盐井分布格局，由历史上的"滇中—滇西"直线分布格局演变为"滇中、滇西、滇南"三片区的新格局。

《中国盐政史》记载的设场之井皆为大井，其他不设场的较大盐井则实行包商认课，共计有黑井区下属的安宁井、安乐井、横山井、枳旧井、硝井、裕民井，白井区下属的丽江井、高轩井、日期井、金泉井、顺荡井、师井、山井、弥沙井，磨黑井区下属的整董井、磨歇井、凤岗井、茂箓井、习孔井、抱母井、景东井、黑葳井、茂爱井、茂腊井、茂益井、恩耕井、二尾井、汪家坪井、磨铺井、猛野井③，共计30个包商认课盐井。

虽然民国云南盐井总数比清代有了增加，但是，大部分都是包商认课的小井，不但规模小，而且绝大多数分散在地处边远的山区。民国时期新增开的大盐井只有滇南的凤岗井与滇中的一平浪盐场。其中，凤岗井于清道光元年（1821）曾招商开办，很快停办。于民国

---

① 据《楚雄州盐业志》统计，黑井盐产量在楚雄境内总盐产量中所占比重：雍正年间为46%，乾隆年间为39%，嘉庆年间为39%，道光年间为34%。参见保明虎主编《楚雄州盐业志》，云南民族出版社2001年版，第77—79页。

② 据《楚雄州盐业志》统计，1925年黑井盐产量为630万司秤斤（注：为解决民国初年各盐井称量多不一致的弊端，经盐务总署和稽核总所核准，于1917年起改用司马秤，原105斤为100斤），当年楚雄境内黑井、元永井、阿陋井、琅井、白井五井共计产盐2313.14万司秤斤（云南民族出版社2001年版，第79页），可以计算出当年黑井盐产量占楚雄境内盐产比重仅达到27.2%，民国初期元永井盐产量还尚未能超越黑井，因而黑井盐产量在楚雄境内所占比重皆在30%以上。

③ 曾仰丰：《中国盐政史》，第81—82页。

十八年（1929）由私人集资重新开办，民国二十三年（1934）收归官办，为香盐盐场分场，成为滇南七大井场之一。一平浪盐场虽然在曾仰丰《中国盐政史》中没有列入，但在民国云南盐业史中占有举足轻重的地位。一平浪盐场于民国二十二年（1933）筹建，民国二十七年（1938）正式输元永井卤水至一平浪，揭开云南盐业史上具有划时代意义的用煤煎盐历史的序幕。张冲任盐运使期间"移煤就卤"的改革，其目的是解决当时滇中产区柴薪供应困难、盐产量锐减、盐价高昂的困境，通过滇盐煎制过程中的燃料革命来增产压价，至民国中后期逐渐成为云南省现代化程度最高、规模巨大的盐场。然上述两大盐场皆是民国中后期所新增开设，北洋政府时期可以说基本沿袭的是清末的格局。

不难看出，集约型的生产格局在清末的基础上已稳定下来。1914年云南设盐运使公署①，直属中央财政部，由龙云②、周钟岳③、袁嘉谷④、张冲⑤等先后出任盐运使⑥。滇中场署设在盐兴县（今禄丰县辖）的元永井，迤西场署设在剑川县的乔后井，迤南场署设在宁洱（今普洱县）磨黑井，这些都属于官办井场，基本上在清末就已经形成了。

就三大区制盐的原料而言，有碘（盐矿）有卤。总体而言，黑井区各井卤多碘少，以汲卤水煎制为主；白井区各井则碘卤大体相当，为汲卤和采碘并重格局；磨黑井区则与黑井区相反，卤少碘多，以采碘为主。具体而言，民国时期大井中黑盐井、琅井、阿陋井、白盐井、云龙井主产卤，元永井、磨黑井、石膏井、按板井、益香井卤矿兼产，乔后井、喇鸡井、香盐井则以产矿为主。

---

① 下设场产科、运销科、总务科、缉私科、秘书科。
② 民国五至十年任盐运使。
③ 民国十一至十四年任盐运使。
④ 民国十四至十六年任盐运使。
⑤ 民国二十至二十二年任盐运使。
⑥ 从民国三年设立，到民国二十七年，共有盐运使 14 人，其中，第一任为萧坤（民国三至五年在任），最后一任为李培炎（民国二十三至二十七年在任）。

二 盐种与盐质

辛亥首义，各省纷纷宣布独立，因而给云南的协饷亦宣告结束，云南财政陷入困境。因此，为解决地方财政困窘的局面，云南地方政权对盐务进行了整顿，从而促进了滇盐生产的发展，滇盐的生产种类亦相应增多，并出现了精制盐。由于各井场煎盐原料有卤有矿，卤水浓度有高有低，盐矿品质有优有劣，煎制条件有好有差，故而盐质也有不同。

（一）种类

云南历史上见到最早的是"颗盐"，有一定形制。而影响最大的当属锅盐。

1. 锅盐

锅盐是晚清至民国年间云南主要生产的盐类。其生产方式比较落后，以柴薪为燃料，以铸铁圆锅和土坯盐灶为其简陋的生产设备，是云南近代最主要的制盐方式。而锅盐又因产地与制盐方式的不同，有"盐平"与"锅盐"之别。

"盐平"亦称为"盐块"，是滇中元永、黑井、阿陋、琅井等盐场生产的略呈半圆形的实心锅盐。盐平最后是从平锅①（亦称大锅）中起出而成，因为烧烤时间较长，因此，比普通锅盐更为坚硬。为了便于搬运，又多以大锯锯成二至四块，故而又称为"块盐"。"每平重约100—125千克"②，这与《续云南通志长编》中记载的"每平重量自二百四十斤至二百斤"③相符合。煎灶多以土坯和石块砌筑而成，每灶依规模大小安置成盐的大锅 2—8 口不等，安置产盐沙的桶锅（俗称小锅）8—20 口不等④。

---

① 一般称盐灶的大小即以平锅的数量作为衡量标准。

② 云南省地方志编纂委员会：《云南省志》卷 19《盐业志》，云南人民出版社 1993 年版，第 114 页。

③ 云南省志编纂委员会办公室：《续云南通志长编》中册，云南省科学技术情报研究所印刷厂 1986 年版，第 1098 页。

④ 《续云南通志长编》中册，第 1097 页。

"盐平"的生产过程大致如下：升火开煎时，首先用菜油涂抹锅内，以防盐沙粘锅。然后在桶锅内注入卤水蒸发、浓缩，并陆续添加新卤水。与此同时，在大锅内亦注入较少量的卤水使其结成"锅底"，再将桶锅中析出的盐沙经铺有麻布的竹筐过滤后移入大锅，等到盛满后，用木棍夯实，并筑成与锅边齐平的实心锅盐，即"盐平"。自起煎至成盐，这一过程费时约 20 小时。事实上，盐平制成后尚有后续工作要做。一般来说，熄火后，于热度稍减时，将盐平自锅内起出，取出后的盐平须用灶泥涂抹其底面，特期凝固，而免疏散，其目的在于防盐平破裂，并要用灶烤相当时间，是为锅盐，亦称盐平[①]。事实上，盐平为锅盐的一种，盐块从边至心皆实，且全为大锅煎制而成，比普通锅盐体积要更大、盐块更坚硬、锅口一面更平整。

锅盐的生产以滇南的磨黑、按板、石膏、香盐、益香等井场及滇西的喇鸡井为主。锅盐以铁铸圆锅蒸发而成，其中以干、坚、洁白者为上品。由于锅盐质地坚硬，便于运输和保存，因而受到山区广大少数民族群众的欢迎。锅盐"每口重 50—80 千克"[②]。

2. 筒盐

最早生产筒盐的井场是滇西的乔后、弥沙、白井三场，滇西的云龙等场井亦生产筒盐。其生产过程，"系于卤水在平锅内煎成盐沙后，移置预备之筒形木桶中，捣结使固，成为桶状，然后经稍作烘烧而成者，每筒约重十斤"[③]。这种盐称为"筒盐"，这一过程又称为"捞沙筑筒"[④]。

（二）盐质

云南盐质与国内其他产盐大区相比总体上有一定的差距，即使与同是生产井盐的四川相比，盐质也大为不如。就本省而言，各产区又

---

① 《续云南通志长编》中册，第 1098 页。
② 《云南省志》卷 19《盐业志》，第 115 页。
③ 《续云南通志长编》中册，卷 56，盐务一，场产，第 1098 页。
④ 《云南省志》卷 19《盐业志》，第 117 页。

有不同，部分盐井间盐质相差较大①，相较而言，滇西区、滇南区大盐井所产盐比滇中区的盐质要好一些。

就滇中盐产区而言，除元永井为矿、卤兼产，卤水浓度相对较高外，其他各场均为采汲卤水，浓度较低。其中，黑井、阿陋井、元永井出产的盐色泽纯白，味较佳；而琅井盐色白中又微带黑灰色，味略苦，多含有硝质。就含盐量而言，黑井盐含氯化钠86.13%，阿陋井盐为79.21%，元永井盐为70%，琅井盐为88.76%。② 从盐法总则来看，"食盐以含有百分之九十以上之氯化钠者为一等盐，含有百分之八十五以上之氯化钠者为二等盐，氯化钠未含百分之八十五者，不得用作食盐"③。可以看出，即使降低至作为食盐的最低含氯化钠标准，上述盐井所产盐达到二等盐者也只有黑井盐和琅井盐。严格来讲，阿陋井盐、元永井盐甚至连食盐资格都不具备。

就滇南盐产区而言，除滇南的磨歇、抱母等盐场因其为汲卤煎制而浓度较低以外，其余产制锅盐的场井多以采矿制卤为主，因而浓度较高。磨黑井、石膏井、按板井、益香井所产盐皆色洁白，味较佳。就含盐量言，磨黑井含氯化钠89.56%，石膏井卤煎盐为93.20%、矿煎盐为87.15%，按板井红矿煎盐为46.41%、白矿煎盐为66.98%，益香井为87.32%，磨歇井为94.70%④，其中，石膏井卤煎盐、磨歇井盐已超过国家一等盐标准，磨黑井盐、石膏井矿煎盐达到国家二等盐标准。唯按板井盐质差。

就滇西盐产区而言，以滇西喇鸡井锅盐盐质最好。该盐井在未能实现通过真空蒸发技术生产精制沙盐前，一直生产锅盐。一般来说，其生产的锅盐可分为两部分：其一为完全蒸发、结晶成型的坚硬锅盐，称其为"水盐"，并被称为上品。其二为填有部分盐沙、质地较

---

① 据《续云南通志长编》中册，卷56，盐务一，"场产"的统计，民国十九年（1930）云南运署使呈送盐务署化验结果显示，云南较大盐井中含氯化钠最高的为磨铺井盐95.07%，最低为永济井盐44.22%，二者相差超过一倍。第1091—1092页。

② 《续云南通志长编》中册，卷56，盐务一，场产，第1091页。

③ 曾仰丰：《中国盐政史》之附录三"盐法"，第287页。

④ 《续云南通志长编》中册，卷56，盐务一，场产，第1092页。

松的锅盐，称其为"大盐"，较前者盐质为劣。筒盐生产区的乔后以采矿制卤，因而卤水浓度高，但其色却为青灰色。云龙、白井则为汲取天然卤水，卤水浓度较低，两井所产盐其色皆白中带青，味略差。就含盐量而言，喇鸡井盐含氯化钠93.90%，云龙井为84.21%，白井为92.68%[①]，其中，喇鸡井、白井盐皆超过国家一等盐标准，云龙井盐接近国家二级标准。

三 产量

（一）食盐产量变化波动较大

清末，据《新纂云南通志》记载，云南黑井、元兴井、永济井、白盐井、乔后井、喇鸡鸣井、丽江井、老姆井、云龙井、石膏井、磨黑井、抱母井、按板井、恩耕井、景东井、阿陋井、大诺井、草溪井、安丰井、只旧井、琅井、安宁井、弥沙井等各盐井产额计"额盐三千四百一十万五千八百一十三斤半，溢盐一千三百五十四万九千六十四斤半，漏报溢盐五百二十三万六千七百四十六斤，共五千二百九十七万一千六百二十四斤"[②]。

民国时期，全国大的盐产地有十个，云南居其一，位列十大产区末席。据《中国盐政史》的记载，"每年产盐数量，平均为六十万担，占全国总产量百分之一而强……"[③]可以计算出云南省滇盐生产在民国时期的平均年产量为3万吨，占全国年产量的1.2%[④]，其产量次于山东、淮北、辽宁、长芦、两浙、四川、两广、福建、淮南等省区[⑤]，但在全国范围来看，仍属于产盐大省。

就年产量而言，民国时期云南的食盐生产量波动极大。其具体年产量见表1。

---

① 《续云南通志长编》中册，卷56，盐务一，场产，第1091页。
② 《新纂云南通志》卷149，盐务考三，产额，清末各井产额。参见牛鸿斌等点校《新纂云南通志》第7册，云南人民出版社2007年版，第213页。
③ 曾仰丰：《中国盐政史》，第82页。
④ 此数据根据曾仰丰《中国盐政史》第82页中的数据计算而得。
⑤ 在上述十大盐产区中，除四川、云南两大井盐产区外，其余八产区皆为海盐产区。

表1　　　　　民国三年至民国二十八年云南食盐产量变化表①

年份	产量/万担	波动情况/%	备注
1914	58.97		
1915	64.40	增9.2	
1916	68.10	增5.7	
1917	77.77	增14.2	
1918	83.03	增6.8	
1919	82.15	减1	
1921	78.91	减4	
1922	76.27	减3.4	
1923	71.05	减6.8	
1924	65.26	减8.1	
1925	65.82	增0.08（略有增加）	1. 增减百分数为
1926	59.89	减9.1	当年与上一年相比
1927	51.97	减13.2	较所得（下同）。
1928	56.97	增9.6	2. 缺少 1920 年
1929	39.88	减30	数据。
1930	51.58	增29.3	
1931	47.89	减7.2	
1932	48.79	增1.9	
1933	59.62	增22.2	
1934	64.45	增8.1	
1935	77.79	增20.7	
1936	83.05	增11.7	
1937	85.17	增2.6	
1938	86.78	增1.9	
1939	88.10	增1.5	

———————

① 表中数据依《云南省经济综合志》编纂委员会编《云南省经济大事辑要（1911—1990 年）》（云南经济信息报印刷厂 1994 年版）相应年份资料整理而得。

由表 1 可以看出，民国初、中期云南食盐的生产走势呈现出了“马鞍形”的态势。而其两个高峰时期（1918—1919 年，1936—1939 年）正好出现在云南社会相对稳定、地方政府着力于整顿盐务的阶段，而其低谷时期（1927—1932 年）正好出现于内乱频繁、盐务管理混乱的阶段。以 1918 年为例，云南黑井盐除分销省东南及附近 30 余县外，尚有余存，推销甘、广、黔三边岸。再看 1939 年，经财政部核准，“滇盐除销本省外，还可销黔属盘江以西，包括盘县、兴义、兴仁、安龙、丹亭、贞丰、安南、厚安八属，此项运销滇盐，分官运商运两种”①。由此分析可以得出如下结论，即 1939 年云南省的食盐生产完全能够满足全省人民的食用，而且尚有余额，否则，滇盐根本提不上外销之议程。事实上，即使是滇盐高产量的 1939 年，其年人均吃盐数仍比同一时期其他几大盐产省份较低。毋庸置疑，民国初、中期云南食盐生产产量的发展走势，从另一个侧面反映了这一阶段云南政局总体动荡、经济发展大部分时期失序的发展状况。

从整体来看，这一时期云南食盐产量大部分时间不足以满足本省食用，往往产不敷销，致使许多地区常常出现“盐荒”现象。以民国八年（1919）与民国二十一年（1932）为例，前者，当时全省人口为 9995542 人②，同年全省实销盐 821484.31 担③，每人年平均为 8.2 斤。后者，当时全省人口 11795486 人④，同年全省销盐 492739.12 担⑤，每人年平均为 4.2 斤。不难看出，1932 年

---

① 《云南省经济综合志》编纂委员会编：《云南省经济大事辑要（1911—1990 年）》，云南经济信息报印刷厂 1994 年版，第 71 页。

② 《续云南通志长编》中册，卷 38，民政三，户政，户政四，“云南省各属户口民国八年统计表（政务厅汇编）”，第 116 页。

③ 《续云南通志长编》中册，卷 57，盐务二，运销，销额，“云南盐运使署所管各井场实销盐数统计表”，第 1161 页。注：“担”为新中国成立前盐斤的计量单位，以 100 斤为 1 担。

④ 《续云南通志长编》中册，卷 38，民政三，户政，户政四，“云南省各属户口民国二十一年统计表（民政厅汇编）”，第 126 页。

⑤ 《续云南通志长编》中册，卷 57，盐务二，运销，销额“云南省各井场销盐统计表”，第 1164 页。

云南人均吃盐比 1919 年减少近一半，说明北洋政府时期云南人均食盐量总体上要好于民国中后期。事实上，边远地区的少数民族民众吃盐尤为困难，民国中后期年均每人吃盐数远远小于 4.2 斤。民国时期，由于盐款是云南在外部协饷停止援助下的主要财政收入，因而滇盐产量的多寡无疑直接影响其财政收入状况。因而云南地方政府曾多次想通过扩大生产规模来增加滇盐产量，如唐继尧曾通过整顿盐务举措增加滇盐产量，并通过发动第二次川滇盐引岸之争来拓展滇盐的销区，以销促产，在当时不但取得了云南盐产量的增加，更是取得了滇盐销区冲出云南、抢占贵州市场的巨大突破[①]。相比较而言，抗战以后，云南人口激增，导致军民用盐相应增加，当时的云南盐务管理局也曾被迫几次扩大生产规模，也曾在短期内取得了增加滇盐产量的目的，但是，由于当时交通运输较为困难，劳动力缺乏，盐业生产关系落后，生产技术改进程度不够，故而从长远来看，盐务管理局的上述举措只是在盐产量上有短期内的起色，但在销区方面并没有冲出云南，因而其整体成效并不大。

（二）影响盐产量的主要因素

民国时期，云南盐产量波动较大，有起有伏。在两个盐产量高峰时期中，其中之一便出现在北洋政府时期的 1918—1919 年。而 1927 年盐产量则比 1918—1919 年有较大的下降。可以说，影响云南盐产量的因素较多、较为复杂，燃料成本、生产技术、原料含盐量、生产关系等几个主要影响因素应当引起我们更多的关注。

第一，燃料成本影响盐产量。在盐平的生产过程中，滇中元永、黑井、阿陋、琅井等盐场其燃料以枝叶、柴为主，燃料消耗量大约为每吨盐耗薪柴 3—4 吨，成本较高。生产锅盐的滇南磨黑、按板、石膏、香盐、益香等井场及滇西的喇鸡井基本上都是就近砍伐木柴，"吨盐耗柴约 1.8 至 2.5 吨"[②]，成本较生产盐平的地区略低。而筒盐

---

① 赵小平：《盐与唐继尧时期的滇系军阀》，《盐业史研究》1999 年第 4 期。
② 《云南省志》卷 19《盐业志》，第 115 页。

生产区的乔后、弥沙二井，每吨盐耗柴约 1.4 吨，而云龙、白井则约需 4 吨[①]，燃料消耗差异颇大。总体来看，滇中和滇西两个开发更早的盐产区耗柴量更大。更为重要的是，如滇中黑井区由于长期大量砍伐森林，对周围森林的破坏极大，燃料运距越来越远，运价越来越高，燃料成本的增加无疑大大影响到煎盐成本[②]，致使许多灶户资金周转困难，薪本借贷制度[③]虽然可以暂时解决灶户购薪的资金问题，但从长远来看仍然无法从根本上改变柴薪短缺、薪价日高的趋势，这既影响了盐产量，又抬高了盐价。

第二，生产技术影响盐产量。民国时期云南盐产原料有卤有矿，因此，采卤方式和采矿方式的先进与否，无疑会影响盐产量的多寡。民国时期云南采卤与输卤方式仍然沿袭传统的辘轳拉汲式、竹筒抽汲式、背运、挑运四种[④]，其中，辘轳拉汲式主要应用于竖井，卤袋多为牛皮制，如黑井、白井竖井即如此。竹筒抽汲式多应用于斜井，依井的深浅安置相配数量的竹筒（俗称"龙"），利用竹筒中空抽吸原理逐节传递抽上至井外卤池，如琅井、阿陋井、乔后井、云龙井、喇鸡井、磨黑井、石膏井、益香井等常用此方式。背运和挑运为由盐工直接进入到硐底用运送，前者用篓盛卤水背运出硐，如元永井、按板井较常见，后者则以桶肩挑运送，如元永井存在此运输方式。采矿则"惟滇区迄今尚仅用人工而无利用机器者。其法于开挖矿硐接彩后（获矿），在窝路（由硐口直达采矿处之路）上面及左右加设镶木，人伏入硐，竖[⑤]凿于岩，用软柄（竹条）铁锤捶击分裂以下，用人伏背运出硐"[⑥]。泡矿则是将矿块泡成卤水的过程。在这样传统生产方

---

① 《云南省志》卷 19《盐业志》，第 117 页。

② 如黑盐井区的一平浪盐场虽然已于民国二十七年（1938）以煤煎盐，但黑井直到 20 世纪 70 年代初成昆铁路建成后才转为用煤替代柴煎盐。

③ 薪本借贷制度早在清代就存在。道光《云南通志》卷 71《食货志·盐法》记载：康熙三十八年（1699），题准黑、白等井每年柴米役食六万两，预于拨饷项动支，发各井煎盐，办课补还拨饷。这一制度在民国时期仍然保留。

④ 《续云南通志长编》中册，卷 56，盐务一，场产，第 1087 页。

⑤ 原文为"树"。

⑥ 《续云南通志长编》中册，卷 56，盐务一，场产，第 1087—1088 页。

式下，各井每日的出卤、矿量有限，成盐量自然受限。以黑井为例，
"民国时期，黑井的每个灶房每天煮两平盐，也就是两锅盐，大约需
卤水百桶"[1]。

第三，原料的含盐量影响盐产量。云南盐卤、盐矿中含盐量总体
较低，较大盐井场含氯化钠比重达到85%以上国家二等盐标准的只
有黑井、琅井、白井、乔后井、喇鸡井、磨黑井、石膏井、香盐井、
益香井、弥沙井、猛野井、丽江井、磨铺井、磨歇井、景东大井、恩
耕井，而永济井、按板井含盐量竟然在50%之下[2]。多数盐井场含盐
量较低，这无疑是制约云南食盐产量的客观因素。

第四，生产关系影响盐产量。民国初期，云南盐业生产领域内通
行的是一种传统的"丁份制"，即拥有丁份的多少是决定灶户领取卤
水多少的凭证。具体来讲，由于灶户在开凿盐硐和维护盐井过程中费
用巨大，一家很难独立承担，基本上由多家共同出资出力，并根据各
家出资出力的多少来分配丁份的份额——出资出力多者拥有丁份多。
由于丁份是一种产权凭证，因此，不但可以传给子孙后代，还可以赠
送、抵押、出租或转卖。随着时间推移，子孙分家后丁份进行分割，
其结果是丁份拥有者越来越多，但每家拥有的丁份量却越来越少，单
个的生产能力则越来越低，生产成本却越来越高，从而导致产量下降
迅速。

第二节　食盐的流通

云南的食盐运销，一直以来困难重重。其运输条件差，水路水
流险急，无法行运。陆路多陡坡小路，多须人背马驮。因此，改
善食盐运输条件，已迫在眉睫。而运输方面的艰难，又无疑影响
食盐价格。随着滇系军阀势力的发展，扩大滇盐的行销区便成为
这一时期云南当局的当务之急，而第二次川滇盐之间的引岸之争

---

[1]　郑凡主编：《沧桑小镇黑井村》，社会科学文献出版社2008年版，第43页。

[2]　具体数据见《续云南通志长编》中册，卷56，盐务一，场产，各井盐质，"云南各
盐井含盐量统计表"，第1091—1092页。

便是在这种背景下引发的。然而，相比之下对于滇盐意义更为重大者，并非上述改善运输条件和第二次引岸之争这两件事，而是食盐运销制度的内部改革，这一改革的实施无疑表明滇盐加快了其近代化的进程。

一　急需改善的运输条件

云南山多水急，交通极不便利。故各井运盐路途，基本上多陡险坡坎。即使一些河流地段，不是可通航路途太短，就是水急难渡，云南食盐运输很难通过水运道进行。因此，前来各井购买官盐者，大多为零散脚贩，并无富商大贾。大凡经营食盐之家，也须自行备雇驮脚或雇募挑负人力，至井局缴款领盐，运回本地销售。当然，也有出井之后，沿途分给零贩销售者，究其原因，皆因运途艰难之故也。

边岸则例外。民国初期，云南运极边各岸官盐，运本须由公家借垫。其情形大概如下："黑（黑盐井）、元、永井①盐之运赴开化②，广南③两边岸也，由井运省（昆明）计程五站④，由省装载火车，循滇越铁路线经十五小时而至芷村⑤下车，雇脚转运，以至开化总分各局，计程三、四站或五、六站不等……乔（乔后井）⑥、云

---

① 通常合称为元永井，位于楚雄彝族自治州禄丰县（民国时属盐兴县）一平浪镇北方。

② 清康熙六年（1667）置开化府，属云南省。雍正八年（1730）设文山为府治（今文山县）。辖境约今天文山壮族苗族自治州大部及屏边苗族自治县、河口瑶族自治县。1913年废。

③ 明洪武十五年（1382）改广南西路宣抚司（元代至元十三年，即 1276 年，以宋广南西路特磨道等地置，属云南行省）置，属云南布政司。治所即今云南文山广南县。1913年废广南府，改附郭宝宁县为广南县，以府名为县名。后属云南蒙自道。治所即今云南文山广南县。1929 年直属云南省。

④ 一站约为一日之行程。站与站之间距离不等，多以道路好坏来划分站间距离，好走者站间距七八十里，难行者站间距为四五十里。

⑤ 即今云南蒙自县东南二十八里芷村镇。滇越铁路经过此地。

⑥ 乔后井位于大理白族自治州洱源县以西 70 公里处。

（云龙）井盐之运销腾边①土司夷地也，由乔（后）至永昌②，计程八站，由云（龙）至永昌，计程四站，由永昌运往腾冲，则又经四站。再由腾局分拨转运十土司属地，计程二三站以至七八站不等。又喇井③之盐运经中甸，计程十站，运往维西，亦程十站。此指正路而言之。若取捷近小道，仅止五站，但辟狭难行耳。磨黑井④盐之运赴勐烈，计程七站，运赴王布田⑤，则由井至元江计程八站，由元江经水路二站而至斐脚⑥，再起载转运，以至王布田边岸，又计程九站"⑦。不难看出，上述各井运输边岸的运盐里程，由于整个运线多陡坡难行，因而无论是马驮还是人力背负，人马皆易疲困。因此每日行程有限，仅四五十里或七八十里，整个运输过程显得太过漫长。当然，归根结底是地理环境险恶之故，而并不是人马拖怠所致。而运输过程的漫长致使运费高昂。而基于云南食盐运输主要

---

① 宋大理国在这一区域曾改软化府置腾冲府，治所在西源城（今云南腾冲县西郊西山坝）；元代至元十一年（1274）改腾冲府置腾越州，属大理路。至元二十五年（1288）废。明嘉靖三年（1524）复置，属永昌府。治所即今云南腾冲县。清嘉庆二十四年（1819）升腾越州为腾越厅，属云南省。治所即今云南腾冲县。辖境相当于今云南腾冲县、德宏傣族景颇族自治州大部及缅甸部分地区。道光二年（1822）降属永昌府，1913 年废。1914 年由滇西道改置腾越道，属云南省。治所为今腾冲县。辖境约今云南德钦、中甸、宁蒗、华坪、永仁、大姚、姚安以西，瑞丽、畹町、潞西、龙陵、镇康、耿马、云县、南涧、南华以北地区及四川攀枝花市金沙江南岸地。1929 年废。
② 唐南诏置永昌节度，治所在永昌城（今云南保山市）；宋大理国改置永昌府，治所即今云南保山市；元代至元十一年（1274）降为永昌州，十五年（1278）复为府，属大理路，为大理金齿等处宣慰司驻地；明洪武十五年（1382）改属云南布政司，二十三年（1390）废。嘉靖元年（1522）复置永昌军民府。明代辖境约今云南永平、腾冲、施甸、龙陵间，北部包括怒江傈僳族自治州及中甸县；清乾隆三十年（1765）改为永昌府。清代辖境约今云南腾冲、永平等县以南至耿马、孟定之间的地区。1913 年废。
③ 喇井又称为拉鸡井，位于怒江傈僳族自治州兰坪县拉鸡镇。
④ 磨黑井位于原思茅地区（今普洱市）宁洱县（今普洱县）东北。
⑤ 王布田，又称王步田。即今云南红河哈尼族彝族自治州金平苗族瑶族傣族自治县。因最早在此开街的商人叫王布田而得名。
⑥ 民国三年（1914）成立云南盐运使公署后，其下辖的开广边盐局下设有两个转运处，一为斐脚转运处，一为元江转运处。而斐脚转运处又下设有建水转运分处和牛街转运分处。
⑦ 吴强等编著：《民国云南盐业档案史料》"民初云南盐务辑要"，云南民族出版社 1999 年版，第 5 页。

依靠人背马驮的现状，故而所产原盐多为锅盐[1]或筒盐[2]，盐产品裸装裸运，很少包装。

　　运输条件和遥远的运距，不仅体现在食盐的运销方面，事实上，柴价的日渐高涨，也与恶劣的运输条件和日渐遥远的运距密不可分。早在乾隆年间，云南总督庆复就已经认识到了煎盐日盛后柴薪日少所带来的问题，"滇省盐井从前近井地方所产柴薪本足以资煎盐之用，今升平日久，烟户益繁，凡居民之炊焚，灶户之煎盐，砍伐既众，柴薪日少，是以各井内有从远处买柴供煎者，脚费倍增，工本实重"[3]，并提出广种树木的建议。而赵淳对滇省因煎盐历史已久，山空柴远，致使柴的价格不断上升状况做了生动的描述："近山伐木已无声，樵采艰辛度百程，增价购来真拟桂，灶中何以足煎烹。"[4] 词中所反映，一为采薪之路之遥远，二为购买柴价之高昂，这无疑是对乾隆中期云南加大煎盐后深感柴薪缺乏的真实写照。清末这一窘况更是严重，《续白盐井志》记载光绪初白盐井燃料情况，"采取供煎者远出三四十里以外，挽运既艰，薪价倍昂，灶户获利无几，煎交率多观望"[5]。至于三四十里以外，外到何处？文中并没有作具体的交代，但可以肯定的是，随着砍伐柴薪时间的推移，其运薪距离必将日趋遥远，甚至远至几百里都不为过。而这一点可以从民国初期的相关史料得到印证。《民国盐政史云南分史稿》引盐运使署布告曰："现在需用的柴薪

---

① 据云南省地方志编纂委员会：《云南省志》卷 19《盐业志》：因产地、形状不同，锅盐又有"锅盐"和"盐平"之分。历史上滇南磨黑井、按板井、石膏井等盐场都生产这种用圆铸铁锅蒸发成型的锅盐，以干、坚、洁为上品，以质地坚埂，便于运输而广泛受到山区人民的欢迎；滇中元永井、黑盐井等井场，用圆铸铁锅煎制成实心锅盐，称为"盐平"。因用大锯分成 2—4 块，以方便运输，故又称"盐块。"第 114—115 页。
② 据云南省地方志编纂委员会：《云南省志》卷 19《盐业志》：用圆铁锅或敞口平底锅生产盐沙，捞取盐沙在木模（或金属模）中筑成筒形，用炭火或煤火烘干，称为筒盐。最早生产筒盐的是滇西楚雄大姚县的白盐井、大理洱源县的乔后井、剑川县弥沙井三场。第 117 页。
③ 云南总督庆复"奏请滇省近井山场广种树木以供煎盐之用"，乾隆四年正月二十八日，中国第一历史档案馆藏，档案号：04－01－35－0443－025。
④ 赵淳：《购薪》，见（清）李训铉等修，罗其泽等纂（光绪）《续修白盐井志》卷 10。
⑤ 《续白盐井志》卷 8。

较多，附近的已经砍伐尽了，近日各灶所需的柴，均系来自远方，路远的在五六百里，近的在三四百里，所以柴的价值遂一天比一天贵了。"① 这里所说的是民国二十年（1931）以前云南煎盐的燃料情况，但无疑从中也反映出清末至民国初期燃料采购路途遥远的事实。

此外，云南道路极差，而盐井多坐落在深山之中，故而外出砍柴置薪往往在艰险的山壑之处，且路途较远。从上述史料可以看出，伐薪路途远的在五六百里，近的也在三四百里，而其间还得跋山涉水，其路途之艰险可以想象。因此，砍伐柴薪路途遥远和道路难行无疑是柴薪日贵的根本因素所在，而这一因素反映在食盐上，便是盐价日涨，贩盐商人获利日少，故而出现了观望者日多的局面。柴薪日贵引起盐价日涨情况，早在清代乾隆年间云贵总督尹继善的奏章中提道："滇省远隶边隅，处处崇山峻岭，产盐之地甚少，所有黑、白、云、琅等井或在临河、或在深谷，卤味淡薄，汲煮艰辛，人工薪本计费滋多，转运各处行销，路径崎岖，人马负运，脚费更重……层层归公，皆从盐价取办，是以滇省盐价每百斤自二两四五钱起，竟有卖至四两以上。"② 这种情况至民国时期仍然没有解决，因此，为了云南盐业的进一步发展，改善运输条件无疑已迫在眉睫。

二　食盐价格的波动与运费对盐价的影响

（一）清代云南盐价情况

清代云南食盐价格经常有调整，且同一时期不同盐井产盐售价也有不同。据《新纂云南通志》记载，"清初盐价昂贵每百斤自二两四五钱起，卖至四两以上……（乾隆）十六年（1751），复按照地方情

---

① 云南盐运史署编：《民国盐政史云南分史稿》第二编十四章，民国十九年铅印本。
② 云贵总督尹继善"奏为滇盐价重请免赢余以资调济盐价事"，乾隆元年二月十二日，中国第一历史档案馆藏，档案号：04 - 01 - 35 - 0441 - 005。

形，统行酌定数目，每百斤自一两五六钱至二两、三两不等①"②。光绪二十一年（1895），云南对盐价又进行了提价，每百斤除抱香井盐价定为一两八钱外，白井盐、乔后井盐、石膏井盐、磨黑井盐盐价在二两二钱至二两六钱之间，黑（井）、元（兴）、永（济）三井盐价最高，定为三两四钱四分九厘③。总体来看，清代云南盐价有地域上的差异，黑井盐、琅井盐、白井盐、阿陋井盐整体盐价较高，滇南的磨黑井盐、石膏井盐、抱香井盐等价格较低，其波动范围在一两钱左右至三两五钱左右，波动幅度尚在可控范围之内。相比而言，清末云南盐价波动更大，往往突破每百斤四两以上价位，如寻甸"境内食盐，在前清末年每百斤价值不过四五两至七八两即称昂贵"④。又如鲁甸"查县属食盐系来自川省，光绪时代每百斤售银五六两，涨跌相差不远"⑤。且区域间差异也较大，如云龙地区"自光绪末年（1908）至宣统三年（1911）每百觔（斤）须银三两"⑥。元江地区"宣统年间，每百斤值银四元"⑦。而罗次地区"境内盐价在清光绪末年（1908）至民国六年（1917）黑盐每百斤价洋八元，永阿盐七元"⑧。

---

① 据《新纂云南通志》卷149"盐务考三"之"盐价"记载，乾隆十六年云南盐价，磨黑井盐、石膏井盐、抱母井盐、香盐井盐、木城井盐、安乐井盐、猛加井盐、慢磨井盐盐价在一两六钱至二两之间，黑、新、沙三井盐和白井盐、安丰井盐、琅井盐、阿陋井盐盐价基本在三两左右，其余各井盐价在二两至三两之间。

② 《新纂云南通志》卷149，盐务考三，盐价。参见牛鸿斌等点校《新纂云南通志》（七），云南人民出版社2007年版，第218页。

③ 《新纂云南通志》卷149，盐务考三，盐价。参见牛鸿斌等点校《新纂云南通志》（七），第218—219页。

④ "云南通志馆征集云南各县食盐价格资料"（云南省图书馆藏411-30）之寻甸"一、境内历年食盐之价格若何"。该资料是云南通志馆为修纂《新纂云南通志》及《续云南通志长编》而征集的民国抄本，保存在云南省图书馆，目前云南大学历史系与云南省图书馆合作正在整理点校该资料（下同）。

⑤ "云南通志馆征集云南各县食盐价格资料"（云南省图书馆藏411-30）之鲁甸"历年食盐价格"。

⑥ "云南通志馆征集云南各县食盐价格资料"（云南省图书馆藏411-30）之"境内历年食盐之价格若何·云龙"。

⑦ "云南通志馆征集云南各县食盐价格资料"（云南省图书馆藏411-30）之元江"境内历年食盐之价格若何"。

⑧ "云南通志馆征集云南各县食盐价格资料"（云南省图书馆藏411-30）之罗次"境内历年食盐之价格若何"。

（二）北洋政府时期云南盐价情况

民国时期，云南食盐价格仍然不稳定，同样存在区域上的差异。目前已经出版的记载民国时期云南具体地区的盐价及其变动情况的文献较少，个别文献虽有涉及但不全面。相较而言，由云南省图书馆藏的云南通志馆为修纂《新纂云南通志》及《续云南通志长编》而征集的民国抄本有较详细的记录（目前云南大学历史系与云南省图书馆合作正在整理点校该资料，将陆续出版），因此，现以此抄本所记录部分地区进行比较：

1. 滇中地区的盐价

昆明附近地区的盐价变动情况。寻甸地区"民［国］十年至十一年（1921—1922）间，每百斤涨至二十元上下。十二三年（1923—1924）间，城内设立盐务公司，每百斤定价二十六七元"①。嵩明地区"查县属食盐之价格，自民［国］元年（1912）至二十年（1931）由二角五仙售至一元三角"②。嵩明地区的盐价是每斤的价格，按每百斤计算约为25元至130元。路南地区③"民国元年至七年（1912—1918）每百斤价十元，七年［至］十一年（1918—1922）每百斤十五元，十二年十三年（1923—1924）每百斤价二十五元，十四年至十七年（1925—1928）每百斤价四十元，十七年至二十年（1928—1931）每百斤价一百五十元"④。总体来看，昆明附近民国十二至十三年之际每百斤盐价约为25—27元，民国二十年涨至百元以上（路南县更是高达每百斤150元左右）。

滇中产盐地区盐价变动情况。楚雄地区"民国十五年（1926）

---

① "云南通志馆征集云南各县食盐价格资料"（云南省图书馆藏411-30）之寻甸"一、境内历年食盐之价格若何"。

② "云南通志馆征集云南各县食盐价格资料"（云南省图书馆藏411-30）之嵩明"境内历年食盐之价格若何"。

③ 元至元十三年（1276）置路南州，后属澄江府；1913年改为路南县，1956年改为路南彝族自治县，1998年更名为石林彝族自治县，属昆明市管（参见史为乐主编《中国历史地名大辞典》，中国社会科学出版社2005年版，第2693页）。

④ "云南通志馆征集云南各县食盐价格资料"（云南省图书馆藏411-30）之路南"一、历年食盐之价格"。

以前食盐每百斤售价二十元，十六七年（1927—1928）每百斤售价三四十元，十八年（1929）以后每百斤售价八九十元"①。罗次地区②"七年（1918）至十年（1921）黑盐每百斤价十元，永阿盐九元。十一年（1922）至十四年（1925）黑盐每百斤价二十元，永阿盐十九元。十五六七年（1926—1928）黑盐每百斤价五十元，永阿盐四十元"③。由于楚雄地区盐井较多，故其同时期内盐价总体比昆明附近地区较低一些。楚雄下面的禄丰地区"查本境距产盐区近，民国以前每斤约合制钱二三十文。民国以后，民［国］六［年］（1917）以前每斤只合滇币五仙零，民［国］八［年］（1919）以后每斤约合滇票一角一二仙，民［国］十四五年（1925—1926）每斤约合二角，又民［国］十六年（1927）每斤约合滇票五六角不等，十七年（1928）以后则每斤竟涨至滇票一元以上矣"④。禄丰地区民国六年至民国十七年以后每百斤盐价约在 5 元至 100 元滇币以上，波动极大。当然，影响盐价变动幅度较大的因素，除盐价本身增加的原因之外，还应该考虑滇币自身的贬值问题。

再看滇中非产盐的玉溪地区盐价情况，"玉溪向食磨黑井盐，民［国］十［年］（1921）以前每斤价值不过两角余乃至三角，民［国］十［年］至十四［年］（1921—1925）渐涨至五角余。十四年成立督销局停止商运，一时大起恐慌，骤涨至每斤一元五角以上，尤无从购买。督销局取消以后，又渐渐平复，减至每斤一元上下"⑤。与昆明附近盐价相比，由于所食用磨黑盐运途较远等原因，同时期其

---

①　"云南通志馆征集云南各县食盐价格资料"（云南省图书馆藏 411 - 30）之楚雄"境内历年食盐之价格若何"。

②　元至元十二年（1275）设罗次州，属中庆路。二十四年（1287）降为县，属中庆路。至元二十七年（1290）改属安宁州；明清属云南府；民国初属云南滇中道，1929 年直属云南省，1958 年撤销并入禄丰县（参见史为乐主编《中国历史地名大辞典》，第 1560 页）。

③　"云南通志馆征集云南各县食盐价格资料"（云南省图书馆藏 411 - 30）之罗次"境内历年食盐之价格若何"。

④　"云南通志馆征集云南各县食盐价格资料"（云南省图书馆藏 411 - 30）之禄丰"境内历年食盐之价格若何"。

⑤　"云南通志馆征集云南各县食盐价格资料"（云南省图书馆藏 411 - 30）之玉溪"一、境内历年食盐之价格"。

盐价高于昆明附近地区。

2. 滇西地区的盐价

滇西产盐地区的盐价变动情况。云龙地区"自光绪末年（1908）至宣统三年（1911）每百觔须银三两。自民［国］元［年］至四年（1912—1915）每百觔须洋四元，五年至十年（1916—1921）须洋八元，十一年至二十年（1922—1931）须洋十三元左右一担"①。

滇西非产盐区的保山地区"民国七年至十一年（1918—1922），由双茂公司承销，每担计半开银币十三元零至十六元。十五年至十八年（1926—1929），裕丰公司承销，每担二十二元增至二十四元、二十五元不等"②。

比较而言，产盐的云龙地区盐价远远低于非产盐的保山地区。

3. 滇南地区的盐价

蒙自地区以销售磨黑井盐为主。民国十一年（1922）每百斤150元（以纸币计算，下同），民国十二年（1923）每百斤180元，民国十三年（1924）每百斤二百元，民国十四年（1925）每百斤190元，民国十五年（1926）每百斤220元，民国十六年（1927）每百斤190元。③

阿迷地区④"自民［国］元年至十年（1912—1921）阿迷所食之盐有三种：磨黑盐、琅井盐、交盐，在此期间磨盐每斤价银一角五仙，琅盐每斤价银一角贰仙，交盐每斤价银八仙，概以现金交易。其销数以磨黑为最、交盐次之、琅盐又次之，稍有涨落仅二三仙之数。又自十一年至十六年（1922—1927）磨盐每斤增至贰角五仙，琅井盐每斤增至二角二仙，交盐每斤增至一角五仙，多以纸币交易，其销

---

① "云南通志馆征集云南各县食盐价格资料"（云南省图书馆藏411 - 30）之"境内历年食盐之价格若何·云龙"。

② "云南通志馆征集云南各县食盐价格资料"（云南省图书馆藏411 - 30）之保山"境内历年食盐之价格若何·龙陵"。

③ "云南通志馆征集云南各县食盐价格资料"（云南省图书馆藏411 - 30）之蒙自"境内历年食盐之价格若何"。

④ 阿迷县，元代置阿迷州，属临安路；明属临安府；1913 年改为阿迷县，属云南蒙自道，1932 年改为开远县（参见史为乐主编《中国历史地名大辞典》，第1390 页）。

数涨落仍如上"①。在阿迷地区销售的三种盐中，越南海盐价格最为便宜，其次为滇南地区自产的磨黑盐，滇中琅盐井所运之盐售价最高。

4. 滇东地区的盐价

滇东的昭通等地不产盐，历史上以销售川盐为主，滇盐销售规模有限。

昭通地区"查自民国元年（1912）每斤银币两角余，民国三年（1914）每斤三角余，六年（1917）每斤四角余，十二年（1923）每斤五角余，十七年（1928）六角余，十八年（1929）镍币七角余，十八年［至］二十年（1929—1931）涨至八角余"②。

盐津地区③"自民国初年（1912）至民国十年（1921）为止，民一二年（1912—1913）川盐每斤仅售铜钱八九十文，至三四年（1914—1915）增至一百文至一百二十文，五六年（1916—1917）则一百三四十文，七八年（1918—1919）又低价至五十至六十文，九十年（1920—1921）则至二百文至二百四十文为止。至本地花盐则由六七十文至一百六十文、二百文为止焉。……十一二年（1922—1923）川盐已增至三百文，十三四年（1924—1925）则由三百文骤至六百文，自十五年（1926）镍币行使之后，每斤已售镍洋二角五六至三角，十七八年（1928—1929）则由三角而增至四角五六，十九二十两年（1930—1931）增至五角，现售六角"④。

可见，上述不管是以银币计盐价的昭通，还是以铜钱计盐价的盐津，从民国元年至十一年（1912—1922）间，增幅都在 3 倍左右。而以同时以镍币计价的民国十八年至二十年（1929—1931）盐价来看，

---

① "云南通志馆征集云南各县食盐价格资料"（云南省图书馆藏 411 - 30）之阿迷"境内历年食盐之价格若何"。

② "云南通志馆征集云南各县食盐价格资料"（云南省图书馆藏 411 - 30）之昭通"境内历年食盐之价格若何"。

③ 清属大关厅，1913 年设盐井渡行政区，1917 年改为盐津县（参见史为乐主编《中国历史地名大辞典》，第 2045、2048 页）。

④ "云南通志馆征集云南各县食盐价格资料"（云南省图书馆藏 411 - 30）之"境内历年食盐之价格若何·盐津"。

昭通地区的每斤盐价高出盐津地区镍币两角以上，差距还是很明显的。

（三）食盐的运费对云南盐价影响较大

从上述云南不同地区的盐价变动及比较来看，食盐运输的距离远近、运费的高低对云南不同地区的食盐价格影响较大：就滇中、滇西和滇南三大区域来看，以销售同一产区食盐的不同地区为例，总体上不产盐地区的盐价比产盐地区的盐价较高，而同一盐井的盐在不同地区销售价格的差异，运费成本是其中很重要的影响因素。

而运距、运费不同对盐价所产生的影响，在当时人的记载中也有反映：

如滇中的陆良地区"自民国十三年（1924）三月一日起至七月底止，因盐价日渐增长，人民每患盐，于是由是年八月一日起，县长周果，奉令各属成立督销局，各区设立分销局，私人不得运销，计口授食，统共全县应销盐七万斤，预缴保证金三千五百元，由省总局每月分上中下三旬购领，定价黑井盐每百斤合价银十一元九角，外加运费驼（驮）脚至陆良，合二十六元。阿、永、元三井各每百斤合价十元，外加运费每百斤合价二十四元，照价销售至到年底，因所领盐斤不敷分配呈，请按月加领三万斤、四万斤不等"[1]。可见，无论是同属禄丰县的黑井盐还是阿陋井盐、元（兴）永（济）井盐，运输到陆良后的盐价都比原定价高出一倍多，而高出定价的部分主要是运费。

又如滇南的思茅地区[2]，"思茅素为石膏井之销场，食盐之价以今较昔，不啻加倍。目前每百斤石井盐运至思茅，合价银圆十二元，每斤实合价银一角二分，其实在石井底价每百斤不过六元左右，因种种附加又加以驼（驮）脚人工等项，逐增至此高价，然此十二元之

---

① "云南通志馆征集云南各县食盐价格资料"（云南省图书馆藏411 – 30）之陆良"一、境内历年食盐之价格若何"。

② 清雍正十三年（1735）设思茅厅，属普洱府；1913年改为思茅县；1993年改为县级市，2003年改为地级思茅市的"翠云区"，2007年1月思茅市更名为普洱市，原思茅县区改为普洱市思茅区。

价系现今市面之价格，若以向来之惯例言之，亦有受何种之影响而骤涨价至十三四，以至十五六元者，亦数见不鲜矣。"[1] 不难看出，石膏井盐销售至思茅的盐价，每百斤高出了出场价 6 元一倍以上，而高出部分仍然主要因运费影响所致。

再如滇东的盐津地区[2]，"盐津食盐多由四川五通桥输入，因成本之高昂、道途之远阻，故自清末至今亦大有增涨"[3]。盐津乃至于整个昭通地区，清代以来主要依赖川盐。而川盐自身生产成本虽然比滇盐低，但因运距远、运途艰难，故而这些川盐运至盐津等地后[4]，其成本已经远远高出其本来生产时的原成本，而高出的这部分成本，运费仍然是主要部分。

我们在判断和分析某一时期、某一地区的盐价时，既要知道它的盐产地（因为不同盐产地因卤水浓度、开采技术、燃料成本、盐质等不同，出场价也不同），还要考虑到这些盐运输过程中的成本。由于民国时期云南流通中的货币有银圆（既有大洋，也有云南特有的"半开银圆"）、铜钱、镍币，还有纸币滇币（旧滇币与后来的新滇币购买力又有不同）以及后期国民政府强行推出的法币（法纸）。因此，云南不同地区记录盐价时的计价货币不一定统一，故而比较不同地区盐价（其他物价也一样）高低时，我们首先要搞清楚计价的货币单位。如果是以纸币滇币计价的，不同时期盐价的增幅，既要考虑食盐销售价格本身的增长问题，也不能忽视纸币本身购买力贬值问题。

---

① "云南通志馆征集云南各县食盐价格资料"（云南省图书馆藏411 – 30）之"思茅境内食盐之价格"。

② 清属大关厅，1913 年设盐井渡行政区，1917 年改为盐津县（参见史为乐主编《中国历史地名大辞典》，第 2045、2048 页）。

③ "云南通志馆征集云南各县食盐价格资料"（云南省图书馆藏411 – 30）之"境内历年食盐之价格若何·盐津"。

④ 可参考赵小平、谢华香《南方丝绸之路上的川盐入滇古道研究》，载自贡市盐业历史博物馆编《川盐文化圈研究——川盐古道与区域发展学术研讨会论文集》，文物出版社2016 年版。

三 川滇盐的第二次引岸之争

引岸之争是川滇盐争夺销区的斗争。清末发生的第一次引岸之争，皆因川盐在生产规模和生产技术上、产品质量上、价格上相对于滇盐而占优，加之清政府极力扶持川盐，故而滇盐在争夺引岸的斗争中处于下风，滇盐销区仍只限于本省范围。

（一）民国初期滇盐的销岸

民国初期，云南各盐井在本省范围内的销区仍有规定，即某井之盐应销某地，而习惯上亦间以引岸、边岸①或销岸、正岸等各词称之。仔细研究一下云南盐务，由于没有岸商、票商等特许，故无引岸票地之区别。各井销盐地面，皆各就距井较近地方，酌量产盐额数，定为行销区域，听任商民盐贩，从督销局缴价填票、配领官盐，运回销盐地面，按照市价进而转售民间。上述举措，无疑是为了标明界限，以防止盐井之间越界销售或外盐对滇盐销区的争夺，进而通过划分销区而达到杜绝私盐的目的。从当时具体情形来看，仍根据三大井区的产盐额数而分配其销地。②

黑井区各井官盐，行销盐兴（黑盐井所在地，今属禄丰县）、昆明、富民、宜良、罗次③（在今禄丰县）、晋宁、呈贡、嵩明、安宁、昆阳、禄丰、易门、楚雄、定远（定远县，明代属楚雄府，治所在今牟定县。1914 年改为牟定县）、南安、广通、墕嘉（在今双柏县）、

----

① 民国初期设有开广（设在蒙自）、腾龙（设在腾冲、龙陵）、中维（德钦、中甸、维西）、勐烈（江城）、王布田（金平）五边岸，民国六年（1917）撤销中维、勐烈、王布田三边局。开广边岸包括文山、砚山、西畴、马关、屏边、广南、富宁七县及河口、麻栗坡两对汛区；腾龙边岸包括腾冲、龙陵两县及附近各设治局。边岸又分为近边和极边，其中，南甸、芒市为近边，陇川、干崖、盏达、户撒、腊撒、勐卯、遮放、芒遮为极边。开广边岸主销黑井盐，腾龙边岸主销白井盐。

② 吴强等编著：《民国云南盐业档案史料》"民初云南盐务辑要"，云南民族出版社1999 年版，第 3 页。

③ 罗次县，元代至元二十四年（1287）置，属中庆路。治所在今云南禄丰县东北六十二里仁兴镇古城。至元二十七年（1290）改属安宁州。明代迁治所至今禄丰县东北五十八里碧城。民国初属云南滇中道，1929 年直属云南省。1958 年撤销并入禄丰县。

武定、元谋、禄劝、徽江、江川、新兴①（在今玉溪）、路南、广西②
（今泸西县）、师宗、弥勒、邱北、阿迷（在今开远市）、宁县（在今
华宁县）、河西（在今通海县）、习峨、通海、曲靖、沾益、陆良、
马龙、罗平、寻甸、宣威、平彝等属地方，是为黑井区内岸。又由督
销局招商运销开化、安平、广南、富洲（在今富宁县）、东川及贵州
之兴义、盘县等地方，是为黑井区边岸。

　　白井区各井官盐行销盐井、姚安、大姚、镇南（今南华县）、蒙
化、永北、华坪、宾川、云南（在今祥云县）、弥渡、赵县③（后改
凤仪县，现改为凤仪镇）、大理、漾濞、洱源、云龙、邓川、鹤庆、
丽江、兰坪、中甸、维西、永昌、永平、龙陵、腾冲军属地方，是为
白井区内岸。又由督销局分别委员招商，运销腾龙极边土司、中维边
远夷地等地，是为白井区边岸。

　　石膏井区各井官盐，行销普洱、威远、思茅、他郎（在今墨江
县）、镇源、元江、新平、景东、镇边、顺宁、云县、缅宁、临安、
蒙自、个旧、石屏等属汉夷地方，是为石膏井区正岸。又由督销局委
员运销王布田（今金平）、勐烈等处夷地，是为石膏井区边岸。

　　东南各边井试煎之盐，仅各销其本地，尚无销地之规定。

　　不难看出，民国初期滇盐的销区基本上限于本省范围之内，而其
唯一在省外的销区，亦仅限于贵州的兴义、盘县等与云南接壤之地。
贵州并不产盐，其居民食盐，历史上多为川盐。滇盐想扩充黔岸，无
疑会引起滇川盐之间的争夺销区的斗争。

（二）滇盐对川盐销区的第二次冲击

　　由来已久的食盐销岸的引岸之争，是云、贵、川三省地方经济长
期存在的一个问题。其实质是川盐与滇盐争夺市场的斗争，同时它对

---

　　①　元至元十三年（1276）置新兴州，属徽江路。治所在今云南玉溪市。明、清属徽
江府。1913 年改新兴县，1914 年改为休纳县。

　　②　元代至元十二年（1275）置广西路，属云南行省。明洪武十五年（1382）改为府，
属云南布政司。清乾隆三十五年（1770）改为广西直隶州。1913 年改广西直隶州置广西
县，后属云南蒙自道。治所在今云南泸西县。因与广西省重名，1917 年改为泸西县。

　　③　唐时因蒙氏赵康居此，置赵郡。元代置千户所，改为赵州。民国改为赵县，后改为
凤仪县，现改为凤仪镇。

滇、黔、川军阀的发展也有一定的影响。事实上，第二次川滇盐之间的引岸之争，便是滇系军阀势力扩张的结果。

在第一次引岸之争中，滇盐由于自身的竞争不力而惨败。1913年，唐继尧掌握了云南大权，制订了许多有力措施，全面发起了对引岸制的冲击。一方面通过增加滇盐产量、兴建公路改善运输条件、降低滇盐过境税等措施来加强滇盐自身的竞争力。如"滇盐销兴义、盘县每百斤比川盐要少数元"①；另一方面同川盐展开针锋相对的争夺。

唐继尧时期滇盐争夺贵州市场、抢占川盐行销区的斗争主要采取了以下两个步骤：

首先，全面占领本省行销区，把川盐完全排除于省门之外。引岸之争在云南省内表现为，以汪家坪和新开盐井之盐"侵销"东川、昭通、宣威、镇雄等云南境内的四川犍为盐销岸，从而把川盐势力彻底赶出了云南。

其次，争夺贵州市场。贵州历来是川盐的主要销岸，而滇黔亦为邻省，因此滇盐的扩销必然要进占这个重要市场。早在清代，贵州临滇的兴义八属②"滇盐亦有出售"，有一定的扩销基础。辛亥革命后，军政府公开支持"以唐省吾为黔西防统领，目的是由他来兼办滇省济黔盐务"③。1912年，唐继尧与法国驻滇领事订约借款150万法郎时，竟然"以贵州盐务作抵"④。俨然一副贵州盐政主人的姿态。同年，云南政务会议议决："滇盐行销黔或由公办，或由商办，或由滇黔合办，或由黔独办，由滇征课。"⑤

随着滇黔军阀集团的形成及其势力的发展，滇盐更全面地展开了对引岸制的冲击，且滇黔军阀开始互相联合，共同排挤川盐入黔。

---

① 张肖梅：《贵州经济》，贵州：中国国民经济研究所民国二十八年（1939）版，第12章，L17页。

② 贵州盘县、兴义、兴仁、安龙、丹亭、贞丰、安南、厚安。

③ 《致贵阳军政府枢密院电》，1912年1月10日，见《天南电光集》，载《云南辛亥革命资料》，云南人民出版社1981年版，第77—78页。

④ 《国民公报》1912年9月17日。

⑤ 《政务会议记录》，1912年5月11日，载《云南辛亥革命资料》，云南人民出版社1981年版，第44页。

1916 年，贵州盐隆公司刘志乾请准予运输滇盐时，积极追随滇系军阀的刘显世便以"滇盐分销黔境，借谋两省公益，自属可行"为由，下令财政厅"拟简章十六条予以保证"。云贵两省都督进而一致"拟准盘兴一带仍销滇盐"[①]。

除以滇盐"侵销"川岸外，云贵当局进一步采取限制川盐入黔销售的做法。或设局置卡，就地征税；或对川盐课以重税。例如，在 1916 年 12 月 4 日，贵州省议会即修改盐税商捐方法，"对川盐每包征银三至五元，多达十元"。"行销贵州之盐，纳税当在川盐成本两倍以上"[②]。过境之税既重，盐价自然昂贵，竞争中川盐不免"归于劣败"。

事实上，滇盐抢占贵州市场的过程，也是唐继尧滇系军阀向贵州扩张的过程。随着滇盐对贵州市场的占领，滇系军阀把黔系军阀也相应地拉到了自己身边，使黔军在此后滇军与川军的斗争中始终与滇军共进退，成为滇军控制四川的有力帮手。可以说，唐继尧滇系军阀对外扩张的第一步是从滇盐抢占贵州市场开始的。

不可否认，滇盐销路的扩大，既于"云南财政及省民之生计关系非轻"，又使滇系军阀获益匪浅。它不仅使滇系军阀的军费收入剧增，为其发展和对外扩张作了充分的经济准备，更使其军事势力迅速兴起，在一定程度上控制了黔系军阀。滇盐击败川盐，抢夺到贵州市场，无疑是唐继尧实现其从经济入手，进而控制贵州政治计划的成功举措。

四　食盐运销制度的改革

民国初期，云南食盐运销制度得以顺利改革，皆因其盐商势力弱小，引岸制划分已废弛之故，故而推行自由商制较大多形成引岸专商或集团盐商的地区便利得多。就滇盐运销而言，不同于江苏、安徽、浙江各省，既无富商大贾，也无引岸引额，产盐区域极为散漫，运盐

---

① 《铎报》1916 年 4 月 23 日。
② 吴炜等编纂：《四川盐政史》卷 8，四川盐运使署民国二十一年（1932）铅印本。

商贩多半小本营生，历来多采取自由贸易，政府只管盐政、盐税，至于市场供应，多听任商运商销。这无疑是新的食盐运销制度很快在云南得以实行的基础。

（一）就场征税，自由贸易

云南历史上改官运官销之陈法，变食盐官垄断为就场征税、就场卖盐制度，早在清中期嘉庆改制时出现过，且在当时亦取得了一定的效果，即时任云贵总督富纲所奏"今改回灶户自煎自卖，商民自运自销"①。其具体办法《滇系》"事略"总结得更加清晰："盐务归民，由井收课"。其核心是"灶煎灶卖，民运民销"②。即新规定"其法无论商民，皆许领票。运盐不拘何井，销盐不拘何地，完课后听其所之"③。这一新法无疑弱化了官营色彩。

因此，民国初期云南推行就场征税、自由贸易的运销制度，并非无历史可循，更重要的是，能够马上实施这一制度，与云南当时的现状有直接的关系。善后大借款，袁世凯不惜以全部盐税收入作为担保，出卖中国的盐政主权，成立盐务稽核所作为全国最高盐业领导机关，而盐务稽核所第一任会办——英国人丁恩上台后，依据他在印度管理盐务的经验，极力主张取消官卖和专商制度，实行就场征税。不过，丁恩认为，鉴于各地的具体情况不尽相同，盐商势力强大之地难以立即进行改革，而边远地区，即本来引岸制划分已经废弛地区，则坚决实行或维护自由商制，"如东三省、四川、云南等地"④。可见，云南能够实行这一制度，取决于如下两点：一是云南自古以来无富商大贾，盐商势力弱，阻力小；二是云南属边远地区，引岸制早已废弛，利于实行商运商销制。

其实，丁恩按照西方19世纪盛行的自由资本主义经营原则，实

---

① 云贵总督兼署云南巡抚富纲"奏为滇盐酌归民运民销仰祈圣鉴事"之云贵总督兼署云南巡抚富纲"奏谨将滇盐改归民运民销条款开具简明清单恭呈御览"，嘉庆四年六月二十九日，中国第一历史档案馆藏，档案号：04-01-35-0482-01。

② （清）师范纂辑：《滇系》三之一《事略》。

③ （清）赵尔巽等撰：《清史稿》卷123，志九十八，食货四，"盐法"，中华书局1977年版，第3615页。

④ 丁长清、唐仁粤主编：《中国盐业史·近代当代编》，人民出版社1997年版，第69页。

行就场征税、任人运销、自由贸易、开展竞争的政策，其根本目的是
增加盐税收入、保证债款如期偿还。用丁恩的话来说，行此策，"则
盐价必低，盐价既低，则购之者、用之者必众，而国家税款自此增加
矣"①。丁恩无疑紧紧抓住了食盐人口的增加会促进食盐生产规模的
扩大这一变动关系，而盐税与生产直接挂钩，故生产的增加相应地伴
随着盐税的增加。而这一举措无疑在客观上有利于滇盐的发展。民国
初期，蔡锷在恢复云南的经济规划中专门提到了整顿盐务之事，"而
蔡锷所主张者……实行就场征收，变通引岸，以整顿盐务"②。可见，
实行就场征税、自由贸易，无疑符合当时云南食盐的发展现状，同时
更有利于加速滇盐的近代化进程。

　　事实上，盐的运销，在运署［民国三年（1914）4 月撤销云南
盐政处，改组成立云南盐运使署③，民国二十七年（1938）6 月正式
归并到云南盐务管理局。属盐务管理机构］与稽核分所［民国三年
3 月，云南盐务稽核分所④成立，民国二十六年（1937）4 月归并到
云南盐务管理局。属盐税管理机构］时期，为民制、民运、民销。
即除由盐务机关控制矿卤资源，实行垫薪制度或官收外，采取不限
井区，不拘销岸，就场征税，一税之后任其行销各地的办法。只是
基于边远地区的特殊性而划有边岸，如开广（驻地蒙自）、腾龙
（腾冲）、阿墩子（今德钦）等，并鼓励商人运销边岸而抵制越南、
缅甸私盐的侵入。当然，民国时期云南食盐的运销体制随社会环境
的变化、政治时局的变动而历经反复，然无非民运民销、官运民销、
官运官销三种。民国二十四年（1935）为抵补因禁烟造成的省库空

---

　　① 见《1913 年 12 月 9 日丁会办致张总办函》，载南开大学经济研究所经济史研究室
编《中国近代盐务史资料选辑》第 1 卷，南开大学出版社 1985 年版，第 199 页。
　　② 见郭燮熙编纂、蔡锷订正（遗稿）《云南光复纪要》之一篇。载《云南文史资料选
辑》第 3 辑 "建设篇（三）"，1963 年，第 183 页。
　　③ 云南盐运使署成立时下辖有黑井、白井、磨黑 3 区场务公署，黑井、元永、阿陋、
白井、乔后、云龙、拉鸡、磨黑、香盐、按板 10 个分场署，龙陵、腾冲 2 个掣验局、开广、
腾龙、中维、勐烈、王布田 5 个边盐局等。内部设总务、榷运、场产 3 科。
　　④ 云南盐务稽核分所直接管理省内所有盐款。在省内黑、白、磨三井场各设盐税总
局，下辖场各设分税局。黑井区盐税总局附设省盐务稽核分所内，白井区盐税总局设在
大理，磨黑井区盐税总局设在磨黑盐场（原宁洱县）。

虚，一改就场征税制，实行统制盐务，在昆明成立省运销局，在建水设磨（黑）按（板）运销局，在景谷设香（盐）益（香）凤（凤岗盐矿，位于景谷县）统销局。然历时仅两年，运署撤销，而云南盐务管理局接办时又恢复自由运销。可见，自由运销制是滇盐发展的内在要求①。

毋庸置疑，就场征税与自由贸易是互为一体的。就丁恩而言，其提出就场征税的主张，无非为了实行自由贸易。事实上，丁恩在推行就场征税措施的同时，努力实施他的开放自由主张，根据1914—1928年历年开放引地的有关资料（表2）显示，丁恩力主实行的为自由贸易政策②：

表2 丁恩改革措施

年份	准运盐产地	开放销区
1915	云南	云南全省
1916	云南	取消运销公司

表2先是开放云南全省销区，紧接着又取消运销公司，这些举措无疑都是为实行滇盐自由贸易铺路。因此，丁恩想通过推行就场征税进而实行自由贸易之心昭然若现。再从民国二十年（1931）5月国民政府第281号令，公布《盐税法》计39条来看，推行就场征税与实行自由贸易是不可分割的统一体。《盐税法》第一条规定"盐就场征税。任人民自由买卖，无论何人不得垄断"。

不过，基于云南特殊的地理环境，交通不便，故而民国时期在云南实行的滇盐自由贸易政策，虽早在1915年开放了云南全省销区，

---

① 虽然抗战时期由于统制经济的要求，民国二十七年（1938）对盐务加强管理，实行官收官运为专卖作准备，并于民国三十一年（1942）颁行专卖制，但此为非常之举，因而民国三十四年（1945）又再次取消专卖，恢复商销。

② 资料根据南开大学经济研究所经济史研究室编《中国近代盐务史资料选辑》第1卷（南开大学出版社1985年版）中相关材料整理而得。

但是，各场在一段时期内仍然有其相对较固定的行销区域。因此，所谓的自由贸易，只是任由商、民赴盐场自由领运而已，属相对性的自由贸易。取消专卖店后，虽然滇南、滇西各场由于产量丰裕，又系同一税率，不再划分销区，"听任商民自由购盐，自由运销本省全境任何地区"，但是，由于滇中各场不敷销售，"限销昆明市及昆明等37县"①。虽然，这一时期滇西、滇南各场盐可自由运销至云南全省范围内的任何地区，然而，事实上各场仍有自己相对应的销区，见表3。

表3　　"开放销务以后行盐区域表"（民国三十五年，即1946年
云南三大盐产区销盐资料摘取）②

销区	放盐场仓	销地
滇中区	滇中场署 一平浪稽征办事处 黑井分署 阿陋场务所 琅井场务所 昆明官仓	昆明市、昆明、昆阳、晋宁、呈贡、嵩明、马龙、江川、澄江、华宁、玉溪、寻甸、弥勒、宜良、泸西、师宗、路南、陆良、罗平、曲靖、沾益、平彝、安宁、盐兴、罗次、武定、禄丰、易门、富民、广通、禄劝、双柏、牟定、开远、邱北、砚山、文山、宣威等县
滇西区	迤西场署 云龙场务所 弥沙场务所 拉鸡场各所 保山官仓 白井场署	洱源、邓川、大理、剑川、鹤庆、丽江、永胜、云龙、兰坪、中甸、维西、保山、永平、弥渡、蒙化、宾川、漾濞、凤仪、顺宁、昌宁、云县、腾冲、龙陵等县，泸水、福贡、贡山、碧江、耿马、潞西、梁河、盈江、莲山、陇川、瑞丽、宁蒗、德钦等设治局，盐丰、大姚、姚安、永仁、祥云、华坪、元谋、楚雄、镇雄等县

————————

① 《云南省志》卷19《盐业志》，第154页。

② 本表根据财政部盐务署盐务稽核总所编《中国盐政实录》第4辑（一）"云南部分"［民国三十七年（1948）版］整理而得。

续表

销区	放盐场仓	销地
滇南区	迤南场署 按板分署 香盐分署 石膏场务所 益香场务所 凤岗场务所 猛野场务所	宁洱、墨江、元江、石屏、建水、个旧、新平、镇沅、峨山、景东、六顺、思茅、车里、佛海、南峤、澜沧、景谷、缅宁、镇康、双江、沧源、江城、镇越、金平、河西、通海、曲溪等县龙武局

此外，自由运销时期，由于商运商销部分的存储未加管制，因而为补充商运不足，在全省各交通枢纽地点还专门设有盐业官仓（亦称为据点仓），如昆明、曲靖、昭通、下关、保山、蒙自等地，据点仓下又设有若干分仓或转运仓，其目的是求得供需平衡，解决自由贸易中易出现的短缺现象。

因此，实行就场征税、自由贸易制度，其精神在于取消专商垄断，既力图解决政治上一大难题，更为盐政一大改革。探究在食盐运销方面社会上出现的不良现象，主要是少数人享受了过分的自由，致使多数人失掉了应有的自由。即食盐为人民日用所必需品，而劳动者因人数巨众而需求分量最多，但事实上却是少数商人坐享特殊权利、专断肥己。因此，以商民自由运销为主旨，杜绝食盐运销垄断，无疑符合国民政府公布新盐法的精神，同时也适应当时云南盐业发展的要求。

（二）加强对食盐运销的管理

民国时期，云南食盐运销制度在实行就场征税、自由贸易改革的同时，并未忽视对食盐运销的管理，即对食盐运销的管理也进行了相应的改革。云南各井之盐，一直以来系灶煎官卖，商运民销。而承运之商，多属小本经营，而无大商运销，故凡各井应用配盐照票，均由主管盐务省机关编订印发，交井员承领，配盐征课。按前清旧章，"每大票一张，配盐一百斤，小票一张，配盐五十斤。不及五十斤者，照征课款，免其配票"①。由于井员多图省手续，致使弊端多多。民国初期，为矫正这一弊端，改定三联照票，发交督销机关，商民到井缴款购盐时，必须填写照票一号，并注明商民名号及纳税领盐数目，"以第一联裁给购盐商脚，执票配运盐斤；以第二联裁交督煎局，照票取盐；以第三联汇缴盐政处，校对销征数目"②。不难看出，实行"三联照票"，无疑使销额同配发票数紧密挂钩，有利于加强对食盐运销的管理，从而弥补自由贸易政策下的一些不足。

　　加强对食盐运销的管理，还体现在相关组织的成立及管理人员的任免方面。1916 年 1 月 1 日，云南军政府派陈钧署理盐运使，同年，又改调任吴琨署理。而黎元洪依法就任中华民国大总统后又改任由云龙（任期从 1916 年至 1921 年）为盐运使。此后，盐运使奉令，将各井场各局一律改为场知事、分场委员。与此同时，稽核分所于黑、白、磨三区又各增设一支所③，为各井征收承转机关。9 月间，黔西川盐运不济销，由滇黔商人成立黔岸盐隆公司组织滇盐运销事宜。1917 年 3 月间，开（化）广（南）边岸由商人设立开化永利公司和广南盐务公司。1918 年 1 月，腾（冲）龙（陵）边岸亦由商人设立腾冲裕通公司和龙陵双茂公司。1921 年 1 月，同样由于黔西川盐运不济销，撤销黔岸盐隆公司，另组织永和益商号，专营滇盐销黔，次年 6 月倒闭后，复由滇黔商人组成黔西盐务公司。可见，专业机构及专职人员的变更，无非是为了加强对食盐运销的管理。而商人组织的涌现，更多的则基于自由贸易政策的实行。

---

①　吴强等编著：《民国云南盐业档案史料》"民初云南盐务辑要"第三类"运销"，云南民族出版社 1999 年版，第 5 页。

②　吴强等编著：《民国云南盐业档案史料》"民初云南盐务辑要"第三类"运销"，第 6 页。

③　民国六年（1917），因实行均税平秤（各井统一税率，并改用司马秤，原 105 斤为 100 斤），白、磨两区取消盐税总局，改设稽核支所，仍驻大理、磨黑。民国十一年（1922），改黑井区盐税总局为稽核支所。

第二章　南京国民政府前期的云南盐业
（1928—1937 年）

南京国民政府时期，云南食盐的生产有了进一步的扩大，生产技术也有了很大的改进。这时期，盐业中生产关系方面有了新的变化，即在丁份制的基础上，资本主义雇佣劳动关系得到了发展。此外，随着技术的引进，食盐加碘得以普及，盐质的改进取得了突破性的成功。在食盐运销方面，交、缅私盐的侵销已极大地威胁到滇盐市场的拓展，而新旧盐商间的明争暗斗也值得关注。

第一节　食盐的生产

南京国民政府初期，云南食盐在生产技术和生产关系两大领域都出现了重大的变化：初期滇盐的煎制方法仍然是传统技术的延续，但在进入 20 世纪 30 年代以后，在煎制方法上出现了"移卤就煤"工程的伟大技术革新。而滇盐在改善盐质方面最大的成就无疑是食盐加碘工作的推行；生产关系方面的主要变化，表现在随着"丁份制"下灶户越添越多，丁份额却越分越少。与此相反，生产成本和盐价却越来越高。"丁份制"的弊端重重使得推行"公司制"已迫在眉睫。

一　传统生产技术的延续与改进

中国制盐方法在精盐工厂建立前后的相当一段时间内都以土法为主，或晒或煎。民国初期，四川、云南为锅煎，从打井、汲卤到煎盐，程序较复杂。井盐分花盐和巴盐两种。

　　在南京国民政府初期，云南井盐的煎制方法仍然是传统技术的延续。《中国盐政史》记载：云南"各场制盐方法，皆在井硐分别採取硷滷①，用火力煎制，惟硷滷产量，各区不一，大抵黑井区各井，滷多硷少，磨黑区各井，滷少硷多，白井区各井，则硷滷相埒"②。这里讲的"滷"即卤水，"硷"即盐矿。具体来讲，以卤水为主的盐井③其煎制过程可以分为两大步骤：第一步是钻井取卤。云南各盐井深浅不一④，深者二三十丈，浅者仅四五丈。取卤主要是用竹皮筒从井中汲水，当然亦有个别盐井其盐卤从井中自动涌出，但为数较少。井水浓者可以直接煎盐，而井水淡者则必须先浓缩后才能煎盐。第二步是设锅灶煎盐。云南煎盐所用的锅较小，燃料基本上以柴木为主。由于各井所产卤水的浓度与煎锅的大小各有差异，故而各井灶煎盐所用的时间长短不一，每锅成盐的量也不相等。

　　进入 20 世纪 30 年代，云南由于滇中盐产区柴薪枯竭，产不敷销，因而时任盐运使的张冲经过实地考察后提出了以煤代柴、推广煤煎的新主张，即云南近代食盐煎制史上具有划时代意义的"移卤就煤"方案。事实上，"移卤就煤"方案提出前张冲曾设想"移煤就卤"，只是在实地的考察中发现当地的几大盐井元永井、阿陋井的地势都较一平浪产煤矿地区高，且中间无高山大河阻隔，卤水下流较顺利，权衡之下，用管道输送卤水较运煤更加方便，故此才有"移卤就煤"新方案的提出，并具《移卤就煤，减轻制盐成本，上裕国课，下利民生，推广引岸，挽回漏卮，以辟富源而煤永久》一文承报省政府⑤。其具体办法是：将元永井到一平浪间开一条卤水沟，使元永井

---

　　①　如元永井、乔后井、磨黑井、按板井、香盐井、益香井、石膏井，都是卤硷兼产之井。因此，这七处既是云南的井盐生产地，也是云南著名的岩盐产区。
　　②　曾仰丰：《中国盐政史》，商务印书馆 1984 年版，第 82 页。
　　③　如黑井、阿陋井、白井、喇鸡井（还有称"拉鸡井"）、云龙井，都是单纯产卤水煎盐。
　　④　云南盐井有直井（或称竖井，如诺邓井），也有斜井（如黑盐井区斜井较多）。直井以竹皮筒从井中汲水取卤，斜井多采用人背木桶方法取卤。
　　⑤　《关于张冲对"移卤就煤"工程的设计、意见及省政府的批复、电话、架设、运输、石工价格、移灶设计等文件》一卷宗，1933 年 9 月 4 日到 1935 年 4 月 25 日永久卷，云南一平浪盐矿档案室。

的卤水顺沟流至一平浪，以利用一平浪的煤进行煮盐。

1933年2月，云南省政府正式委任张冲兼任"黑井区移卤就煤工程委员会"的督办（后改为"黑井区一平浪制盐场工程处"）。"移卤就煤"工程具体措施主要是：修筑一条从元永井至一平浪全长20.5公里、路面宽3米的"U"形釉砖输卤沟，并在元永井新建一口垂直深度达100米的竖井（后命名为安平井），并在一平浪建锅盐灶房360间[①]。该工程于1938年全部建成投产，易名为一平浪制盐场。这无疑是云南盐业史上的创举，也是生产技术上的巨大革新。

事实上，"移卤就煤"的实施，是针对云南食盐生产中成本一直居高不下这种困境所采取的应对措施，其成效显而易见：

其一，极大地降低了产盐成本。《中国盐政史》记载：云南"所用燃料，三区（黑井区、白井区、磨黑区）皆以柴薪为大宗，成本较高"[②]。可见，云南食盐生产成本之所以比四川高出很多，与煎盐燃料以柴薪为主有重要关系。正如张冲所言，"昔日在各井煎盐，每100斤需薪本30元，若移卤就煤就只需6角"[③]。依张冲之言，每煮100斤盐用柴作为燃料与用煤作为燃料二者成本之间相差竟达50倍。当然，张冲之言肯定有夸大成分，但如果考虑到燃料的运输路程等客观因素（随着柴木砍伐的推进，盐井周围在开发后期往往已成为光秃秃的山，要获得柴木只能到更远的地方去砍伐，故而柴薪的运距只能是越来越远），事实上，以煤煎盐与以柴薪煎盐相比，以淡卤论成本可节减80%，以咸卤论则成本降低90%当不为过。

其二，以煤煎盐，提高了卤水的利用率。因为其不论卤水含量如何，均可煎制，不至于废弃淡卤。而以柴煎盐因考虑到燃料成本高之故，往往不会煎煮淡卤。

---

① 参见温礼敬整理《云南一平浪盐矿史稿·移卤就煤篇》，1985年5月晒蓝本，云南一平浪盐矿档案室。

② 曾仰丰：《中国盐政史》，第82页。

③ 《关于张冲对"移卤就煤"工程的设计、意见及省政府的批复、电话、架设、运输、石工价格、移灶设计等文件》一卷宗，1933年9月4日到1935年4月25日永久卷，云南一平浪盐矿档案室。

其三，改用煤煎，可以大大减少对森林的砍伐，只要着力培植保护，数十年后将可使荒山恢复至原来茂密的森林，对生态环境的破坏将大为减轻。从这个层面上讲，以煤代薪更为环保。

其四，产量增加、成本减轻，无疑可以推广引岸，对外更可拒止外私。不可否认，生产技术的革新带来了可观的经济效益。

不可否认，面对云南食盐生产供不应求、运艰价贵的状况，其有效的解决途径主要有三个：一是通过新开盐井、盐场来增加食盐生产总量；二是通过修路来便利运输，减少运费；三是通过燃料的替代来降低成本。此三者，新开盐井受客观因素影响极大，修路之举便于销售，但不能从根本上降低生产成本。一平浪"移卤就煤"的实施，既实现了燃料方面的更替，因地制宜地又减了燃料运输这一环节，其成效自然显著。换言之，进行燃料的改进和替代，既是当时十分有效之举措，又顺应了近代世界能源革新的时代主潮流。就云南而言，则预示着新旧能源更替时代的到来。

二　盐井中生产关系的变化

历史上云南在盐卤分配上实行的是"丁份制"，由于灶户领盐份额有限，这一制度在后来的实行过程中容易造成炉户在生产中积极性受挫，具体表现在大多在生产过程中懒散堕落，甚至不事经营生产，从而致使产量锐减，盐井总产量短绌现象频频出现。这一制度一直延续至南京国民政府初期，并严重阻碍了对盐政的进一步改革。当然，"丁份制"之所以能够长期存在，是因为它比较适合小生产者较为分散的利益，但后期对于盐业整体发展来说却是不利的。可以说，改革丁份制的阻力主要是小生产者的广泛存在。但是，随着一些大的商人、组织及团体的发展壮大，"公司制"得到了发展。而"公司制"下盐业生产中具有资本主义性质的雇佣劳动关系得到了进一步发展，这是值得特别关注的地方。

（一）灶户、"丁份制"及其改革

按丁添灶，按灶设人，这就是传统意义上所谓的"丁份制"。云南封建灶户的产生，有其历史渊源。历史上，在产盐地区开办井场，大都由私人或地方集资开凿盐井，成功之后，则即按照出资多寡，分配矿、卤份额。这非常类似于我们今天的股份制，如滇西区的诺邓井开辟后即按出资多少分配盐卤份额。领到相应份额后，由出资者煎盐交公，并颁发制盐执照以昭示其产盐的合法性。先期的出资者变成了后来盐业生产中的灶户。随着时间的推移，各井灶户子孙繁衍日益增多，遂按支分丁，各灶户子孙也就按丁添灶、按灶设人。这样下来，灶户是越添越多，但由于总份额固定，丁份额却越分越少，矿卤越领越少，相反，生产过程中的耗费却越来越大，成本越来越高，致使煎盐量越来越低、盐价越来越高。"丁份制"越往后发展，其对盐业生产的进一步发展阻碍作用无疑就越大。

云南矿、卤份额的称谓各场并不相同，滇中黑井、元井、阿陋井称其为"丁份"，琅井称其为"股份"；滇西称其为"石"，乔后、喇鸡（也称拉鸡）、云龙井称其为"灶"；滇南磨黑、石膏、益香称其为"份担"，按板、香盐称其为"矿（卤）班"等①。称呼虽有差异，但以"丁份"较为通用。而享有丁份制盐权的户主则称其为"灶户"。一般来说，丁份是灶户子孙相继的产业，可以转卖、赠予、典当或出租，即拥有所有权。无疑"丁份制"是井场生产长期以来形成的一种封建灶户煎盐制度，其管理工作不外乎是分配矿、卤，核发制盐薪本、耗费及计卤较煎、派人查灶等项而已。

由于云南各井场矿、卤的含盐成分高低不等，并且经常有变化，故而为核实灶户领取的矿、卤份额是否与上交额相符，特制定了"计卤较煎"办法，即按月、季由场署会同灶户代表，取样试煎，以便确定矿、卤成盐比例，并设有查灶人员，负责登记当天成盐数及存灶数。不难看出，实施"计卤较煎"办法是为了预防灶户私煎、私卖或煎多报少的情况。办法虽好，然而由于盐务监管不严，盐政弊端重重，故而这一办法难以严格实施，形同虚设。

民国二十年（1931）10月，盐运使张冲相继出巡滇中、滇南，遍访各井场盐务情况，深感盐务管理中已危机重重，从而拟定《改组

---

① 《云南省志》卷19《盐业志》，第128—129页。

各井灶户方案》[1]，期望改组后的灶户，能够承担起增加生产及减轻成本的责任。张冲改革灶户方案的原则为矿卤国有、官督商销、就井专卖。其过渡措施中有两点最为关键：一是取消"丁份制"，实行矿卤国有（而私有产权是丁份制的核心）；二是招收较有实力的商人和灶户（原有灶户只吸纳有经济实力者），组成制盐团体。换而言之，就是由此前的单一灶户生产改为灶户、公司两种生产经营办法。当然，这里的"灶户"已非此前丁份制下大大小小的所有灶户，而是其中一部分有一定经济实力的灶户。更为重要的是，公司制的推行，开启了盐业生产的集团化、规模化、制度化运行。但由于商灶只重私人权利，不重视公司利益，更忽视对公家应尽的义务，故而在公司包办期间大都亏课严重，从而大大阻碍了"公司制"的有效推行。故而"灶户""丁份制"亦因此而一直延续至 1952 年才得以彻底废除。

（二）"丁份制"的弊端与"公司制"的发展

民国时期的云南盐法，基本上是在清代盐法的基础上而进行增减。虽同为井盐，但由于在生产领域内的直接生产者多为灶户，且配额有限，故而与四川相比，煎盐规模偏小，生产较为零散。而大量小生产者的广泛存在，致使云南食盐生产弊端重重：一方面，灶户为求最大利润，掺假情况时有发生，从而盐质难以保障；另一方面，小生产者为谋求额外利益，私煎现象较为普遍，致使私盐屡禁不止，严重破坏了食盐的正常运销体制。

对于"丁份制"下灶户生产中存在的种种弊端，张冲在《云南盐政改革方案》中归纳更为具体：其一，勾串管理矿、卤员役，私放矿、卤；或盗取矿、卤，以图煎制私盐；其二，勾串查灶员役，煎多报少，或暗藏盐产，以图私售；其三，勾串场官、盐商，或勾结缉私营队，暗将私煎、私藏的盐，偷税销售；其四，故意怠煎，使产量减少，供不应求，以期抬价私售；其五，放弃职责，视井硐坍塌于不顾，致使产量日减，盐价上涨。从张冲归纳的五大弊端来看，弊端一是破坏了"丁份制"（或"股份制"）按出资多少分配矿、卤的公正、

---

[1] 《续云南通志长编》中册，卷 56，盐务一，灶户，第 1086 页。

公平性，弊端二、三为私盐的产生和销售提供了空间，弊端四、五则人为造成了盐价的上涨。正是基于上述种种弊端，故而张冲认为实行"公司制"已迫在眉睫。

"公司制"的办法是责成场长督饬所属灶户，组织制盐公司，承办该井场务，按照"包课包额""自煎自卖"两原则办理。在"公司制"下，井场工人取代了此前的众多灶户而成为食盐生产者主体。但"公司制"下也面临这样一个问题，即井场工人（主要是采矿、汲卤、制盐等工人）多来自井场附近的农村，具有"半工半农"性质，因此，很难保证全年生产工作的正常进行。故而许多井场在当地农忙季节多因盐工减少而大量减产。因此，民国时期云南在实行"公司制"生产的井场中，季节性的盐工数量减少和季节性暴雨山洪冲灌井场成为当时影响盐业生产总量的两大重要因素。

"公司制"的推行不仅是生产规模的扩大、生产者主体的变化，更重要的是，与"丁份制"相比，"公司制"在生产关系上发生了重大变化。具体而言，"公司制"之下的井场生产，其实质是资本主义雇佣劳动式的生产方式。因此，随着灶户团体的先后出现及制盐公司的相继成立，雇工数量如雨后春笋般增长。以1942年12月底全国盐工总数来看，当时云南的盐工已达7006人，其中元永井区最多，为1297人。而直接盐工为5566人，占总数的79.4%，间接盐工为1440人，占总数的20.6%[①]。上述数据尚不包括临时雇用的盐工，而云南盐工由于"亦工亦农"的特性，故而临时雇用的盐工肯定不在少数。"公司制"的发展，无疑使资本主义性质的雇佣劳动关系在许多盐井得到了进一步发展。

在云南制盐井场还有一个现象值得我们关注，即外省盐工问题。基于一些盐井对技术要求较高，本地居民不能胜任，因而雇用外省员工现象经常发生。如滇中盐产区的元永井区，由于地势特殊，多为高山，并且矿、卤兼产，所开盐硐（盐矿洞）深度均在百余丈之多，

---

① 资源来源：中国第二历史档案馆档案，全宗号266，卷号50，（民国）三十一年度全国盐工数目案。

因此，所招开硐及采矿工人，必须是有一定相关技术和经验之人，即非已练习采矿技术之人不能工作，"而本地居民，既无此项技术，又不耐井硐劳动，所以大都雇自四川会理一带"①。四川制盐技术较云南高，所开凿的盐井大多比云南深，生产规模大，当地盐工身怀技术者颇多，故而云南就近雇四川盐工开采滇盐，当不失为弥补本地技术性盐工短缺、盐工总体数量不足的有效办法。这无疑拓宽了雇工的空间地域性，同时是雇佣关系发展的另一种表现形式。

三　盐质的改进

中国盐产量，"以海盐产量最多，池盐次之，井盐岩盐又次之"②。就井盐而言，以四川为首，云南则次之。川滇两省虽同为井盐，但在盐的总产量、生产技术、生产成本、煎盐燃料、盐质、盐价等方面都存在较大的差异。就总产量而言，民国二十年至二十四年（1931—1935）间四川平均产盐 7428000 市担（其中，川南产区 5718000 市担，川北产区 1710000 市担），而云南这五年间平均产盐仅为 689000 市担③，只相当于川盐总产量的 9.28% 左右。就生产技术而言，四川盐区的凿井技术及所用的工具放在同时期的世界都是较为先进的。而云南则较为落后。就生产成本而言，四川由于井深规模大、燃料就近就地解决，生产成本自然较滇盐低。就燃料而言，四川盐产区多有天然气，既方便又相对环保，相比云南以柴薪为主其成本更低、煎制方法更为先进。就盐质而言，虽同为井盐，但川盐色白味佳，而滇盐在色、味两方面都较川盐为差。就盐价而言，川盐由于产量大、成本低而价廉物美，滇盐由于产量少、成本高而价格昂贵。因此，在盐质方面，滇盐远不及川盐，这也是历史上"川盐销滇"成为定制，川滇盐间"引岸之争"云南无法以正常途径抢占川盐在滇黔销区的重要原因。

---

① 《民国云南盐业档案史料》，第 79 页。

② 曾仰丰：《中国盐政史》，第 56 页。

③ 见曾仰丰《中国盐政史》附录一"全国盐务近五年平均产盐放盐及税收表"，第 208 页。

　　但可喜的是，随着滇盐生产的发展和云南经济社会的进步，滇盐在盐质上有了显著的改进和提高，食盐加碘是最为突出的表现。云南由于地处高原，自然环境中缺乏碘元素，故而群众因缺碘造成的地方性甲状腺肿的发病率较高，因而食盐加碘工作的实施，无疑与民众的身体健康息息相关。

　　就当时云南的具体情况而言，从盐的色、味，特别是从含氯化钠比例着手改善盐质较为困难。我们知道，盐质有一定的标准。历史上，云南锅盐和筒盐以干、坚、洁白、味咸不带苦涩者为上品，但是却忽视了一个重要因素，即不知道影响盐质好坏的主要因素是氯化钠和杂质含量的多寡。民国时期的盐法规定："食盐以含有百分之九十以上之氯化钠者为一等盐，含有百分之八十五以上之氯化钠者为二等盐，氯化钠未含百分之八十五者，不得用作食盐。"[1] 乔后、白井以岩盐和天然卤水为其制盐原料，由于原料中只含少量的可溶性杂质，故而制成的盐含氯化钠高达95%以上，但是为了生产后便于存放、运输，遂加工成坚硬筒盐，并在下锅卤水中混以沉淀的杂质泥粒，因而所成盐含氯化钠只有80%左右，俗称"青盐白饭"。从"盐法"规定来看，乔后、白井所产之盐无疑达到了一等盐的标准，但产后经过再次加工后无疑变成了一种劣质筒盐，如按"盐法"规定已达不到作为食用盐的标准。

　　民国十九年（1930），云南盐运使署先后将当时全省范围内的20余大小井场的盐样送财政部盐务署化验，化验结果中显示，滇西、滇南各盐场所产食盐含氯化钠均在90%上下，即介于"盐法"规定的一、二等之间。但是滇中区却较低，仅为63.92%—88.76%，而当时给云南制定的食盐含氯化钠标准也仅为85%[2]，这相比于其他省份而言是相当低的。即使按食盐含氯化钠最低标准85%来衡量，滇中区部分盐场所产食盐仍然达不到食用盐的标准。

　　在盐质含氯化钠标准难以完全保证的同时，民众身体缺碘也很普

---

① 见曾仰丰《中国盐政史》附录三"盐法"第一章第四条，第287页。
② 《云南省志》卷19《盐业志》，第91页。

遍，尤其以山区最为突出。而防治这种因缺碘而易得的甲状腺肿病的有效、便利的方法就是食盐加碘。由于当时云南生产食盐品种主要为锅盐、筒盐，因煎制工艺各有不同，故而需要按照不同的盐种和工艺制定不同的加碘方法①。然而，由于在具体实施过程中碘的来源困难，因此，食盐加碘时加时停是普遍现象。换言之，各井场并没有将食盐加碘作为必须做的重要工作认真执行，以致生产出的成品盐含碘量相差较大，分布极不均匀。不同井场所加碘量不同，即使是同一井场，不同时期生产的成品盐加碘量也有差别。此外，由于加碘食盐如果在储存、运输过程中处理不当，碘质就易于挥发，因而食盐加碘在云南虽推广多年，但却收效甚微。

相比较而言，通过食盐加碘改善盐质比起提高氯化钠的含量容易得多。对于食盐的加碘工作而言，其在技术上连灶户自己也认为轻而易举，如琅井灶户杨庆余在请求豁免罚灶报告中说："窃查食盐加碘关系人民健康甚巨，即在灶户本身而论，藉此可以提高盐质畅销无阻，以工作论不过举手之劳，以时间论不过十分钟。"② 但为什么灶户不能始终如一地认真执行食盐加碘之令呢？其原因不外乎下述几方面。

第一，各井场对加碘工作大多不够重视，执行不力，加之灶户觉得加碘麻烦，这是灶户不愿认真执行的关键原因所在。由于各场食盐加碘工作，自经派员指导实行后，即交由各场查产员兼办，最后更是交由保健员兼办，故而其对灶户加碘的督导工作不能全力以赴。换言之，没有设立专门的督导加碘工作人员。更重要的是灶户分散，加碘时间大多同时进行，即使是兼职的督导员，各井场也数量有限，这无疑为灶户不执行加碘令提供了操作的空间。

第二，灶户与灶工对食盐加碘重要性认识上的欠缺，是造成执行不力的又一重要因素。各灶户一般认为食盐加碘与自己切身无利害关

---

① 参见杨勋民《云南盐务纪要》附录 2，载沈祖堃《云南各井场食盐加碘方法》，昆明开智印刷公司代印，民国二十九年（1940）。

② 参见吴强等编著《民国云南盐业档案史料》"琅井转杨庆余请求豁免无碘盐样罚金呈"［附］照抄杨庆余灶报告，第 551 页。

系，因而加碘方法虽然较为简单，但多抱着多一事不如少一事的心态，因此，只要督责不严之时，即不予加碘。

第三，药品的运输和分发困难，药品来源不能正常保障，时断时续。加之碘化钾为贵重药品，容易发生偷漏现象，然碳酸钠为碱可用于洗衣等用，如滇中场曾多次发现所发配的食盐加碘溶液，被各灶户领回灶房后不按照规定加入盐内，而是以其作洗衣之用。

不难看出，在南京国民政府初期，食盐加碘工作在云南社会各界受到了普遍关注，但是，食盐加碘工作尚处于起步阶段，民众对其重要性的认识还有待进一步加强。换言之，食盐加碘办法不能彻底有效推行，实为民众素质不高、认识落后之故，即食盐加碘对人身体健康的重要性还没有得到全社会统一认识。作为督导食盐加碘的工作人员，其责任感不强；作为食盐加碘的实际操作者灶户而言，多有畏繁心态，加之贪图小利，故而推行实为难事。

有一点必须指出，虽然云南食盐加碘工作比起全国大多数省份而言起步较晚，推行初期效果不佳，但是，于云南食盐生产和民众身体健康而言，其意义重大：政府和民众已开始意识到了食盐加碘对人身体的重要性，政府已开始大力推广食盐加碘工作，各井场也开始在生产过程中加入了食盐加碘这一环节。虽然当时在具体操作过程中各井执行不一、前后执行不一，总体效果不好，但却为后来进一步全面实行食盐加碘打下了坚实的基础。食盐加碘无疑是生产技术的改进成果，其对盐质改进方面意义重大。

第二节　食盐的流通

盐的运销除由盐务机关控制矿卤资源，实行垫薪制度或官收外，还采取不限井区，不拘销岸，就场征税，一税之后任其行销各地的办法。在边远地区划定边岸，又细分为近边、极边，并鼓励商人运销边岸以抵制越南、缅甸私盐的流入。

一　收购

由于民国年间政府规定各井灶户"专司煎制，不准兼商"①，故而收购成为食盐运销业中的第一环。随着时局的变迁，云南食盐收购大致经历了以下两个阶段。

自由抄购。由于内岸一律就场现卖，因而商人到内岸盐井购运盐斤时，只要到井纳税、交价，就可自由运销。事实上，所谓的抄购，即商人购盐需先到盐务场署和税局缴清盐的成本和税捐各款，领取运票和税单，然后到井仓换票领盐。一般来说，自由抄购是盐务机关依照《盐政条例》②在统筹调节原则下加以管理的。就云南而言，早在民国二年（1913）3 月稽核分所成立时就开始实行这一"自由抄购"措施，比全国统一实施要早一些。只是黑井区各场由于产不敷销而有所限制，如规定商人到井购盐需领取牌照，按月由盐运署规定售盐数目，先到署交清捐后再发给运单，然后到稽核分所领取税单，再到井由场署、税局验明单照，缴齐薪本各费，填给运票，最后才可到仓抄盐运销。无疑黑盐井区自由抄运的程序较他井复杂得多，"自由"度也失色不少。

至于一些零星小贩，由于规模小，因而周年来往井场，当可随运随销，很少限制。对边岸而言，由于其实行的是招商包销办法，规定先税后盐，到岸后退给应减边税，这无疑是一种鼓励商人运盐至边岸的举措。

官收。官收主要是基于一些盐产区产不敷销的困境而实行的，是自由抄购下政府与商人争利的结果。官收以滇中各产区为先，其自民国三十二年（1943）5 月 1 日起实行产盐官收后，其余各井场亦紧跟其后陆续实施。可以说官收基于食盐官有。云南盐井资源一向由政府控制，灶户煎盐，须向场署购领矿、卤，然由于各场灶户皆贫苦，故而除汪家坪及各包课小井外，均采取垫薪制度。既然薪本是由政府垫

---

① 《云南省志》卷 19《盐业志》，第 152 页。
② 民国三十六年（1947）3 月 12 日由国民政府公布。

付的，那么所产盐斤自然为官家所有，这无疑是实行官收的基础。

官收是指由各灶户逐日家煎成盐平，以3月为留灶烘烤时间，由查产员登簿核记，通知各灶及官仓，以便指交税收。由于实行官收后每担加收耗盐2斤，归灶户负担，不给薪本，原垫薪办法废止，故而灶户负担加重，民怨沸腾，最后被迫于民国三十四年（1945）12月恢复商运商销。

因此，民国时期在长时期内、较大范围内实行的收购办法主要有两种，即商收和官收。事实上，官收只是一种临时的应急措施，是实行食盐统制的结果，其目的在于便利赋税的征收，其实是为了抵补因禁烟而造成的省库亏空。而商收则是云南食盐流通领域的客观需求，是顺应当时盐运实情的较为便利的方法，也是实行自由贸易的重要一环。

二 运输

云南特殊的地理环境决定了其运输方式的落后。云南山高水险，水路不通，故而陆路显得特别重要。但是陆路亦各艰险崎岖，加之公路、铁路没有发展，故而民国年间云南的运输仍各靠马帮驮运。

（一）盐运制度的变革

乾隆《大清会典则例》记载，当时"云南盐行云南府、大理府、临安府、楚雄府、澄江府、景东府、广南府、广西府、顺宁府、曲靖府、姚安府、鹤庆府、武定府、丽江府、元江府、普洱府、蒙化府、永昌府、永北府、开化府、镇沅府"①。可见滇盐的销区为本省。即使行销本省，也存在堕煎堕销积弊，据《宫中档乾隆朝奏折》记载，"窃照从前滇省各井煎办额盐及各属承销盐斤，多有堕煎堕销积弊，迄年以来，臣与督臣硕色悉心调济，实力查催，酌定办理章程，请严处分例款，凡有堕煎堕销之员，于奏销时逐一参奏，不少宽假，各井各属皆争自振，努力急公，将从前堕积盐斤上紧赶办，现在各井俱系按月照额煎足，配发各属运销，且本年黑白安丰三井正额之外，俱尚

---

① 乾隆《大清会典则例》卷45《户部·盐法上》。

有余盐，实属有盈无缺。至行盐各属，扣至本年四月二十日，尚有堕销未完旧欠盈余积除银七万七千二百四十七两，今截至十月底止，各属均已全完，惟蒙化、太和、宾川、鹤庆、永北、邓川、浪穹七府州县，一时疏销不及，统计完解过银五万七千三十二两零，仅未完银二万二百一十四两零，其本年应销额盐亦均按月照额销售，并无堕误，并有销售溢额之处。臣伏思盐务上关国课，理应煎办维勤，行销足额，岂容相沿积习，懈玩因循，现在严督各井各属加紧赶办，不使稍有怠弛，以期盐充课裕，并飞催蒙化等处，刻日销完解报归款，冀至来岁五月奏销前，彻底清楚，所有滇省盐务情形，理合恭摺奏闻，伏乞皇上睿鉴，谨奏。"① 而这种滇盐积压情况甚至惊动了朝廷，"此项盐课因何节年拖欠，积至如许之多，殊不可解，著传谕彰宝李湖，即行详晰确查，据实覆奏，钦此"②。

为了解决滇盐行销积久而出现的堕盐欠课情况，云贵总督兼署云南巡抚富纲奏提出改为"民运民销"方式的主张："窃照滇省各井煎盐配运各州县销售积久弊生，颇滋民累，臣业将弊累情形及清查堕盐欠课缘由，于五月二十一日缮折陈奏在案。伏查原定章程，井官季领薪本，转发灶户煎盐，承销州县垫发脚价，运回本境行销完课，盐有定额，课有定期，立法本属周详，乃行之日久，渐滋弊窦，奸滑灶户籍口柴米价贵，薪本不敷，始以掺和泥盐，蒙混充数，继则偷煎净盐营私渔利，以致私贩充斥，官盐壅滞，而承销州县遂有分派门户压销，扰累阊阎之事，昨经臣严行查禁，现在派销压领虽已革除，但小民贪贱食私，终难杜绝，且盐斤官煎官运官销，不能不假手于家人胥役，此辈安分者少，防范稍有不周，即易滋克扣浮收之弊，亟宜熟筹良法，期于无误课款，有益民生，仰副皇上惠爱边民之至意。臣与司道再三筹计，查长芦两淮以及川省盐斤，皆系商民煎办运售，官只征课稽查，省事便民，莫善于此。所有滇省盐斤似应仿照办理，改为灶

---

① 云南巡抚爱必达"奏报滇省盐务产销情形事"，乾隆十九年十一月初四日，《宫中档乾隆朝奏折》第10辑，台北："故宫博物院"1982年版，第2—3页。
② 署云贵总督彰宝、署云南巡抚李湖"奏报遵旨确查云南节年积欠盐课等项银两情由事"，乾隆三十七年三月二十七日，中国第一历史档案馆藏，档案号：04-01-35-0466-046。

煎灶卖，民运民销，在灶户以盐质之高低为商贩之去就，自不肯稍有掺和，阻其销路，在商贩买运行销，计本取息，亦不肯昂价居奇，自绝生意，至百姓买盐之多寡，则随银钱之有无，或多或少，悉由自便，更无虞压派之烦，催追之扰，庶冀民累永除，课无亏堕，向后只须责成井员督煎净盐，严防偷漏，办理既不费手，且一切运销事不经官，非但家人胥役莫能滋弊，即不肖州县亦系丝毫无从染指，较之旧定章程似为妥协。"① 即从原来的官运官销改革为"灶户自煎自卖，商民自运自销"②。

民国时期，云南盐运制度发生了一系列的变革，从商运到官运，再至商运，体制各变。正如云南盐务管理局年报中说："民国以还，几经改革，抗战而后变更尤大，究不足以挽衰颓，济民食。"③ 虽然民国年间滇盐运销体制各变，但归纳起来不外乎商运商销、官运商销、官运官销三种。

先看商运，其主要实施于运署和稽核分所时期。商运，即运力由盐商自由招雇。盐运商贩大致可分为省商、边商、井商、运商四类。其在省城缴纳税饷，购办执照到井场购领盐斤者为省商；由蒙自、个旧等边盐局购买税单再到井购领盐斤者为边商；坐井设号，就地购领者则为井商；而运商则复杂得多，既包括马帮，亦包括牛帮及人力背挑的"夫脚"或"挑子盐"。商运不限井区，不拘销岸，就场征税，一税之后任其行销各地。至于边岸，如开广、腾龙、阿墩子等，又分为近边、极边，予以验退税，或采取加称等办法推销边岸，鼓励商人运销边岸以抵制越南、缅甸私盐的侵销。

商运分为招商代运和委托商运两种。其中，招商代运系由盐务机构按一定路线承包给商人，其认领的盐额相对而言批量较大，时间较

① 云贵总督兼署云南巡抚富纲"奏为滇盐酌归民运民销仰祈圣鉴事"，嘉庆四年六月二十九日，中国第一历史档案馆藏，档案号 04-01-35-0482-01。
② 云贵总督兼署云南巡抚富纲"奏为滇盐酌归民运民销仰祈圣鉴事"之"云贵总督兼署云南巡抚富纲奏谨将滇盐改归民运民销条款开具简明清单恭呈御览"，嘉庆四年六月二十九日，中国第一历史档案馆藏，档案号 04-01-35-0482-01。
③ 云南盐务管理局民国三十五年年报。参见《云南省志》卷19《盐业志》，第3页。

长；而委托商运则是按批次委运和结算，相对而言，认额较少，时间较短。为了避免商人垄断盐利，民国五年（1916）盐运使署规定：凡运销黑井区盐商，须核准领照，缴纳保证金。但对往来井场的小贩则不加限制。

再看官运。滇盐官运始于开广、腾龙、中甸、维西、勐烈等各边岸。从清末至民国五年（1916）均由公家垫支薪脚，设局分销，这期间未有变动。民国六年（1917）后改为商运。民国二十四年（1935）为抵补因禁烟造成的省库空虚，遂实行食盐统制，成立省及磨（黑）按（板）运销局，香（盐）益（香）风（岗）统销局，历时两年后运署撤销，云南盐务管理局接办，又恢复商运。在抗战爆发后，由于主要交通工具为政府所控制，商运力量薄弱，采取官商并运或官运商销。民国三十一年（1942）颁行专卖制度，核定人口，划分销区，官运办法得以确立。至民国三十四年（1945），取消专卖，又恢复商销。

（二）运具与运线

民国年间，滇盐运具十分落后、简单，主要是骡马驮运和人力背挑。一般而言，锅盐一般是将盐平锯为三角形的四块，每块重约50斤，用皮条系在马鞍架的两侧。而筒盐亦是用皮条拴系，每驮4—5筒，只有乔后所产的小型筒盐多用篾筐装运，在一些更偏僻的山间小路上则多用人力背运，将盐固定在木架上背负而行，一般一人只能背负一块重100斤的盐平；在20世纪三四十年代，滇西地区曾出现过以船舶运盐的事实，其由洱源县用木船沿洱海运至大理、下关。滇南盐运也曾出现由元江用木船沿红河运至斐脚后走陆路再运至蒙自的水运场面。然而，毕竟上述两处水运盐线较短，规模较小，因而仍以陆运的马帮为主。

至于运线，以滇中、滇西、滇南三产区为中心而形成了几条主要的干线。民国年间，滇中盐产区的主要干线为："沿元（元永井）平（一平浪）公路接滇缅公路（今昆瑞线）一线，再从昆明石咀车站通过滇越铁路到宜良、开远一带"[①]；滇西盐产区的主要干线为："以人

---

① 《云南省志》卷19《盐业志》，第169页。

力及驮马等运至洱源县右所，然后用木船沿洱海运至下关，再沿滇缅公路运至保山、龙陵一带"①；滇南盐产区则比较复杂，有磨黑至元江、按板至元江、元江至蒙自三条主干线。而由元江至蒙自又有两条线路可走："一条是沿红河以木船运至斐脚起旱，再用牛、马驮运至个旧、建水；一条是沿旱路驮运石屏，再沿个（旧）碧（色寨）石（屏）寸轨铁路转运蒙自。"②

此外，还有几条省际运线值得注意：一条是 20 世纪 30 年代滇黔公路通车后，滇盐由昆明运至贵州盘县，再以驮马转运至附近各县的滇盐外输线。而外省盐调入云南者则有三条：一条是由四川泸州沿公路至宣威、曲靖；一条是由四川宜宾沿公路至昭通；一条是由广西百色至富宁，其中由百色至剥隘以木船水运，由剥隘至富宁则改用马运。前两条为川盐入滇路线，而后一条为粤盐入滇线。

三　销售

南京国民政府时期，云南省的食盐销售量大体上呈逐年上升态势，据《续云南通志长编》记载：民国二十一年（1932）为 49.273912 万担，民国二十二年为 58.959483 万担，民国二十三年（1934）为 66.240689 万担，民国二十四年为 76.038276 万担，民国二十五年（1936）为 70.834543 万担，民国二十六年为 82.219699 万担③。然而，由于人口也在增长，因而食盐总体呈现出的仍是供不应求的状况。特别是一些边远山区和少数民族地区，或因盐价昂贵，"斗米斤盐"，群众购买力低；或因交通阻隔，驮运艰辛，商贩稀少，故而缺盐淡食情况极为普遍。

（一）行销内岸

清代云南就实行"行盐有引，销盐有岸"的"引岸制度"。《清

---

① 《云南省志》卷 19《盐业志》，第 169—170 页。
② 《云南省志》卷 19《盐业志》，第 170 页。
③ 数据来自《续云南通志长编》中册，卷 57，盐务二，运销，"云南省各井场销盐统计表"。上述年销盐量主要根据元永井、黑井、琅井、阿陋井、白井、乔后井、拉鸡井、云龙井、磨黑井、按板井、香盐井、石膏井、益香井、汪家坪井、凤岗井、猛野井、弥沙井 17 个井场统计而得。第 1164 页。

实录》记载乾隆帝云："朕闻各直省盐政，办理之法各异，如云南所产井盐，俱系府州县领销，派定额数，由各盐井领运分销办课，不许越界贩卖，通行已久。"①

民国时期，云南销盐仍然有定章，有内地边岸之区别。行销内地之盐，一律由井员设局现卖，任听商民就局纳请课款，照领官盐，自运自销。至于销售价格方面，准商民由井购盐运至销地，随市转销。民间则又视路程远近、马脚费用之多少为其衡量标准，不能强定例价，不能强求一致，比较自由。换句话说，在价格规定上，只有运商销商之别，而无批发零售之分。可见，内岸销售之法，重在招商脚，缉禁灶私。

内岸盐场实为滇盐的主盐场，指井划岸，各有销地。据《中国盐政史》记载，民国二十五年（1936）云南的内岸盐场主要有黑井区的阿陋井、元永井、黑井、琅井、汪家坪，白井区的白盐井、乔后井、弥沙井、云龙井、拉鸡井，磨黑区的磨黑井、石膏井、按板井、香盐井、益香井、凤岗井、猛野井 17 处②。从曾仰丰的记载来看，黑井区与磨黑区各盐井皆为内岸销盐的盐场，而白井区则有一些盐场销地不属内岸③。

（二）行销边岸

运销边岸之盐，须由该管井员负担运输责任，一切脚费灶薪，均由各该井员借拨公款，预为垫支，等盐运到边局，陆续销出，收到盐款后，才能拨回井局，分别报解归款。而其间销情之畅滞，皆以外私有无为消长，故而运销边岸之盐，比运销内岸困难得多。在此情况下，禁灶私，防止外私，成为官盐运销边岸必须面临的问题。

滇省边岸主要有四个，即开广、腾龙、阿墩、黔西四岸。事实上，边岸并未尽归滇盐行销，如"西腾冲，龙陵一带，各腾龙边岸，

---

① 《大清高宗纯皇帝实录》卷 18，乾隆元年五月乙巳"命酌剂云南盐法"。参见《清实录》，中华书局 1986 年版，第 23 页。

② 据曾仰丰《中国盐政史》附录一云南部分整理而得，第 251—254 页。

③ 曾仰丰《中国盐政史》记载，白井区有芒市近边、遮放极边、南甸近边、陇川极边，第 252—253 页。

与缅甸相接，为缅私侵入之区，每年三百余完斤。南平化、广南一带，各为开广边岸，与安南相连，为越私侵入之区"①。因此，外私的侵销与滇盐的反侵销斗争一直不曾停顿。

开广边岸除越南私盐侵销外，广东的粤盐亦有销售。开广边岸盐务，因黑井区盐煎不敷销，不能运往开广销售，为了满足供应，故而招商认额，借销广东白石场盐。开广边岸包括文山、砚山、西畴、马关、屏边、广南、富宁7县及河口、麻栗坡两对汛区；龙腾边岸盐务，向招商认额承办，至民国二十三年（1934），指定腾属分抄乔后、云龙、拉鸡三盐井。楷属专抄乔后盐。腾龙边岸包括腾冲、龙陵两县及附近各设治区，其中，南甸、芒市为近边，陇川、干崖、盏达、户撒、腊撒、勐卯、遮放、芒遮为极边。阿墩边岸盐务，原由署所双方各设盐务盐税两局，办理查验征收入口砂盐税课。由于受川藏的影响，于民国二十三年又改为招商投标承办，裁撤盐税两局。黔西边岸盐务，自民国以来，曾数度组织公司运销黑井区盐，因而人民食用黑井区盐已成习惯。然而，自民国十五年（1926）后，黑井区产盐不敷销售，已无力顾及此边岸。后于民国二十四年（1935）恢复原岸。随复招商认额全年263万斤②，推销黔西，然适逢川盐在黔，为争引岸，压迫盐入黔。川滇的引岸之争一直在黔西边岸未得到彻底解决。

（三）统制运销

民国二十四年（1935）为抵补省库因禁烟亏空，实行盐务统制，征收禁烟抵补费。实行统制后，由盐管局直接经营盐的运销。设立省运销局办理省岸31县食盐；又于建水设磨（黑）按（板）运销局，新平、元江各设分局，统制建水、新平等16县的盐务；于白井、乔后两场所产盐斤，包商承办，分销盐丰、楚雄、宾川、祥云等14县。同时，又将香盐、益香、凤岗3场合并统制，设立香（盐）益（香）凤（岗）统销局。

---

① 《民国云南盐业档案史料》，第48页。
② 《民国云南盐业档案史料》，第43页。

统制时期盐价由运署核实公布，附加禁烟抵补费，照定价售卖，以防操纵。其中，白盐井每担征收抵补费为国币 1.2 元，按板井 1.5 元，其余各井场征收国币 2 元①。事实上，所收抵补费，不过是将以前官绅商贩层层剥削所中饱者取以归公，而民众购价并未能增加。以黑井为例，"以前黑井区盐行销省岸，系由运销处定价经售，以其盈余拨充公路经费。自改归运署，即以其盈余移作禁烟抵补费，全数归公，不另加价"②。再看白盐井区，"就中白盐以程途较远，酌减为贰元四角，庶运达销地，与黑盐价值无大差异"③。可见，食盐统制当有防止减价冲销的目的。

促成食盐统制的原因，大致有三：一是为增加场产，二是为推广销路，三是为禁烟善后之财政抵补。而后者当为其特殊原因，也是最终促成食盐统制的直接原因。在盐务统制计划纲要中，其所举四法主要包括：合并机关、统制产量、统制运销、统制售价④。但基于从盐价上增加收入以弥补财政，势必增加盐价，然盐价一加，销路必然滞塞，故而并未统制产量。因此，实施食盐统制量是一时的权宜之计，但客观上的确起到了平价便民、增加税收的积极作用。民国二十七年（1938）5月，运署裁撤，云南盐务管理局接管，复行自由商销。

四　越、缅私盐的侵销

云南市场狭窄，食盐又是自产自销，所以对外盐的流入很敏感。越南、缅甸私盐，受英法帝国主义的唆使早在清光绪年间已大量涌入云南，造成侵夺云南销地，压缩滇盐产量和销量增长的极大危害。外私侵夺销岸，分割了云南狭小的市场，从而压制着云南食盐生产数量的恢复和增长，这种影响是不可忽视的。

缅越私盐在云南从德宏到文山的整条边境线上都进行着冲击，其

① 《云南省志》卷19《盐业志》"大事"民国二十四年条，第9页。
② 《民国云南盐业档案史料》，第44页。
③ 《民国云南盐业档案史料》，第44页。
④ 《民国云南盐业档案史料》，第49页。

中尤以开化、广南边岸（均在文山州）和腾冲、龙陵边岸为重，私盐入销，史料多有记载，如李经羲奏："两处私盐，率皆价廉质美……以故沿边之永昌、顺宁、临安（今红河州）、开化、广南等府属，直为海私灌输地"①。"其开化府属，久交私充斥。"② 无疑从西南至东南的沿边一带，都广泛地发生着非缅盐就是交盐的浸灌情况。

外私入境的规模也相当大。以腾龙边岸为例，史载"各司皆食缅甸私盐，一年漏支在三、五百万元"③。清末，所定销的一百一十万余斤盐额，基本已为缅盐所占④。因此，边岸损失已成为云南全省盐政的刺心之患，沿边地区的盐市场正如经羲所奏："额销尽被占夺也。"⑤ 事实上，外私的不断加强，是帝国主义资本输出的一个方面，因而滇盐与外国私盐争夺边地市场的斗争，反映了帝国主义侵略的加深。

民国年间，外私侵滇未有改观，因而缉私显得特别重要。因黑井区所产之盐大都运销开广边岸，而其地毗连越南，一向是"交私"活动地区，所以便将民国四年（1915）成立的黑井区缉私营驻扎在马关、广南等处查缉交私。白井区所产之盐，一向销往腾龙边岸，腾龙一些土司统治的地区，与缅甸接壤，缅甸盐贩私销现象也很突出，故而将白井缉私营驻扎在腾（冲）龙（陵）两地区，以查缉缅私。磨黑边岸，西接缅甸，南连越南，缅越私盐常常侵入，故而将磨黑缉私营分驻勐烈（江城）、磨歇（腊）两处，以堵缉缅越私盐。

外私屡禁不止，一个很重要的原因就是云南食盐运销制度多有变更，对外私的态度有变化，有些时候政府对外私甚至是放行的，"惟我广南盐务官办商办，历有变更，交私粤私忽充忽禁，若经一度之改

① 《新纂云南通志》卷148，盐务考二，沿革二，清二，引李经羲奏。参见牛鸿斌等点校《新纂云南通志》第7册，云南人民出版社2007年版，第202页。
② 《光绪志》卷72"盐法下"，《光绪续志》卷52"盐法"。
③ 李根源：《滇西兵要界务图注》甲线甲附二·一号勐卯，1930年铅印本。
④ 潘定祥撰：《云南盐政纪要》卷3，1912年铅印本。
⑤ 潘定祥撰：《云南盐政纪要》卷3，1912年铅印本。

组或交通间有阻塞，则奸商得以居奇操纵而民食每受重大之影响矣"①。另外，云南与缅甸、越南接壤，历史上具为缅私、交私侵销场所，民众习以为惯，加之其廉价，故而民众乐于接受。

第三节　盐商

盐商分为场商、运商、销商三种，他们在盐的产、运、销各个环节中具有不同的职能。场商在生产领域，拥有主要生产资料及资本，雇工制盐，或向盐民收购原盐，售与运商。场商又称垣商、灶商、滩商等。运商处于生产和流通的中间环节，其职能是运输及批发。运商亦称引商、票商等。销商则指的是零售商。相比较而言，场商与盐民、盐工的关系更为紧密，大体是一种前资本主义的雇佣关系。盐民一般拥有少量的制盐工具，是盐的直接生产者。而盐工是丧失了生产工具的盐民，用场商的生产工具为之制盐或为灶户临时帮工。运商则在云南食盐业的发展中具有举足轻重的地位。

一　滇省盐商

中国很早就已实行一种"销盐有岸，行盐有引"的引岸专商制度，并在清代变得更加成熟。在此制度下，盐商纳税后，领得引票（政府批准贩盐的凭证），取得贩运盐的专利权。税收管理机关将运商的姓名、所销引数、销区在纲册上注册登记。盐商原非世袭，然而为获厚利，大多贿赂官吏，遂成为世袭，并划分地盘，形成垄断经营。而盐商利用特权，在向灶户收购时任意压价，以大秤强买，运输到指定销岸后，为了谋求更大利益，往往又往盐中掺沙掺土，或者减秤以高价出售。因此，少数盐商发财而暴富，而广大民众虽出高价，也只能吃到质量低劣的味苦之盐或掺杂杂质之盐。

云南向来没有富商大贾，只有一些实力一般的商人，因此向无包

---

① "云南通志馆征集云南各县食盐价格资料"（云南省图书馆藏 411–30）之威信"一境内食盐历年之价格若何"。该资料是云南通志馆为修纂《新纂云南通志》及《续云南通志长编》而征集的民国抄本。

款认岸之行为。《清史稿》云："凡商有二：曰场商，主收盐；曰运商，主行盐。"① 而云南之场商、运商，皆小商小贩，没有因盐而特别富有的大盐商，更没有如江淮、江浙地区以盐政巨富者，后者通过组建商帮，形成极大的政治力量，可以说是巨富盐商。"行盐之商，率皆朝谋暮食之人，非若淮浙大商挟重赀而行运。"② "滇无充商巨贾，往来求息，大半仅谋朝夕……"③《盐法通志》亦记载各省盐商于乾隆年间捐纳报效，高者达三四百万两白银，少也有五六万两，独云南无与其中④，也从中可见云南盐商的本小利微，与外省盐商无法比拟。因此，盐商垄断专岸和产地的情况是不会发生在云南的。然而，需要说明的是，没有大盐商，并不意味着云南盐商没有发展。在清末时，昆明拓东路就建有一所规模宏大的盐龙祠，并立有碑记，这是盐商积极活动和日益兴盛的体现。

民国时期，滇盐运销体制多变，但不外乎民运民销、官运官销、官运商销三种。虽然商销为滇盐发展之趋势，然而云南盐商仍无巨富者。只是黑井、石膏井两区之中，有由该督销总办等另行设置的承销官盐者，即认缴课款、不由公家开支经费的分组团体，其性质与他省之包商有点近似，如"黑井区之承销黔岸滇盐普兴公司，承销东川滇盐云兴公司，皆由绅商集股，组合团体，对该督销总办直接负责，运销官盐，照缴盐价"⑤。

云南盐商，主要聚居于昆明，以营运滇中各场的盐到昆明销售为职业，故其名为省商。由昆明运销外地的，又名为外商。昆明为滇中盐产区的销售据点，拓东路一带有盐行街之称。昆明盐商，虽不是长芦、两淮那样的大专商，但因行盐制度因人因时而异，有时盐务官署实行牌号制，规定核准牌号后才能营业，亦类似于专商。然而，不同

---

① （清）赵尔巽等撰：《清史稿》卷 123，志九十八，食货四，"盐法"，中华书局1977 年版，第 3604 页。

② 刘慰三：《滇南志略》卷 6 "黑盐井"，引自方国瑜《云南史料丛刊》第 13 卷，云南大学出版社 2001 年版，第 337 页。

③ 李本芳：《云南盐法议》，引自《滇文丛录》卷 7。

④ （清）周庆云编纂：《盐法通志》征榷十五，1914 年文明书局铅印本。

⑤《民国云南盐业档案史料》，第 14 页。

之处也很明显，即这种牌号制时间短、盐额少，长时期内实行的仍然是自由运销制，任何人都可经营盐业，因而盐商中自由发展、自由没落的现象时有发生。而那些在传统牌照制优待下的昆明盐商，则过着养尊处优的富人生活，其中的绝大多数人，甚至连盐井也没有到过。

一些商人团体于民国时期亦纷纷成立。民国五年（1916），云南盐务除边岸外，破除引岸，准民自由购运。同年，商人组织成立黔岸盐隆公司。民国六年（1917）3 月，开（化）广（南）边岸由商人设立开化永利公司和广南盐务公司。7 月 1 日，腾（冲）龙（陵）边岸由商人设立腾冲裕通公司和龙陵双茂公司。民国十年（1921）1月，由于黔西川盐运不济销，盐隆公司撤销，另组织永和益商号，专营滇盐销黔事宜。民国十一年（1922）6 月，永和益号倒闭，复由滇黔商人组成黔西盐务公司。可见，这些商人组成的公司之所以运营难以持久，实因经济实力薄弱之故。即使是后来民国三十六年（1947）10 月川康盐务管理局向黔分局就滇盐销售黔西九县一事的公文中，仍然主张的是"饬商民自由向滇区购运"①，商人仍然承担了滇盐销黔的重任。

二　新旧盐商之争

云南旧盐商虽未像外省引岸盐商可以完全垄断食盐的运销产地，并形成一定的政治力量，但是其相对于后来兴起的新盐商而言，则势力大得多。1931 年，昆明一带，就由于旧盐商的操纵而使食盐供不应求，价格飞涨，致使民怨沸腾。故而从 1931 年 10 月起，从黑井区开始实行自由贸易。但是，实行自由贸易的进度却尚不如北洋政府时期。究其主要原因，仍是旧盐商势力的顽固及其南京政府与旧盐商之间的关系密切所致。

旧盐商势力操纵食盐运销，无疑不利于新盐商的发展。而新兴盐商凭个人力量根本无法与旧盐商进行权利的争夺，故而只有以团体方

---

① 川康盐务管理局关于"洽商黔西九县给证饬商自由购销滇盐给贵州盐务分局的电"，民国三十六年 10 月 10 日，自贡市档案馆藏，档案号：0003 - 005 - 3335 - 0001 - 0158。

式联合起来进行争利。至于盐商之组织，除昆明、广南、砚山等市县，仍为"盐业同业工会"外，其余如迤南场所所属磨黑、石膏、益香三处，迤西场所属云龙等场，滇中场所属之阿陋井及白井场，保山、宜良、昭通等县，均于民国三十四年（1945）改为"销商办事处"①。上述只是三产区盐商组织改组后的情形。事实上，在此之前，各井场制盐灶户团体组织，有制盐同业工会；各地运盐商人团体组织，有马帮公会运销团体组织，有盐业同业公会等。此种公会组织，系为各同业本身谋取利益。

滇中区盐商之组织，只因该区产运销商人数不多，日常业务单纯，故而倘若一一组织，则非其经济能力所能负担，因而公会与办事处未同时成立，其具体情况如下：元兴井制盐同业公会，民国二十七年（1938）5月成立，设主席1人、委员13人②，其任务是在盐务机关指导下督促灶户，增加生产，改良盐质；承济井制盐同业公会，民国二十七年5月成立，设主席1人，委员7人，任务同上；黑井盐业场商办事处，民国三十三年（1944）1月成立，设主任干事1人，副主任干事2人，干事12人，其任务是秉承盐务机关之管制指挥，负责推进与灶户相关的业务，改良制盐技术；阿陋井盐业场商办事处，民国三十二年（1943）12月成立，设主任干事1人，副主任干事1人，干事10人，任务同上；琅井制盐同业公会，民国二十四年（1935）11月成立，设主席1人，委员7人，其任务同元兴井制盐同业公会③。

滇南区盐商组织，历来有场商、销商之制。场商以制盐为业，制产盐斤。销商以运盐为业，但资金缺乏，营业范围较小，业务少有发展，故而多租雇他人骡马，购盐运销邻县销售。上述场、运销两商各依规定组织办事处，具体如下：场部办事处民国二十七年成立，有会员47人，销商办事处，民国二十二年（1933）成立，有会员29

---

① 《民国云南盐业档案史料》，第61页。

② 数据以民国三十六年（1947）12月底为准。

③ 《民国云南盐业档案史料》附图（三）"滇中区井场盐业商人团体报告表"，第102页。

人①。这里的会员是指个人会员，并无团体会员，可见，相比滇中区盐商组织而言，其规模要小，设置较简单一些。

滇西区盐商之组织，在场商方面，各场向来有制盐同业公会；在运商方面，至民国三十三年（1944）之前，仅弥沙场有一个马帮公会及少数运输公司；在销商方面，则历来没有组织。1944 年 4 月 1 日，弥沙场制盐同业公会改组为弥沙井运商办事处，喇鸡场制盐同业公会于同年 8 月 1 日改组为喇鸡场商办事处；云龙场制盐公会于同年 8 月 21 日改组为云龙场场商办事处，该场销商办事处亦于 9 月 10 日成立②。然而，由于各场盐商经济窘迫，组织起来较困难，故而除上述三处制盐同业公会外，其余均未改组，其他运商、销商办事处亦未成立。

三　盐商与私盐

对于私盐的界定，民国三年（1914）12 月 22 日公布的"私盐治罪法"在第一条中已经明确规定，"凡未经盐务署之特许，而制造贩运售卖，或意图贩运而收藏者，为私盐"③。而私盐大约有八种，包括从清后期沿袭而来的场私、船私、漕私、邻私、枭私、功私、商私和北洋政府时期的"军私"。于云南而言，常见的为功私（官吏将没收的私盐自行发卖）和商私。这里的商私，即盐商贿赂征税官增加引斤，于纳税的正盐外贩卖不纳税的私盐，此项活动商人得利最多，故盐商多通过此方法获取暴利。

囤积居奇为盐商牟取暴利的重要手段。就云南而言，各处盐井多产于山中，井地人民，向系以卤代耕，素乏田地耕种，其所需谷米，全恃附近各州县贩运至井。盐商为了从中获利，往往与邻县官吏勾结，禁止谷米出境，致使产盐区谷米价格大涨，而盐商则趁机以米谷换取食盐，从中牟取价格差，当然，其中也不乏有灶户私下出售私盐之事。

当然，官商勾结是牟取私盐的又一重要手段。引岸制的实施，必

---

① 《民国云南盐业档案史料》，民国三十六年度"迤南区盐商团体报告表"，第 160 页。
② 《民国云南盐业档案史料》，民国三十三年度"迤西区盐商之组织"，第 177 页。
③ 曾仰丰：《中国盐政史》，第 197 页。

然由于官商的日益熟稔而产生内外勾结，侵吞盐税，贩卖私盐，这已成为公开的秘密。正如《清实录》云："但民间计口食盐，与饔飧米谷相等，均为日用所必需，断不容少有缺乏。若堕运日久，市中无盐销售，闾阎岂能淡食。则买用私盐，又属势所必至。但私盐既随地可到，何官盐艰于运行。"① 盐商为牟利计，多以利为饵，重贿官吏。民国初年，"一个盐运使的月俸不过七八百元，而得贿动辄数十万元"②，官员视为常事，而盐商亦为其百般讳饰。由此可见盐商与盐官之间的休戚与共的微妙关系。而盐商贿赂盐官后，必将其损失转嫁于食户头上。换句话说，盐商不会因纳贿而影响到获利，相反纳贿愈多，获利愈大。无疑盐商、盐官勾结牟取巨额非法收入，又转嫁到民众头上，实际上是人民额外负担的隐性盐税，也是盐商、盐官对盐税的拦劫，这是形成私盐的重要途径。

事实上，盐商还间接造成私盐的兴销。云南盐价的规定，不是取决于物化在其中的社会必要劳动量，而是根据官府的财政需要。因此盐价时高时低，盐价低则伤灶，出现薪本不敷灶倒丁逃的现象。盐价高，则商人畏缩不前。"无三倍之利，故富贾巨贾则弃而弗顾。"③ 这也是云南无大盐商的重要原因。既然盐商多为小商小贩，本小利微，故而有些边远地区由于交通困难，运输成本高，风险大，在盐价不能高于定额的限制下，商人利少，遂成为废岸，百姓有时甚至被迫淡食。但食盐毕竟为生活所不可缺之物，"因而土盐私制、私销日炽，势不能禁"④。这些地区私盐的兴旺与盐商不屑运销无疑有直接的关系。

可见，私盐屡禁不止的原因，一方面是封建官僚机构的腐朽为私盐的流通大开方便之门，另一方面则是官盐价高，私盐廉价（盐税低或无盐税），商人贩卖私盐获利更丰，因而商人愿偷运，民众乐于购买，这当是私盐不能根除的根本原因。

---

① 《大清高宗纯皇帝实录》卷920"乾隆三十七年十一月癸巳"，载《清实录》第12册《高宗实录》，中华书局1986年版，第7页。

② 据《盐官纷争之害》，见《盐政杂志》第20期。

③ 乾隆《琅盐井志》卷2。

④ 唐仁粤主编：《中国盐业史·近代当代编》，人民出版社1997年版，第68页。

第三章　全面抗战至新中国成立之前的云南盐业（1937—1949 年）

这一时期，随着开采技术的发展、交通运输条件的改善，云南食盐生产呈增长态势。一些新技术新设备被运用到盐矿的开采方面，如 20 世纪 40 年代一平浪制盐场开始引进电动绞车、封闭式吊泵和发电机等机电设备用于矿山采卤和提矿，则无疑会极大地提高盐产量。然而，伴随着食盐产量的增加，云南人口也迅速增长。40 年代后半期，全省人口约 1600 万，年销食盐不到 5 万吨，平均每人年消费 3 千克左右[①]，只及正常需求的一半，在边远山区，民族地区缺盐淡食情况更是极为严重。仅本省居民食盐已是供不应求，加之时处战乱，昆明为大后方的基地，沦陷区的民众大批涌入，更加剧了食盐的紧缺局面。由于战乱，军费开支频繁，故而国民政府先后开征各种附税，物价飞涨，币制贬值加剧，税率和盐价调整频繁，致使广大民众饱受其苦。

第一节　产区及主要盐井

云南盐井开发较早，今安宁、大姚、云龙一带在汉代已产盐。经过唐、明、清三代的开发，至清末已初现滇中、滇西、滇南三片区生产的雏形，各个产区的主要盐井亦基本形成。民国，随着开矿技术的

---

① 云南省地方志编纂委员会：《云南省志》卷 19《盐业志》"概述"，第 3 页。

发展，云南食盐生产水平进一步提高，一些新开盐井纷纷出现，并正式奠定了三片区三足鼎立的局面。

一 盐产区及代表性矿井

云南食盐生产在清后期就已达到了一个新的高度，不但开井数量超出以前任何时期，而且开井区域有所突破，变旧的滇中、滇西直线生产布局为滇中、滇西、滇南的折线分布，并最终奠定了三片区生产的格局。滇中、滇南、滇西三足鼎立的片区生产布局在民国时期更为突出。大体而言，云南的岩盐资源主要分布于滇中的昆明市郊及楚雄州、滇西的大理州和怒江州、滇南的普洱地区和西双版纳州。

（一）滇中产区

滇中产区各盐场均位于当时盐兴县境内的盆地、丘陵坝及峡谷中，大部分居民直接或间接地依盐为生。"云南滇中去盐场公署三十六年度年报目录"记载："盐兴全县人口，约二万九千余人，一切商业及人民生计无不寄托于盐恃，耕农为生者，仅占全县人口十分之一二，然于农暇时间仍砍伐木柴树枝背负各场售卖，以供煎盐之需，故与盐之生产间接有关……"① 而其社会金融活动，更是视销盐之淡旺为转移。无疑，盐在这一地区的经济生活中已经占有相当大的比重，现举几个主要盐场试析之。

1. 黑井

黑盐井在楚雄府西北一百五十里的定远县（今楚雄彝族自治州禄丰县）。黑盐井开采较早，唐天宝年间（742—756）开。元代时已经经营颇盛，曾是滇中主要产盐区。李源道《果春山真觉寺碑》记载："滇池西走六驿，有郡曰威楚，东北五舍，深山入长谷，有卤差井，取雄于一方，以佐用，以资民生，厥利至也。"此碑在今盐兴县黑盐井，知其时已盛产盐，且榷税。明代于洪武十五年（1382）置黑盐井盐课提举司，下辖黑盐井盐课司、阿陋猴井盐课司、琅井盐课司。《明实录》确切记载正德二年（1507），户部主事钟文杰，清理云南、

---

① 《民国云南盐业档案史料》，第106页。

四川盐课后，条呈十二事，"其一，征改拨云南盐课，黑井为上"①。足见黑盐井的地位。

清代张泓在《滇南新语》中记载黑井（包括大井、东井、巧井、新井、沙井、复井）卤情时说，东、沙二井"四时无泛淡之虑"，大、巧、新、复四井："深各五六丈，积溢过眼，泉即滞不涌。"雍正《云南通志》亦云：黑井产井五区，大井、东井、复隆井（以上系旧井）、新井（雍正二年开）、沙卤井（雍正八年开），"额煎盐八百二十三万二十四斤"②。当时云南通省"额煎盐共二千七百二十八万七千四百三十六斤"③，无疑黑井区为当时云南额产盐最大盐井区。

民国以后，因卤淡薪贵，盐产逐渐下降，与元永井、阿陋井、琅井四井场皆初期隶从云南盐务管理局，旋于民国二十八年（1939）盐场公署成立时，奉命将黑、阿、琅三场改隶本署统辖。这一时期，以产盐数量论，元永场为全区之冠，黑井次之。然而，从民国二十年（1931）黑井全区分销售盐数来看，黑井全年销售数为75893（或75899）担，元永井为50055担④，黑井的盐销数远远超过了元永井，在全区亦占首位。即使如此，黑井的衰败亦不可避免了。

2. 元永井

元永井由道光四年（1824）新开的元兴井、永济井单称而得名。在今禄丰县，初属黑井提举直管，一般以黑元永三井连称。清末，史载"黑元永三井，正课银十万九千一百二十五两八钱七分八厘三毫，溢课银五万二千七百四十八两九钱八分五毫"⑤，居清末云南各盐井课数之冠。

民国初期，元永井与滇中区其他三大井场黑井、阿陋井及琅井皆直接隶属从于云南盐务管理局，后为方便管理黑、阿、琅三场改隶新成立的盐场公署统辖，元永井例外。以产盐数量来论，元永场（年约

① 《明实录》卷22《武宗实录》。
② 雍正《云南通志》卷11《课程·盐法》"黑井产井五区"。
③ 雍正《云南通志》卷11《课程·盐法》"通省总数"。
④ 详见《民国云南盐业档案史料》"黑井全区民国二十年分销售盐数表"，第28页。
⑤ 《新纂云南通志》卷152，财政考三，岁入三，课税一，盐课。第308页。

166000 余担①）为全区之冠。而以运输论，元永场直通公路，有元平公路与滇缅公路衔接，又一平浪广为滇缅公路要冲，故尚称便利，其余三分场距公路线较远，运输困难。全赖驮马移运至沙矣旧转运站及一平浪官仓，然后装车转运昆明。在盐的销售方面，黑、阿、琅三分场按照核定目额，配放于盐兴等 11 县食盐公卖店及合作社转销各食户。而元永井盐则直接运至昆明盐务分局配销各县，致使配销适宜，销区各地少有荒歉现象发生，具有调剂供需的功能。

3. 一平浪盐矿

一平浪盐矿位于楚雄彝族自治州禄丰县的一平浪镇，是 20 世纪 30 年代因"移卤就煤"制盐计划的实现而创办的。一平浪盐矿是在滇中产盐区柴薪供应困难，盐产减少，盐价飞涨，出现产不敷销的紧张局面下开辟的，目的是解决盐荒，开辟新燃料的来源。

民国二十年（1931）张冲任云南盐运使，面对上述困窘境况力图通过实地调查改革食盐生产。而在实地调查中发现舍资河经元永井附近流到一平浪，显示前者的地势高于后者，这就为把元永井卤水引到一平浪煎盐的"移卤就煤"设想提供了可行性。民国二十二年（1933）初，开始拟定了"移卤就煤"工程实施方案。民国二十七年（1938）9 月竣工，9 月 1 日开始输卤制盐。

盐运使张冲提出的"移卤就煤"，就是在一平浪与元永井之间，修筑一条长 20.5 公里的"U"形釉砖自流输卤沟，将元永井的卤水送至一平浪，并就近用干海资的煤煎盐。一平浪盐矿的矿山位于一平浪厂区以北 21 公里的元永井。民国二十四至三十五年（1935—1946）间，先后在元永井矿区建成安平井、南碉及北碉三座竖井。可以说，这是云南制盐史上的一大创举，云南开始推广煤煎。

民国二十一年（1932）12 月，黑井区"移卤就煤"工程委员会成立，张冲兼任主任，后改组为云南一平浪制盐场工程处，仍由张冲兼任督办。民国二十七年（1938）12 月，工程处改称为一平浪制盐

---

① 参见《民国云南盐业档案史料》"云南滇中区盐场公署三十六年度年报目录"，第 87 页。

场，隶属云南省财政厅。民国二十八年（1939）起为改变传统的生产方式，扩大经营范围，改用敞口打平锅煎制筒盐，并同时开采干海资和羊桥筹两个煤田的烟煤。民国三十一年（1942）1月，一平浪制盐场改组为滇西企业局，并于同年北碉建成投产后开始采用半机械化采矿、制卤。民国三十六年（1947）11月，滇西企业局改称为一平浪盐煤厂，隶从于同年成立的云南省人民企业公司。

（二）滇西产区

滇西产区地处滇西省西北隅，位于大理、邓川、洱源、剑川、兰坪、漾濞、云龙等县之间，辖区虽辽阔，但境内多山，交通不便。滇西产区与滇中产区一样属于开发较早的地区。《华阳国志·南中志》卷86记载，汉代在当时的比苏县（今云龙、兰坪一带）就有云龙井、老姆井；唐代，《南中志》（蛮书）记载傍弥潜沙追，细诺邓（今剑川）由弥沙井，若耶、讳溺（今兰坪）由丽江井；元代，根据《元一统志》残本丽江路军民宣抚司记载，丽江路（今云龙、兰坪）由云龙井、丽江井；明代，根据《明洪武实录》卷162记载，在五井盐课提举私下有若邓井、山井、师井、顺荡井、弥沙井、大井等盐课司（在今剑川、洱源、云龙一带），兰州井盐课司（今兰坪）；清代，盐井数量迅猛增加，在滇西地区，雍正三年（1725）又开辟了丽江井（在今丽江县），乾隆三年（1738）开辟了考姆井（在今丽江县），同治九年（1870）又开辟了喇鸡井（在今兰坪县），同治十三年（1874）又开辟了乔后井（在今洱源县）[①]；民国时期，场署驻地大理，因扼西北咽喉，虽未居交通枢纽，然仍以左右邻县控制称便。民国三十三年（1944）时，场署直辖正常有四，曰乔后，曰弥沙，曰喇鸡，曰云龙。另外有包课小井六个，即日期、高轩、丽江、师井、顺荡、兴丰等井。现以两个著名的盐井乔后、兰坪为例析之。

1. 乔后井

乔后盐井位于大理白族自治州洱源县乔后镇（原属剑川县），地处黑穗江东岸，罗坪山西麓。明洪武年间开初于上井发现盐泉，取卤熬盐称

---

① 另《明会典》卷32，《明史》卷80，《明一统志》卷86，《天启滇志》均有类似记载。

为永盛井。咸丰八年（1858）杜文秀起义时占领上井，并以今乔后河为中心兴建南北两城，北城（亦称灶城）建灶房煎盐，南城建盐仓及官舍等，促进了乔后井的发展，使其制盐及管理区域自成体系。然而从明代开井始至同治十三年（1874）止，一直为弥沙井子井。同治十三年后乔后井正式被列为正井。并很快随盐井的繁盛而兴起了盐井聚落市镇，史载其繁华"登楼望远，则城郭排列于前，屋宇层层，灶烟冲霄"①。

民国初期，设督煎督销局，继而改为场务、盐税分局，再改为场务所，紧接着又改为分署，而乔后井改为当时滇西四大正场之一。虽然乔后井场矿卤兼产，汲卤于井，采矿于硐，泡矿为卤，然而只是俟煎沙后纳入筒形模型，捣实成筒，即仅有筒盐。

与其他三个正场设场务所不同，于剑川县境内设的是乔后分署。以民国三十三年（1944）为例，四个正场奉令核定年产额计乔后场157000 担，比弥沙场 40500 担，云龙场 51500 担，喇鸡场 61000 担②三场的总和还多，足见乔后场产量之丰。而乔后场所产之盐，除就场配销当地乔后镇公卖店，以及洱源、邓川、漾濞三县公卖店外，还移运下关、永平、漾濞三仓配销转运，及分运洱源仓、右所仓移出一部分。只是盐运方面，虽水陆可兼施，然水路仅限于洱海一段，全由船运，而陆路则多山，所恃者仍为人背马驮。

民国三十五年（1946）滇西区盐场公署从大理迁往乔后场，分署裁并公署。民国三十八年（1949）7 月底，滇西人民自卫军设乔后盐场管理处，一直延续到中华人民共和国成立为止。

2. 喇鸡井

喇鸡井开辟于清同治九年（1870），为正井，在今兰坪县。同治十三年（1874）石膏井提举设立后，原来各大使多有变动，乔后、云龙、喇鸡三大使直属白井提举。

历史上，喇鸡井是滇西生产锅盐的主要井场，以盐质纯净（平均氯

---

① 杨润葟《乔后历史杂志》引杨艾侯《新建怀远桥序》，中央民院古籍办 1983 年翻印本。

② 杨润葟《乔后历史杂志》引杨艾侯《新建怀远桥序》，中央民院古籍办 1983 年翻印本。

化钠可达98%）、干坚、洁白著称，为滇西北各民族人民所喜爱。前人对此颇有记载，"单以色味之优劣而论，则黑区以黑井为最优，白区以啦井为最优，磨黑区以（清代石膏井区）以石膏为最优"①。《新纂云南通志》专以味评定各井之盐，"云南各井之盐质，以黑井、白井、磨黑井、喇鸡井所产为最高，以安宁、只旧、弥沙、琅井所产为最下"②。

喇鸡井的开辟与一些盐井的衰败有关。道光以后，如安宁井毁于杜文秀起义；安宁、景栋等井由于开发时间较早故而井卤淡多了，日趋式微，恩耕、老姆等井已退出正井。这是清后期在云南开辟新井的主要原因，而后期兴起的盐井主要在滇西，一为喇鸡，一为乔后。

民国以后，先后于此设置督煎督销局、场务分局、场务公署及场务所等盐务管理机构。喇鸡为民国时期滇西四大正场之一，矿卤兼产，与弥沙井二井锅盐筒盐兼有之，但盐较味浓，要皆以手工制成。其产额较高，以民国三十三年（1944）为例，奉令核定整年产额为61000 担，低于乔后井，位居滇西四大正场次席。

运输方面，由于本区多偏僻，距公路甚远，崇山峻岭，运输较困难。在原有运输线喇鸡剑川段外，又为疏散井场存盐，以免仓储壅积，影响产政起见，许喇鸡场（还有乔后、弥沙二场）就本身附近地方，设喇鸡移运兰坪仓。配销方面，喇鸡井盐除配销兰坪县及碧江、泸水两设治局公卖店额数外，并移运至剑川仓配销，并移储兰坪仓一部分。至 20 世纪 50 年代初改为喇鸡盐厂。

（三）滇南产区

滇南产区的开发相比于滇中、滇西两区而言较晚，于云南而言是滇盐生产在空间布局上的新突破。从前代记录可以知道，滇盐的早期生产固定在滇中和滇西，空间范围较狭窄。因此，以产地的地理位置而言，基本是直线型的布局。虽然滇南一线的食盐产地早已发现，但由于元明及以前各朝对滇南地区的控制和政治势力的深入程度不力，因而始终不在计划之列。

---

① 云南盐运史署编：《民国盐政史云南分史稿》第二篇八章七节，民国十九年（1930）铅印本。

② 《新纂云南通志》卷149，盐务考三，场产，盐品，第209 页。

纵观云南盐井的开发史，不难发现，云南短期内开发盐井最多者，当属清雍正、乾隆两朝，而此期间所开的盐井，又以滇南一线为最。雍正时期共开新井14个，其中滇南占11个①，并在滇南各井设大使管理，突破了滇中、滇西设专官的旧制。而乾隆五十八年（1793）滇南新开石膏井（在普洱县），进一步从盐井数量上增加了滇南产地的比重，并且石膏井产量增加的变化在滇南最为突出，"盐产之进步，不啻一日千里"②。石膏、磨黑先后赶上和超过了许多历史悠久的产地，致使滇南的地理位置日趋重要，最终使三提举之一的琅井阴井的地位一落千丈（由于卤薄薪贵味劣等因），而于同治十三年（1874）移至石膏井③。从而滇中、滇西、滇南三足鼎立的食盐生产格局形成。

民国以后，滇南区因地处偏僻，交通不便，环境特殊，就生产而言，煎制盐斤，皆墨守陈法，鲜有改良机会。就运销而论，则因柴薪来源枯竭，人工昂贵，制盐成本过高，加之边私充斥，因而灶民坐困，无法继续发展。民国二十四年（1935），为抵补因禁烟造成的省库空虚，实行统制盐务，成立省及磨（黑）按（板）运销局、香盐益香凤岗统销局，历时两年，运署撤销，云南盐务管理局接办时恢复自由运销。管制取消后，为使产销有起色，一度在改良煎制、降低成本、增裕税源及开辟交通、缉截私盐等方面作了一些努力，一度有所改善。现就滇南区的几个主要盐井试析之。

1. 磨黑井

磨黑盐矿位于原思茅地区（今普洱市）普洱县磨黑镇。其盐井开于清雍正三年（1725），初因产盐量小，归普洱府代管。列入嘉庆二十四之名的磨黑井又有猛茄、慢磨、木城、安乐四井也入其中④，清

---

① 雍正二年（1724）新开井为镇源县的按板井、恩耕井，景谷县的抱母井、香盐井，禄丰县的新井、沙卤井（系黑井新开的子井）；雍正三年（1725）新开井为普洱县的磨黑井，墨江县的猛野井（今属江城县）、磨铺井，丽江县的丽江井，其中丽江井属滇西区；雍正七年（1729）新开井为江城县的猛乌井、乌得井、整董井、磨者井。

② 云南盐运史署编：《民国盐政史云南分史稿》第二编七章二节，民国十九年（1930）铅印本。

③ 光绪《续普洱府志》卷20"盐法"。

④ 《清会典事例》卷229，户部，盐法，云南。

道光二十六年（1846）起，称为磨黑井。同治十三年（1874）磨黑井、猛茄井、慢磨井、木城井、安乐井改石膏井大使办理。清光绪元年（1875）设盐科司，从此盐产日丰。清末，磨黑井产盐 700 多斤[1]，跃居全省第二，仅次于黑、元、永三井总和[2]。

磨黑井煎盐矿卤兼有，史载："出矿，色如水晶，间有土红色者，每斤煎盐九两。取矿用绞杆，自上而下，约深十五六丈。硐门高六尺，阔五尺。亦间出卤，但味淡……"[3] 磨黑井自开井以来，产量迅猛增加。由于云南盐税是以盐斤征收，故而其征收的盐税额变化情况当可大致反映出其盐产量的变动态势。清初，磨黑井"额煎盐八万八千一百九十三斤，征课银三百六十三两五钱二分九厘"[4]。清中期，磨黑等井，"应征正课银五百五十六两三钱四分二厘"[5]。清末，磨黑井"正课银二万九千三百四十四两五钱二分五厘"[6]。清末磨黑井正课额仅次于黑、元、永井三井总和[7]，白井[8]及乔后井[9]居第四。

民国初期，改称磨黑督煎督销局，辖按板、石膏、香盐等 10 多个正井及包课小井。后又改为磨黑盐场总局、磨黑场务公署，并设场知事。民国二十七年（1938），成立云南盐务管理局，磨黑设迤南盐

---

① 据《新纂云南通志》卷149，盐务考三，场产，产额的记载，清末磨黑井产量"额盐四百十九万二千七十五斤，溢盐二百十九万七千二百七斤，漏报溢盐八十三万二千斤，共七百二十二万一千二百八十二斤"，第213页。
② 清末黑、元、永三井（注：黑盐井、元兴井、永济井合称）产额总和为"一千八百三十五万九千二百九十九斤"。见《新纂云南通志》卷149，盐务考三，场产，产额。
③ 《新纂云南通志》卷149，盐务考三，场产，制造方法，第209页。
④ 《新纂云南通志》卷152，财政考三，岁入三，课税一，盐课，"清初各井盐课数目"，第302页。
⑤ 《新纂云南通志》卷152，财政考三，岁入三，课税一，盐课，"清中叶各井课、廉井费数"，第307页。
⑥ 《新纂云南通志》卷152，财政考三，岁入三，课税一，盐课，"清末各井盐课数目"，第308页。
⑦ 据《新纂云南通志》卷152，财政考三，岁入三，课税一，盐课，"清末各井盐课数目"的记载：黑、元、永三井正课银十万九千一百二十五两八钱七分八厘三毫，第308页。
⑧ 据《新纂云南通志》卷152，财政考三，岁入三，课税一，盐课，"清末各井盐课数目"的记载：白井正课银四万二千四百七十三两七钱四分八厘，第308页。
⑨ 据《新纂云南通志》卷152，财政考三，岁入三，课税一，盐课，"清末各井盐课数目"的记载：乔后井正课银四万二千五百两，第308页。

场公署，下辖磨黑、石膏、香盐等场务所。其产量高居滇南各井之首，以民国三十六年（1947）为例，磨黑场产盐 60568.48 担，该年滇南区各场（包括磨黑、石膏、按板、香盐、益香、凤岗、猛野）总计 185350.83 担①，磨黑场产额几乎占 1/3。

2. 按板井

按板井位于普洱市镇沅县西边。开于清雍正二年（1724），原名南丘井，又称按版井，清末改名按板井，是滇南的主要井场之一。雍正《云南通志》记载按版井有大井、二井、茂庆井、茂帕井、恩耕井。② 同治十三年（1874）石膏井提举设立后，按板、石膏两大使隶属于石膏井提举③。《新纂云南通志》记载：按板井，灶丁 80 丁④，年煎额盐 768780 斤⑤，正课银 4180 两 9 分 4 厘。⑥ 清末，按板井的盐产量已相当可观⑦，跃居全省第五位。⑧

民国元年（1912），初设督煎督销分局，后改组为盐务局。民国三年（1914），增设盐税局。民国六年（1917），成立盐场公署，与盐税局分权管理。盐场公署主管盐务行政，盐税局主管盐税征收，灶煎商销，就场征税。按扳井所设盐务机构虽多有变更，但隶属关系上一直由磨黑总场管理。

民国时期按板井年盐产量反复较大。民国九年（1920）年产盐

---

① 《民国云南盐业档案史料》"云南迤南区各场三十六年度产盐数量表"，第 161 页。
② 雍正《云南通志》卷 11《课程·盐法》"按版井产井四区"。
③ 云南盐运史署编：《民国盐政史云南分史稿》第七篇一章一节，民国十九年铅印本。
④ 《新纂云南通志》卷 149，盐务考三，场产，灶丁，第 210 页。
⑤ 《新纂云南通志》卷 149，盐务考三，场产，产额，"清乾隆初年各井产额"，第 212 页。
⑥ 《新纂云南通志》卷 152，财政考三，岁入三，课税一，盐课，"清中叶各井课、廉井费数"，第 307 页。
⑦ 据《新纂云南通志》卷 149，盐务考三，场产，产额，"清末各井产额"记载：清末按板井产"额盐二百二十五万七千三百六十斤，溢盐一百四十八万五千一百七十一斤，漏报溢盐四十九万九千二百斤，共四百二十四万一千七百三十一斤"。参见牛鸿斌等点校《新纂云南通志》第 7 册，云南人民出版社 2007 年版，第 213 页。
⑧ 仅次于黑、元、永三井总和 1835.9299 万斤，及磨黑井 722.1282 万斤、乔后井 553.7711 万斤、白盐井 509.6707 万斤（参见《新纂云南通志》卷 149，盐务考三，场产，产额，"清末各井产额"）。

54305 担，民国十五年（1926）产盐又下降到 12881 担，民国二十年（1931）产盐 17215 担，民国二十五年（1936）产盐 65695 担，民国三十年（1941）产盐 109059 担（达到高产峰值），民国三十四年（1945）产盐 52967 担①，几乎是民国三十年的一半。民国十五年（1926）盐产量锐减，与矿硐大量毁陷和私盐盛行有关。而民国二十五年后盐产量有大幅提升，与后来税局主管李祖泰兼摄场政后认真整顿盐务，改良盐质，努力缉私，加之民国二十四年（1935）新开矿硐投产等因素有关。民国二十七年（1938），改组为场务所，后又奉准改为分署，政务统一，盐产销定额开始增加。民国年间，按板井盐产量在滇南区占有重要地位，民国三十年、民国三十四年其盐产量甚至超过磨黑井②，位列滇南之首。民国三十六年（1947）其盐产量虽有下降（41541.80 担③），但也仅次于磨黑场，居滇南第二位。

二　产区分布的特点及其不利因素

云南位于青藏高原南延部分，境内食盐资源丰富，但其分布却具有自己独特的特点。

其一，历史上形成了滇中、滇西、滇南三片区三足鼎立的生产格局，且各区内盐场在大范围上较集中。在滇中，主要分布于昆明市郊及楚雄州；滇西主要分布于大理州和怒江州；滇南主要分布于普洱地区和西双版纳州。因而一些远离盐井的边远地区往往因交通困难而经常出现盐荒现象。

其二，由于矿床地质结构的不同，各产盐地区中盐质差异较大，导致盐种之间有一定的差价。由于滇中区盐矿内含芒硝量较高，因而盐质比滇南滇西稍差。《新纂云南通志》盐务考三专以味评定各井之

---

① 《云南省志》卷 19《盐业志》"云南各盐场民国时期择年盐产统计表"，第 90 页。

② 磨黑井民国三十年盐产量为 97929 担，民国三十四年为 41682 担。参见云南省地方志编纂委员会《云南省志》卷 19《盐业志》"云南各盐场民国时期择年盐产统计表"，第 90 页。

③ 《民国云南盐业档案史料》"云南迤南区各场三十六年度产盐数量表"，第 161 页。

盐："云南各井之盐质，以黑井、白井、磨黑井、喇鸡井所产为最高，以安宁、只旧、弥沙、琅井所产为最下。……黑井盐所产之盐，其味正。白盐、乔后、丽江、老姆、云龙、香盐、按板、磨黑、石膏等井同。琅盐井所产之盐，硝重味苦涩。阿陋井所产之盐，其味苦。抱母井所产之盐，味略苦涩。"① 当然，以味品评盐质，存在重大缺陷。根据科学分析，滇盐以氯化钠构成为主，又含有数量不等的其他物质，而这些物质随各地各井有所不同，数量亦不等。事实上，云南矿盐大体分为两种类型，滇中区为硫酸钠型，滇西、滇南含硝低或不含。滇中区不含氯化钙、氯化镁，滇西含氯化钙、氯化镁较少，滇南则含量较多。

其三，矿井多在深山险谷之中，总体较为集中，小范围内却盐场分散，难以形成规模生产，且运销困难。滇省原本地处边疆，滇省各盐场星罗棋布，分散在不同的山上。官盐运线，即使是民国年间，除元永井至昆明，下关至保山有公路开通。昆明至蒙自、开远、宜良、曲靖，及石屏至蒙自，可利用川滇、滇越个碧石铁路转运外，其余多以人夫马脚为主要运输工具，故而历史上边远地区缺盐淡食情况严重，如《清实录》记载"攸乐一带地处边瘴，四井夷灶产盐较少，夷民生计不赡"②，故而缅甸、越南私盐时有侵销，食盐对云南民众而言极为珍贵。

基于上述特点，不可避免地又会带来一些负面影响。正是由于盐产片区集中，故而在民国时期各场产量不多时，为平衡产销经常在同一地点销售多种食盐，根本不顾及民众的习惯喜好。此外，一些边远的民族地区，由于运输路途遥远，运费太高，故而往往出现淡食现象，严重地影响当地民众的身体健康。

盐质的差别，不仅在于味正、味涩之分，更为重要的是，一些盐质较差地区的居民所食者，是对自己身体有一定危害的食盐，根本没有经过科学加工处理。如滇中一些地区食用含硝重的盐，每每有拉肚

---

① 《新纂云南通志》卷149，盐务考三，场产，盐品，第209页。
② 《大清高宗纯皇帝实录》卷4，雍正十三年十月甲戌。参见《清实录》第9册，中华书局1986年版，第217页。

子、身体不适等反应。而黑井一带，"含硝质甚多，食用过久，能令人头发脱落"①。有碍人体健康的硝质，在滇中区黑井、元兴井、永济井、阿陋各井含量最为突出。"滇中区各场含芒硝较多，尤以元永及琅井两区为甚，均含有20%—25%芒硝。以品级论，根本不能用为食盐。"② 但由于食盐多有自己固定的销区，故而附近居民即使感到此类食盐苦涩难以入口，也只能勉强食之。

云南盐运艰难，主要靠人背马驮。然而，战时征兵征夫，一是使盐工逐渐减少。二是柴薪来源本就稀少，加之运力不足，燃料供不应求。这两种情况无疑都严重影响盐业生产。加之各场井矿，或因倒塌，或因雨季被淹，致使矿卤缺乏，如云贵总督伯麟曾就白盐井补水淹一事上奏"又白盐井除被淹毙灶民十六丁口……现各井尚有沙石壅塞，河水淹漫……其冲失泡坏共盐实止五十一万六千六百余斤"③，再如"该井（白盐井）地势低洼……以致封贮引票一时抢护不及，被水浸损……乔后井盐斤亦有泡损，民房被淹十余户"④；又如黑盐井区"大、新、沙三井被水漫淹，泥沙淤塞"⑤。可见盐井被淹往往损失不小，故而多出现食盐产量不足现象。

民国时期，云南盐价是根据实需成本、盐质好坏、供求情况，并在兼顾商销市价及民众习惯喜欢锅盐的情况下核定的，因此盐种之间有一定的差价。如黑井的甲灶、乙灶、加工、下井四种盐，因质量关系，依次有差价。而在黑井盐销地，因运费较大，都比元永、阿陋、琅井盐价格高。滇西喇鸡井锅盐比乔后、弥沙井筒盐价高。在磨黑锅盐与滇中区盐混销的滇南地区，磨黑盐质量好，运费大，所以磨黑盐

---

① 张印堂：《滇西经济地理》第五章（三）（1）（B），国立云南大学西南文化研究室1943年版。

② 杨勋民：《云南盐务纪要》附录1，载杨子楠等《云南制盐技术改过拟议》，昆明开智印刷公司代印民国二十九年（1940）版。

③ 云贵总督伯麟"奏为云南邓川州及白盐井被水请加赈蠲免钱粮借项事"，嘉庆二十二年十月十二日，中国第一历史档案馆藏，档案号：04-01-35-0048-004。

④ 云贵总督伯麟"奏报委员查勘滇省白盐井被水情形事"，嘉庆二十三年九月初三日，中国第一历史档案馆藏，档案号：04-01-35-0497-012。

⑤ 云贵总督伯麟"奏报云南黑盐井被水委员查勘及动项抚恤修理情形事"，嘉庆二十三年九月初三日，中国第一历史档案馆藏，档案号：04-01-35-0497-011。

价比销售至滇南的滇中盐价高。事实上，云南食盐的分布特点，决定了滇盐各产区间甚至各盐场之间盐价的不同。

第二节　盐税

清代，云南盐业课额，"顺治间，岁额盐井课银一十四万六千一百九两三钱六分。康熙二十四年，岁额盐井课银一十五万二百三十八两七钱二分六厘。雍正四年，岁额盐井课税银一十六万八千一百四十五两七钱零"①。这一时期盐课增幅比较平稳。嘉庆十二年（1807），"共征正课银二十六万四千一百八十三两四钱七分三厘，养廉经费银五万八千三百三十二两七钱六分一厘，经费银五万三千七百五十八两三钱七分六厘，共应征银三十七万六千二百二十二两"②，因名目增加，故而总征课银增幅较大。道光六年（1826），"统计各井应征年额银三十七万六千二百余两"③。光绪二十三年（1897），"查定例每年额征正课银二十六万一千六百四十五两三分，廉役杂款银十一万九百八十两二钱五厘"④，与之前嘉庆十二年、道光六年应征总盐课银相差不大。

民国元年（1912），基于清代随盐附征各项税捐，名目繁多，弊端丛生，故而统一税率，将原先征收的课厘、团费、练费、杂款公费以及平色等各目合并为整数，改两为元，统称为盐款（正税），并规定就井征税，先款后盐。自民国六年（1917）1月1日起实行均税平秤办法，规定各井一律改用盐务法定秤——司马秤，并规定税率。具体见表4。

---

① 雍正《大清会典》卷50《课程二·盐法中》之"云南课额"。
② 同治《户部则例》卷28《盐法三上》之"滇盐课本"。
③ 云贵总督阮元、云南巡抚伊里布"奏报遵旨查明滇盐滞销情形及现已畅销盐课有盈事"，道光七年闰五月二十日，中国第一历史档案馆藏，档案号：04-01-35-0505-016。
④ 云贵总督崧蕃"奏为造报滇省光绪二十三年分征收各井盐课并开支各款及积存溢课银两"，光绪二十四年三月二十七日，中国第一历史档案馆编：《国家图书馆藏光绪朝朱批奏折》第75辑，中华书局1995年版，第927页。

表4　　　　　　　　　　　　民国六年盐税税额表①

单位：银圆/司马秤100斤

销地	税率	销区
内岸	3.50	出井后任其所至，不分岸界
边岸	2.00	行销开广、腾龙、黔西三边岸
近边	1.00	行销腾龙边岸之芒市、南甸
极边	0.10	行销腾龙边岸之遮放、陇川、干崖、盏达、户撒、腊撒、勐卯、遮板等

民国十年（1921），因黑井薪贵，阿陋薪贱，两井成本悬殊，为了平价疏销，经盐运使署、稽核分所会商核准，黑井减税5角移加薪本，阿陋加税5角以补黑井减税后的短额。民国三十年（1941）6月20日起一律调整为每担国币4.20元。民国三十一年（1942）2月10日统一为每担37.20元。同年5月实行盐专卖制度。在专卖期没有盐税，而代之以盐专卖利益，其分为固定部分征率与不固定部分征率。该年5月，云南区食盐专卖利益征率为固定部分40元/担，不固定部分无②。民国三十二年（1943）6月，两部分征率合并，统称为盐专卖利益，该年6月1日云南区盐专卖利益征率为65元/担（各场及沙盐的征率）③。具体而言，从1942年至1944年云南区盐专卖利益收入大体如下：1942年为43099千元，1943年为51858千元，1944年为39502千元④。而盐专卖制在1945年2月改行征税制后，税收随之大为增加，以云南为例，1944年盐税收入额为831919千元，1945年盐税收入则上涨为3987682

---

① 本表根据云南省志编纂委员会办公室《续云南通志长编》中册，卷58，盐务三，"征榷"的统计而得。第1193页。

② 金鑫等编：《中华民国工商税收史·盐税卷》，"各区食盐专卖利益征率表（1942年5月）"云南部分，中国财政经济出版社1999年版，第221页。

③ 《中华民国工商税收史·盐税卷》，"各区食盐专卖利益征率表（1943年6月1日）"云南部分，第222页。

④ 《中华民国工商税收史·盐税卷》，"各区1942年至1944年盐专卖利益收入情况表"云南部分，第225页。

千元①，比上年增加 379.34%。自民国三十七年（1948）8 月 19 日起改变币制，发行金圆券，盐税亦于 8 月 26 日起改征金圆券，每担征 5.60 元。同年 12 月 23 日立法院通过盐税条例，规定自民国三十八年（1949）1 月 1 日起改为从价征收，其盐税额比从量征收高。

一　正税

民国建立之初，统一税率，统称为盐款（正税）。自民国六年起，实行均税平秤法，规定内岸税率为 3.50 银圆/司马秤 100 斤，边岸为 2.00 银圆/司马秤 100 斤，近边为 1.00 银圆/司马秤 100 斤，极边为 0.10 银圆/司马秤 100 斤。只是为了平价疏销，将内岸的黑井、琅井两盐井改为每担征收 3 元，阿陋井每担征税 4 元②，但仍然平衡在 3.5 元的范围内。

国民政府成立后，即以"改善税制"之名对盐务盐税进行了整理。1931 年 3 月制定公布新的《盐法》，其主要内容之一就是实行从量征税，食盐每百公斤征税 5 元，不得重征或另行附加，然因正值九一八事变而未及实行。1932 年 6 月，国民政府再次召开盐务盐税专项会议，通令划一税率，即轻税区域一律提高，重税区域暂时不变动，合并盐税为三种，即正税、销税和附税。而正税主要包括场税和中央附税，交于场区。

云南的正税于民国年间以多种方式出现，先称盐款，后为正税、产税、盐专卖利益、盐税等。1932 年 2 月至 1941 年 8 月底称为正税，其中 1941 年 6 月前正税额为 1.75 元/市担（注：为国币）。后改为 4.20 元/市担③。

抗战爆发后，为保证后方军需民食，1941 年 9 月国民政府进行盐税改制，盐税分为场税（产税）和销税。场税课自各盐场，就场征收实物或折价征收，并规定云南、川北两区为产税区。其规定的云南

① 《中华民国工商税收史·盐税卷》，"各区 1945 年盐税收入比上年增加情况表"云南部分，第 231 页。
② 《云南省志》卷 19《盐业志》，第 217 页。
③ 《续云南通志长编》中册，卷 58，盐务三，征榷，第 1195 页。

产税分级税率为 20、25、30、35、40、45（单位：元/担）①。具体而言，从民国三十年（1941）9 月 1 日至 9 月 20 日产税额为 32.20 元/市担，9 月 21 日至 11 月 20 日期间产税额为 37.20 元/市担，从 11 月 21 日至民国三十一年（1942）2 月 29 日间产税额为 42.20 元/市担，从 2 月 10 日至 4 月 30 日为 37.20 元/市担②。

民国三十一年（1942）5 月实行盐专卖制度后，统一正税名为盐专卖利益。从民国三十一年 5 月 1 日至民国三十二年（1943）5 月 31 日每担征收盐专卖利益 40 元。从民国三十二年 6 月 1 日起又调整为 65 元，并一直延续至民国三十四年（1945）1 月 14 日。紧接着从同年 1 月 15 日起至 3 月 12 日止又调为 110 元③。从民国三十四年 3 月 13 日起又改称为盐税，其盐税额于 6 月 30 日前仍为 110 元，7 月 1 日起至民国三十五年（1946）4 月 11 日间为 7410 元。4 月 12 日至 5 月 31 日间略有下降，为 7400 元。6 月 1 日至民国三十六年（1947）1 月 11 日间再次下降为 7000 元。1 月 12 日至 8 月 16 日间迅猛上升，为 16000 元。8 月 17 日至 12 月 27 日间又上升为 100000 元。12 月 28 日至民国三十七年（1948）3 月 26 日再次上升为 250000 元。3 月 27 日至 8 月 25 日间上涨到 350000 元④。可以看出，改为盐税后，其征收的盐税额总体而言呈上升态势，三年来几乎增加了 3181 倍。这无疑是战乱给盐税带来的巨大冲击。

二　减免税、省际调销及进口海盐税

（一）减免税

减免税主要是针对边远山区及民族地区实行的。由于云南地处边

---

① 《中华民国工商税收史·盐税卷》，"1941 年 9 月起各区食盐税率表"云南部分，第 197 页。

② 见《续云南通志长编》中册，卷 58，盐务三，征榷，第 1195 页。说明：民国三十年 9 月由正税改为产税时，税额有 32.20 元、27.20 元、22.20 元、17.20 元、12.20 元、7.20 元 6 种，9 月 21 日各增加 5 元，最高档次为 37.20 元，11 月 21 日又各增加 5 元，最高为 42.20 元，三十一年 2 月 10 日统一为 37.20 元。

③ 《续云南通志长编》中册，卷 58，盐务三，征榷，第 1196—1197 页。

④ 财政部编：《财政年鉴（三编）》第七篇《盐政》，1948 年。

疆，与越南、缅甸等东南亚国家相邻，越私缅私侵销颇多，而滇盐则由于交通不便而运输困难，费用高昂，给外私提供了可乘之机。

民国时期，为了防止越南、缅甸私盐的侵销，力图通过推销滇盐来抵制外私。此外，为了照顾一些离盐井远、运费高的地区民众能吃到食盐必须实行鼓励商人运销的政策，因而曾分有边岸、近边、极边3种予以减征。其中，边岸税率为2元，近边为1元，极边为0.1元①。特别是极边，其盐税额仅为内岸3.5元的1/35。这一特殊政策于民国三十年（1941）停止。

（二）省际调销税

省际调销税主要是围绕川盐销滇及滇盐入黔、粤盐入滇来实施的。滇盐入川与川盐入滇相比之下，后者规模更大，持续的时间更长。这主要与滇盐不足以满足全省需求及川盐盐质好、价格低有关。而滇盐销川只是在中华人民共和国成立后才规划出四川会理、会东两地的食盐由云南供应。

历史上滇盐销黔主要是黑井盐销贵州普安等处，"普安等处向食滇盐"②。康熙二十六年（1687）普安等处曾改食川盐，但康熙二十九年（1690）仍改回食滇盐，"普安等处向食滇盐，每年所征课银五千七百余两，改食川盐，每年所征课银止二百四十余两，应照旧例，普安等处仍食滇盐，照额征课"③。滇盐销黔事实上是滇盐争夺外部市场的结果，也是滇盐外销的主要渠道。由于川、滇、黔三省相互毗邻，而川、滇均产盐，黔省不产，故而争夺黔省市场一直是川、滇盐斗争的焦点。历史上，滇盐为了扩大销路，侵占贵州市场，曾先后两次引发了冲击引岸制的斗争。其中，第一次引岸之争发生于清末，由于滇盐工本昂贵，中央支持川盐销黔而告失败。唐继尧整顿盐务后再次引发引岸之争，由于滇盐注意到了利用降低盐价、联合黔军阀排挤川盐而取得一时胜利。从历史上看，滇盐销黔主要在黔西地区。辛亥革命后，根据滇、黔两省协定，黔西各县所需之盐斤，由滇招商承运

---

① 《续云南通志长编》中册，卷58，盐务三，征榷，第1193页。
② 康熙《云南通志》卷11《盐法》，康熙三十年。
③ 康熙《云南通志》卷11《盐法》，康熙三十年。

供销，每司马秤 100 斤征收盐税 2 元①。抗战后，改按滇省内岸税额征收，即每司马秤 100 斤征收盐税 3.5 元。民国三十八年（1949）1月 1 日起盐税改为从价征收后，规定井盐行销贵州按全国产销各区重要地方的平均盐价，减除原税额后的实需成本数征 10%。同年 6 月 1日云南盐税改征半开银币，销黔盐税与本省税同，即 6 月 1 日至 8 月10 日间为 3.75 元，8 月 11 日至 9 月 9 日间为 9.46 元②。同年 9 月 10日起改征银圆，销黔盐税按云南税额每担减征 5 角，即 9 月 10 日至10 月 31 日间为 3.70 元，11 月 1 日至 12 月 14 日间为 6.70 元③。无疑滇盐销黔过程中的盐税征收经历了一个由边岸税向云南内岸税趋同的转变历程。

　　川盐销滇具有悠久的历史。滇东北一带由于铜产旺盛，又是全省运送京铜的必由之路，故而食盐短缺较为突出，加之地域接近，乾隆三年（1738）题准，"东川一府旧隶四川，今改归云南，但滇盐不敷民食，应由川省招商认引，征税配运，其南宁、沾益、平彝三州县一并改拨川盐"。④ 乾隆十六年（1751）又覆准，"昭通、东川二府逼近金江，开运京铜，系新辟苗疆，驮脚裹足不前，必须驮回川盐接济，应将南宁等处原食川盐二百四十余斤，留为昭东二郡营销"⑤。"乾隆二十八、九两年，东、昭二府民食不敷，加增川引盐一百六十四万二千二百余斤"⑥。事实上，东川、昭通、镇雄一带因交通关系，向食川盐，并由云南在川盐入境的盐津渡、牛街等处设立局卡，抽收川盐厘金（每百斤 3 元）。民国三年（1914）由于全国盐税划归中央而停征川盐厘金。民国七年（1918）1 月云南省恢复征收盐税，销滇川盐

---

　　① 《续云南通志长编》卷 58，盐务三，征榷，第 1193 页。

　　② 根据省档案馆 15 宗 6 目 1585 卷而得。注：3.75 元的税额包括食盐税 3 元，盐场建设费 0.75 元。9.46 元的税额包括食盐税 5.40 元，盐场建设费 0.46 元，自卫特捐 3.60 元。

　　③ 根据省档案馆 15 宗 7 目 1374、1375、1377、1378 卷有关文件整理而得。注：同时期云南税额分别为 4.20 元（食盐税 4 元，盐场建设费 0.20 元），7.20 元（食盐税 4 元，盐场建设费 0.20 元，自卫特捐 3 元）。

　　④ 乾隆《大清会典则例》卷 45《户部·盐法上》，乾隆三年题准。

　　⑤ 乾隆《大清会典则例》卷 45《户部·盐法上》，乾隆十六年覆准。

　　⑥ 《新纂云南通志》卷 147，盐务考一，沿革一，清一，第 155 页。

每百斤征收 2 元，收入归云南省财政。民国九年（1920）11 月改为每百斤 3 元，民国十五年（1926）2 月又改为每百斤 4 元①。民国十八年（1929）11 月又改称为川盐捐。民国二十年（1931）川盐捐并入消费税，照旧率八折征收。抗日战争爆发后，川盐销滇砸兰田坝、泸县或滇边交斤，税款核在交斤价内，税额与云南相同。中甸、维西边岸也行销四川地区砂盐，在入口处阿墩设局卡。清宣统年间（1909—1911 年）每百斤由原征引 4 钱加收为 1 两；民国元年（1912）加征为 2 两。后由于民国撤销边岸而停征川盐销滇厘金。民国九年就规定墩正局收盐税每担 3 元。

粤盐销滇，主要有两处：一处是东川府，"滇省东川等府州，就近奏准买食粤盐……委员赴粤，先买盐一百万斤，俾民食得以速济"②。另一处是开广边岸，为粤盐销滇主销区。开广边岸地区原销滇盐，只是后来因滇盐井产不足而借销粤盐。但是，与川盐销滇相比，由于管理不够规范，销盐多由商人把持控制，故而自清代以来弊端极多，最后被迫改销滇省黑井区盐。后来由于黑井区薪柴供应困难，产量随之下降，供不应求，且民国十七年（1928）开广一带发生盐荒，致使交私充斥。为了抵制外私，民国十八年（1929）改订《开广边岸借销海、粤盐暂行办法》，采取寓禁于征、限制数量、加重罚金、指定人口、严密稽征办法，在碧色寨、麻栗坡、广南等处设立盐务、盐税二局，规定粤盐每担征税 4 元，而海盐（指越南盐）却征罚金每担 7 元。从而通过大量调销粤盐和对交私征重税的手段来解决盐荒、抵制外私。由于大规模调销粤盐的过程不可避免地因缉私不力而混有交私，故而民国十九年（1930）5 月改为包商承办。然而至民国二十三年（1934）8 月以后，只有富宁由于离滇盐产区距离遥远而由商人认额承办而仍借销粤盐外，开广边岸其他各销区已基本改销磨黑井盐。抗日战争后，粤盐来源遂断。

---

① 《云南省志》卷 19 《盐业志》，第 225 页。
② 《大清高宗纯皇帝实录》卷 97，乾隆四年七月甲戌云贵总督庆复奏，《清实录·高宗实录》，中华书局 1986 年版，第 29 页。

（三）进口海盐税

进口海盐税指的是越南海盐、缅甸海盐销滇过程中所征收的税额。历史上，交盐（越南海盐）、缅盐主要以外私的形式出现，并一度侵夺了滇盐的市场。事实上，由于云南市场狭窄，食盐又是以自产自销为主，故而对外盐的流入十分敏感。光绪年间，交私、缅私受英法帝国主义的唆使而大量涌入云南，至清末才停止侵夺滇盐销地[1]。史载外私侵销日广，"交趾、缅甸两地私盐由此浸入腹地，每年不下千余万斤"[2]。由于外私侵夺销岸，分割了云南狭小的市场，从而进一步压制着滇盐产量的恢复和增长，故而，云南一贯是通过鼓励商人运销滇盐至边岸，加强对外私的缉私力量以及调销川、粤盐等方法抵制外私。换言之，在清末及民国初期这一阶段云南对外盐采取的是拒绝的态度。

然而，民国中期后，由于滇盐的生产满足不了急速增长的人口的需求，尤其是边岸，供需出现了严重的脱节。故而云南被迫接受外盐销滇。民国二十五年（1936）河口区开始准予暂销越南海盐，责成河口督办按月收解课款新滇币 1400 元。民国二十六年（1937）1 月减为 1120 元[3]。抗战爆发后由于运线受阻而告停。民国三十八年（1949），战乱造成食盐供不应求，军民食需极大，为缓解供需矛盾，云南盐务管理局曾准缅盐在滇西与缅甸接壤的腾冲、龙岭、梁河、盈江、莲山、陇川、潞西、瑞丽 8 县销售。而其税额则按当时的金圆券税额执行。

三　附加税

国民政府建立之初，盐税税目虽较民国初年略见齐整，但种类仍较多。其中，中央和地方先后在征收盐税时附带各项税捐，总称为附税。附税分为中央附加税和地方附加税，其中，地方附加税各省自身

---

① 外国海盐（特别是外私侵销滇岸）流入云南问题详细情况可参见后面的专论部分。

② 据《新纂云南通志》卷 148，盐务考二，沿革二，清二，宣统二年十月引李经羲奏文，第 202 页。

③ 《云南省志》卷 19《盐业志》，第 226 页。

征收，是中央无从过问的附加，即所谓"省异其制，增减无常"①，换言之，也就是各地以盐为手段聚敛的各种苛杂，无法鉴别其性质。以民国二十年（1931）至二十六年（1937）3月为例，云南的附加税目主要有中央临时附加名目镑亏费②，地方附加名目有军饷捐、人马脚捐、盐股捐③，共四项附税。

中央附税系北伐时所加军费及各省地方附税所构成。1931年3月起民国政府将原来的地方附加税收归中央统一征收，明令不得另征附加，列为中央附税，但对云南等8个盐区并未统一征收。

云南的中央附税在不同时期有着不同的名目。民国二年（1913）北洋政府举借外债，并规定各区分摊数额汇解，称为外债附税。后来基于国际市场上金价上涨，英镑与国币兑率差距日大，故而财政部通令自民国二十年（1931）起每担盐附征外债税0.15元。民国三十年（1941）6月2日增为0.30元④，专作补助偿债英镑之用。民国三十一年（1942）5月由于实行盐专卖制而取消；民国二十六年（1937）起，财政部以全国各种建设急需巨款为由，通令各盐区随盐征收建设专款。云南盐运使公署以云南特殊的省情上报，结果减征新滇币0.50元（折合国币0.25元），为财政部规定征收国币0.50元的一半。后于民国三十年（1941）6月增为国币0.50元，民国三十一年5月停征；民国二十六年10月起，云南奉令开征整理仓坨费，称为整理费。规定每担征收国币0.20元。初定为期限一年，然而因为需要一直征收至民国三十四年（1945）7月1日才止。在此期间，所征税率曾先后调整为每担0.30元、1元、2元。由于抗战爆发，民国二十七年（1938）10月，盐务总局为救济难民，在财政部核准后随地附征公益费，每担征收国币0.10元。后来曾调整至0.30元、1元、2

---

① 财政部盐务署盐务稽核总所编：《中国盐政实录》第1辑《总叙》，1933年。

② 镑亏费：指中国以银或银圆作为货币时，由于在对外国际支付时要折合成英镑，英镑汇价上涨，就要多付银两或银圆，从而造成亏损。镑亏费就是为弥补这一亏损而征收的税费。

③ 财政部盐务署盐务稽核总所编：《中国盐政实录》第2辑，财政部1937年3月编《全国盐区现行税率表》。

④ 《中华民国工商税收史·盐税卷》，第170页。

元、5 元，于民国三十四年 4 月 1 日取消；此后，民国三十年 6 月 1 日开征偿本费。民国三十一年 5 月 14 日征专卖管理费（事业费）。民国三十二年（1943）10 月 7 日开征食盐战时附税。民国三十三年（1944）3 月 7 日开征国军副食马干费。民国三十六年（1947）1 月 12 日开征盐场建设费。民国三十七年（1948）2 月 27 日开征盐税附加税。其名目之浩繁可见一斑。

在上述中央附税各项目中，除外债附税、建设专款、整理费、公益费四项和应扣外债摊额及经费外，其余悉数拨归云南省。抗战初期，民国政府明文规定的中央附加税包括建设专款、整理费、公益费及镑亏费四项。而抗战期间中央附加税征收之大宗当首推战时附加税，据统计，战时附加税占全国税收总收入的比重 1943 年为 9.88%，1944 年为 43.56%，1945 年为 48.93%[1]，其上涨幅度惊人。就云南而言，1943 年第四季度战时附加税为 51170 千元，1944 年为 265229 千元，1945 年为 2857734 元[2]。与全国相比，云南省 1945 年比 1944 年的征税上涨幅度高得太多，极为不寻常。

地方附加税在国民政府建立之初各地均已附征。民国初期，云南因护国运动、靖国运动等战事，军需浩繁，财力艰难，故自民国九年（1920）12 月起开征军饷捐，每百斤盐抽收军饷捐 1 元，民国十五年（1926）1 月加为 2 元，均由各井场知事代收。民国三十年（1941）6 月停征。此后，云南曾先后附征了名目繁多的一些地方附税，主要包括：1926 年 8 月 1 日起开征为偿还银行借款、稳定金融的金融借款费，由于效果不佳，于 1927 年 10 月废除；1929 年 1 月开征的为解决通货膨胀的金融附捐费；1929 年 12 月起于元永、黑井、阿陋、白井、乔后、喇鸡、云龙、磨黑、按板、香盐、琅井、石膏、益香、磨歇、猛野 15 个盐场和分场开征公路股捐，以其为公路建筑经费；1931 年征收人马脚捐；1935 年 7 月又因抵补禁烟亏损而开征抵补费。此外，还开征了公路费、工程费、造林费、卫生费、商车捐等其他附捐。

---

① 王志端主编：《中国赋税史》，中国财政经济出版社 1998 年版，第 240 页。
② 《民国三十三年度、民国三十四年度盐务统计总报告》，中国第二历史档案馆藏。

以 1941 年 6 月为例，云南省征收的 7 种地方附加税每担征收率分别是：军饷捐 1 元，抵补费 1.20 元或 2 元，公路费 0.20 元、0.35 元或 0.70 元，盐股捐 0.30 元、0.40 元、0.50 元，工程费 0.60 元，人马脚捐 0.20 元或 0.03 元及卫生费 0.05 元①。其中，军饷捐与最初开征时未有变动。抵补费 1.20 元为白井，2 元为其他各井规定税额（按板井为 1.50 元除外）。公路费 0.20 元为极边区，0.35 元为腾龙边岸的近边区，0.70 元为内岸区。后来上述各项税目经由盐务机关归并为"当地附加"，并规定云南地方政府不得再在食盐项下抽收任何附加。

第三节　私盐

由于食盐是带税商品，又关系着国计民生，是民众日常必需品，故而私盐的出现是有原因的。所谓私盐，凡偷漏盐税、私产、私运、私销盐者均为私盐。也就是说，私盐在食盐的生产领域、流通领域及消费领域内都会出现。由于历代盐税除正税外还有各种不同名目的附加税，税额高、税负重，因而走私偷税一直为盐务方面的积弊之一。故而堵防偷漏、缉查私盐亦成为盐务机关的职责之一。

一　私盐的滥行

早在清代，私盐的盛行就已经对云南的食盐生产造成了极大的影响，特别是邻省的私盐和邻国的私盐侵销云南销区曾多次引发云南地方当局的重视。以清末而论，东川、昭通两地每年输入川盐达二百多万斤②，而越南、缅甸的私盐更是每年不下千余万斤③，严重影响了

---

① 《中华民国工商税收史·盐税卷》，第 249 页。
② 乾隆十六年（1751），云南巡抚爱必达奏称：其原定销滇川盐 2411000 斤全数运往东川、昭通府行销。参见盐务署纂辑《清盐法志》卷 277《云南四·运销门一》，盐务署，1920 年。
③ 见《新纂云南通志》卷 148，盐务考二，沿革二，清二，宣统二年十月引李经羲奏文，第 202 页。

滇盐的生产和销售。事实上，上述邻私和外私只在边岸销售，而云南腹地的私盐，则为云南本省所产之盐，"并查滇省虽有川私、交私冲入，然陆运费重，止能行于近边，而腹地私盐，实系本省各井走漏，其数不下于正额"①。可见清代云南不但私盐数额非常巨大，而且又交织着本省私盐、川私等邻省私盐、交私和缅私等外私，情况非常复杂。

民国期间，云南省内的私盐一度盛行，与外部私盐一起共同冲击云南市场。归纳起来，大致有如下六种。

其一，场私。这是云南本省私盐的主要出处，可以说十之八九出自井场。井场是生产领域，灶户是食盐生产的主要角色，因而场私主要表现为灶户、灶丁的私煎私售。虽然各场署为堵私制定了"计矿卤较煎"的办法，然而多煎少报、暗中移藏、偷矿卤私煎等漏洞并未堵塞。据《续云南通志长编》记载，民国十五年至十八年（1926—1929）间，仅场私一项约占全年产量的 30%②，足见场私之盛。

其二，商私。商私主要指的是商人贩卖的私盐，其私盐的主要来源处是灶户，多为向灶户偷买的私煎或私存的盐。由于云南向来少大的盐商，多为小商小贩，故而商私亦多表现为零星小贩向灶户偷买数额较少的煎盐，并就井场近邻各地私售。正是基于这些私盐数额较少，因而不具备长途贩运的经济效益，由此出现的一个现象便是此类私盐经常在井场附近就近销售，造成井场周围食盐市场的混乱。当然，也有数额较大的则运至销岸私售。由于走私商人大多都能私造毛印，容易蒙混过关运出井场，而一经出井，则不易辨别，因而商私的盛行也就不难理解。商私多发生在流通领域，所以缉私工作更加困难。

其三，官私。官私主要是各井场运出的私盐。事实上，官私是官商勾结的产物。不法官员、缉私官兵暗中勾结运商，由官员、官兵以

---

① 《新纂云南通志》卷 147，盐务考一，沿革一，清一，第 158 页。
② 参见《续云南通志长编》中册，卷 59，盐务四，缉私，"私盐之种类"，第 1221 页。

其特殊身份从井场提取食盐，出井后由运商负责销售，共同瓜分利益。官私的盛行，是井场管理不规范的漏洞造成的。这些官员、官兵多收受运商的贿赂，进而串通放纵私盐的运销。可以说，官私的产生贯穿了生产、流通两大领域，也是私盐无法根治的主要原因之一。

其四，贩私。贩私与商私属于同一类型的私盐，只不过与商私相比，贩私的数额更小。然而，由于从事贩私的主要是商民，且多属零星小贩，故而从事贩私者却较众。贩私主要是商民从内边井岸贩运私盐，"每日购买私盐二三十斤或四五十斤"①，且需肩挑出境，或与运盐马脚勾结，暗藏马骡内运出。一般而言，由于这些商民多与缉私官兵串通，故而很难察觉。

其五，邻私。邻私主要指的是川私和粤私。由于东川、昭通一带毗邻四川，且历史上川盐在这里已被民众所接受，故而民国期间川私销售颇为盛行。而开化、广南各属历史上便多销粤盐，因此粤私销售这一地区亦为常事。虽然云南当局曾在边境设局征收盐税，然而不可避免仍有部分偷税进滇的邻私。

其六，外私。外私主要指的是与云南接壤的东南亚周边国家的私盐，主要是交私（越南私盐）和缅私（缅甸私盐）。交私侵销地为开广边岸，缅私侵销地为腾龙边岸。与上述几类私盐相比，云南当局对外私的缉查态度明确，并制定了各种方法加以抵制，而缉私营队的查缉态度亦较认真，然而，由于外私均为海盐，本低价廉，边地商民为追逐利润，常潜往越南、缅甸私自购运入境冲销，故而防不胜防。

上述商私、官私、贩私都与场私有着密不可分的联系，可以说它们都是由场私转化为流通领域上的私盐。而邻私、外私都有其历史延续下来的较为固定的侵销市场，因而可以算作流通领域与消费领域的私盐。

事实上，民国期间还存在一种"私盐"，即黑市价盐。这种盐虽未明令划入私盐行列，但其销售的情形及其影响与私盐无异。按规

---

① 《续云南通志长编》中册，卷59，盐务四，缉私，"私盐之种类"，第1221页。

定，云南所有民盐，在省会者分配于该局核准设立的公卖店发售；在外县者则委托县政府审定的公卖店发售。由于公卖店购盐时必须付暗价，因而售盐时非售黑市不可。换言之，盐官公然贪污私收"暗价"，公卖店自然要卖黑市。按规定，公盐价格定在每市斤 16 元及 17 元之间①。而"罗次县公盐黑价每市斤 25 元，街贩售价每旧斤 40 元"，"武定县摊贩盐价每旧斤 40 元……呈贡、开远、蒙自、个旧、石屏、建水等县商人抬高公盐价格，均超过盐局定价数倍以上。……盐局对此抬价情形均视若无睹"②。可见，当时云南黑市情形已成普遍现象。而造成云南黑市普遍、盐价倍增的罪魁祸首是公卖店。黑市盐价一般为官价的 1—4 倍，致使食盐消费者的负担倍增，甚至出现盐荒，广大民众遭受淡食之苦。

在上述私盐中，外私是需要重点研究的，因为这既与双方盐质、盐价有关，也与地缘因素和边疆稳定相关，这点无疑在国内是很少碰到的，同时也是云南私盐问题中最为特殊、最为敏感的话题。交、缅私盐的侵销地区为与其相邻的边岸地区。缅私入侵地点一是由缅甸的弄进入孟定，二是由缅甸南坝进入瑞丽、遮放、潞西（芒市）三处，侵销区包括梁河、龙陵、永德、耿马一线靠近缅甸的区域。越私入侵地点主要是沿元江入蛮耗，由越沿边入小坝子、麻栗坡。越私集散地为屏边、蛮耗、蒙自、马关、文山、麻栗坡、西畴七处，侵销区包括今个旧市、文山州以南的区域③。

对于外私问题这里还要特别交代一下。云南地方政府对外私的态度也是有变化的，并不是自始至终彻底的拒绝，事实上，云南地方政府也曾默许过外私的流入。民国十七年（1928），开化、广南一带发生盐荒，越南私盐大举侵销。云南地方政府遂"在碧色寨、麻栗坡、

---

① 盐总档：运销处，本局区，第 8.21 号，总办陈报参加国民参政会经济策进会第二次常会情形卷。

② 盐总档：运销处，本局区，第 8.21 号，总办陈报参加国民参政会经济策进会第二次常会情形卷。

③ 由云南省档 15 全宗 2 目 88 卷"缅私侵销图……交私侵销图"整理而得。

广南等处设立盐务、盐税两局，征收滇、粤盐税饷及海盐罚金"[1]。民国二十四年（1935）实行盐务统制后，曾规定河口方面每年准进1000担[2]。后来云南省盐务管理局接管后，虽然在无形中取消了这一规定，但实际上仍有越南私盐侵销。在抗战爆发之后，由于沿海盐场大半沦陷，粤盐、川盐供给艰难，交私又因双方边境封锁而不可侵入，缅私虽仍侵销，但因外汇高涨，故而侵销数量缩减，致使滇边供求渐觉失常，时感捉襟见肘。因此，云南盐务管理局张中立、巴图文于1940年10月上书，陈述云南盐务管理局购运缅盐济滇边为目前迫切需要之事实理由[3]。无疑民国后期购运缅盐已成为平衡滇边食盐供销的迫切需求。这样看来，事实上民国时期云南并没有正式进口海盐，对缅私、交私采取征税放销，实乃无力制止而被迫采取的权宜之计。

而这种征税放销举措使云南出现了一种进口海盐税，即指的是越南海盐、缅甸海盐销滇过程中所征收的税额。历史上，交盐、缅盐主要以外私的形式出现，并一度侵夺了滇盐的市场。而部分外私是以变通的方式经纳税后进来，其私盐的性质无疑削弱了不少，故而并不会动摇自清代至民国长期对外私查缉的强硬态度。

那么，私盐为何如此滥行呢？

首先，盐务管理机制的不健全是私盐屡禁不止的根本原因。云南自清代的大使、盐课提举，到民国时的稽核分所、盐运公署、盐务管理局，都存在管理方面，尤其是监督方面的缺陷，存在着许多疏漏，故而给一些不法盐官提供了通过贩卖私盐而谋利的可乘之机。虽然大的井场都设有缉私营队，然而这些官兵往往与商人勾结，名缉实保。

其次，滇盐煎制成本高，任务重，这是私盐，尤其是场私广泛存在的主要因素。由于云南煎盐柴薪昂贵，故而成本较他盐为高。灶户

---

① 《云南省志·盐业志》，第8页。

② 《云南省志·盐业志》，第177页。

③ 参见《民国云南盐业档案史料》第四章场私、外私及边盐，"云南盐务管理局陈述，缅盐济滇理由"，第485页。

很少能从官府那里拿到柴薪补贴，相反要求灶户按月交纳规定的盐额，致使许多灶户濒临破产、闭灶的困境。灶户为了维持生活或谋取利润，往往多煎少报，私下里与小商小贩勾结倒卖私盐。正是因为灶户所面临的窘境在云南各井场都较普遍，因而才造成场私滥行的混乱局面。

此外，滇盐成本高、以清代川盐入滇为例，"计每盐百斤，滇课一两六钱，税银六分二厘五毫……脚价银一两七钱八分"[①]，官府规定盐商每百斤售价为四两三钱[②]，所卖价尚不敷盐本。而川盐运至滇、黔售价尚不及四两[③]。相比之下，人民当然乐意购买川盐。还有，川盐可以不拘斤数，零星购买，且可以用米、布等实物易换，比较方便。缅盐与越南盐皆为海盐，以质优味正价廉著称，故而其屡屡侵销边岸当不足为奇。

外私屡禁不止的原因又何在呢？这当与云南的实情有莫大的关系。

一则，海盐成本低，无课款负担，运程较近，成本盐价较云南滇盐低，为滇省一般民众所乐于食用。而滇西龙陵、腾冲以外边境数十万人民购食缅盐，亦因云南省内盐运困难，成本高，缅盐质优价廉之故。

二则，云南食盐限于客观因素（如矿卤采汲困难、盐卤浓度较低，柴薪少、搬运费用高，资金短缺、周转不畅等），数量均有限。加之运途艰难，故而边岸之地常常出现淡食或无盐现象，这为外私入侵提供了市场。

三则，滇盐成本高、盐价贵的状况为境外私盐的侵销提供了机会。滇盐成本高、脚价贵已难以与邻国的盐斤竞争，又加以重税，盐

---

① 见《新纂云南通志》卷147，盐务考一，沿革一，清一，引王继文奏文，第148 页。

② 见《新纂云南通志》卷147，盐务考一，沿革一，清一，引贵州巡抚慕天颜奏文，第148 页。

③ 川盐销黔省普安、安南各州、县、卫的市场价，每百斤只卖三分或三分四厘不等，最高四分。见《新纂云南通志》卷147，盐务考一，沿革一，清一，引贵州巡抚慕天颜奏文，第148 页。

价更高，致使人民无力购买。而外私则全为海盐，质优、价廉，完全在与滇盐的竞争中处于上风。缅盐与越南盐皆为海盐，以质优味正价廉著称，故而其屡屡侵销边岸当不足为奇。

四则，就滇盐本身而言，私盐盐价远远低于官盐价，致使民众乐于购买私盐，贩私者也有厚利可图，"查私盐亦有成本、运脚，其卖价原不能甚贱，实由官盐过贵过丑，百姓不愿领食，故私贩得以乘机而入"①。

五则，云南与缅甸、越南接壤，历史上就是缅私、交私侵销场所，民众习以为常，加之外私廉价质美，故而民众乐于接受。

可见，私盐屡禁不止的原因，一方面是官僚机构的腐朽为私盐的流通大开方便之门，另一方面则是滇盐价高（特别是滇盐中的官盐价盐远远高于私盐），私盐廉价（盐税低或无盐税），商人贩卖私盐获利更丰，因而商人愿偷运，民众乐于购买，这当是私盐不能根除的根本原因。

二　缉私

清代云南私盐种类多、规模大，因而政府对私盐的查稽态度还是比较明确的，如"奏准云南各井盐斤，督饬井员查禁灶私偷漏，并严饬迤东之曲靖、开化、临安等府文、武，派拨兵役于各要隘，认真巡缉，如有川、粤私贩侵越入境，即行擒拿报解，倘敢懈纵，严参究处"②。甚至为了避免原来盐引大票难以计点、容易夹带私盐的弊端，"道光六年，将三百斤大票改为一百斤，俾马骡驼载，一驮一票，易于盘验"③。但总体效果而言，私盐仍然缉而不绝。

（一）民国时期的缉私

民国初期，云南对于私盐的缉私活动仍沿用前清旧制。民国三年（1914），云南盐运使署成立时，缉私为其内部机构所设3科11课中的1课。民国四年（1915），云南于盐运使署内设缉私总部，于黑井、

---

① 《新纂云南通志》卷147，盐务考一，沿革一，清一，附迤南道屠述濂议云，第158页。
② 《新纂云南通志》卷147，盐务考一，沿革一，清一，附迤南道屠述濂议云，第161页。
③ 《新纂云南通志》卷147，盐务考一，沿革一，清一，附迤南道屠述濂议云，第162页。

白井、磨黑3井区设缉私营，各井场设缉私队，分场设缉私排，形成了一套较完善的缉私体系。

三个主要生产片区设立缉私营后，由于外私日益趋于兴盛，实为边患，故而各片区缉私力量的配置都不同程度地向边岸集中。由于开广边岸历史上为黑井区盐销区，又是交私活跃地区，因而黑井区的缉私营驻扎在马关、广南等处，以查缉交私；腾龙一些土司统治的地方与缅甸相邻，缅甸盐贩私销现象突出，而这一地区历史上销白井区所产之盐，因而将白井区缉私营驻扎于腾冲、龙陵两地区，以查缉缅私；而磨黑边岸，西接缅甸，南连越南，缅、越私盐交相侵入，故而将磨黑缉私营分驻勐烈（江城）、磨歇（勐腊）两处，以查缉缅、越私盐。

随着场私、商私、运私、邻私等私盐的充斥，缉私营下辖的缉私队和缉私排的缉私事项与其所在各井场署关系日益密切，而营部驻地与各井场距离太远，遥控指挥不便，故而于民国二十年（1931）1月进行改编：将各场缉私队改称为场警局，附设于其所管盐场公署内，以场长兼任局长，每局之下设分驻所及分驻所派出的所，择要地驻扎；将黑井区保井队改名为黑井区场警大队，大队部驻扎在元永井，下设的3个中队分驻元永井、黑井、阿陋3场。白井区保井队亦合编为白井场场警大队，大队部驻白井，中队分驻白井、乔后、云龙、喇鸡4场及近场运道。无疑通过改编，其与边岸地区的"三三制"下的缉私大、中、小各队编制划清了界限。

1938年，云南盐运使署裁并，所有缉私各队均由云南盐务管理局接收，并改编为税警区队；1941年7月，税警区队拨交财政部缉私处，改编为税警团，驻云南的税警第八团第三营下辖的4个连分驻迤西、迤南、迤中三区，担任云南区盐务缉私、护运、护产等工作；1944年4月，因税警经费预算不敷，为节约开支，进行了缩编，云南改编为18个场警队，分驻迤西、迤南、迤中各产盐区及昆明、蒙自、保山、昭通等销区；1946年6月1日起，根据财政部命令，"场警"一律改称"盐警"，盐警主要集中于盐区及行盐要道，而主力在产区。"本区盐警……计驻防产区者占百分之八十七。驻防行盐要道者占百分之十三。"① 并自同年 8 月 1 日起，盐警队一律改称为盐警区队，一直延续至中华人民共和国成立。

缉查私盐，其关键阶段为井场煎制时期，因而查灶员的缉查工作显得十分重要。如果已经记数的存灶盐额有减少，即可以认定必有盐私下出售。至于私贩偷运，主要在出境要道处须查清运出盐斤有无运照及盐块上有无毛印，无运照和印章者，也可以私盐论处。而对于犯私者的处分，1930 年以前，中央政府就先后颁布过《私盐治罪法》②《缉私条例》及《海关缉私充赏办法》③ 等律令④，可以作为依据。其处理办法是按出售或贩运私盐数量的多寡、情节的轻重，分别给予处罚。

（二）缉私实效分析

从事实上来看，民国时期云南盐务缉私工作也存在许多缺漏，致使私盐无法杜绝。而这些缺漏的存在使法律的威慑力大打折扣，不能有效防范私盐的产生和泛滥，其中某些缺漏甚至助长了私盐的存在。因此，从缉私效果方面来看，由于缉私效果与缉私力量和私盐活动双方的特点都有很大关系，故而民国时期总体而言其缉私效果不佳。

当然，缉私效果不佳首先与当时云南缉私力量中队伍人员不够、缉私工作落后、缉私人员素质不高（难以保证所有参与缉私工作人员的清廉性）、缉私队伍内部的腐败及与商民的勾结（影响最为恶劣的是官商勾结，它无疑助长了私盐贩子的气焰）、缉私力量的分布不均等有关。这些归纳起来其实可以上升为缉私制度的不健全，如奖励、激励机制缺失，官兵缉私积极性不高、动力不足。而这种奖励机制的缺失又往往会导致官兵与私盐贩子勾结，从中分利，形成腐败。

其次，缉私效果不佳也与当时各种私盐活动存在的主客观因素有

---

① 《民国云南盐业档案史料》"云南盐务管理局三十五年度年报"，盐警，防务，第70 页。
② 民国三年（1914）12 月 22 日中央政府颁布《私盐治罪法》，共 10 条。民国十七年（1928）10 月国民政府再次颁布《私盐治罪法》，也是 10 条。
③ 民国三年（1914）12 月 29 日颁布《缉私条例》8 条和《海关缉私充赏办法》4 条。
④ 《续云南通志长编》中册，卷 59，盐务四，缉私，第 1224—1225 页。

着密切的联系。主观上来讲，私盐比官盐获利更高，官商、灶民为追求高额利润而从事私盐活动。客观上来讲，第一，民国云南人口增加极快，而云南省内产盐增产跟不上，以至于有些边远地区、远离盐井地区往往缺盐现象严重，为私盐的流通提供了市场基础；第二，云南特殊的交通条件为缉私工作带来了诸多困难；第三，由于客观地质原因，滇盐盐质较他盐（邻省的川盐、粤盐，邻国的交盐、缅盐）稍差、味苦、价高，在市场竞争中往往处于下风，老百姓更喜欢接纳价廉质好的其他盐；第四，云南有些地方历史上就已形成食用川盐、粤盐甚至交盐、缅盐的习惯，这为长期在这些地区流通的他盐提供了继续流通的民众基础；第五，边民贸易中盐的频繁交易和日常需要的不可缺少性，也为外私顺利进入云南边疆地区开了一个入口。这些都是民国云南盐务缉私效果不佳的主要原因。

三　小结

中国历史上私盐问题一直很突出。民国初期景学钤针对私盐问题说："私者何？对官而言，何谓官，何谓私，无人不知，有税为官，无税为私。"① 可见，官盐之所以为官，私盐之所以为私，皆由法律规定。这样看来，违法生产、运输、销售和没有给政府纳税的都属于私盐。而私盐长期无法杜绝，究其原因，既有盐政、盐法本身的问题，也与当时社会经济的发展因素相关（与生产力和商品经济的发展有关）。而不能与时俱进（或落后、陈旧）的盐政、盐法与不断发展的生产力、商品经济间冲突越激烈，私盐问题就越严重。因此，日本学者宫崎市定甚至说："盐法的历史，就是政府与黑市商人斗争的历史。"② 纵观中国私盐问题，这一说法不无道理。

至于缉私活动，其实就是官商、官民之间在利益分配过程中限制与反限制斗争激化的结果。正是由于食盐的生产、经营已非政府所垄

---

① 景学钤：《盐政问题商榷书（之七）》，载《盐政丛刊》，盐政杂志社，民国十年（1921）。
② ［日］宫崎市定：《清代盐政之研究》序，载［日］佐伯富《清代盐政之研究》，顾南、顾学稼译，《盐业史研究》1993 年第 2 期。

断，因此，政府保护自身利益的最直接的方法就是制定严格的盐法、成立缉私力量，力图将除官府以外的生产者和经营者的利益严格限制在一定的范围之内。

虽然民国时期因客观原因对特定时期特定地区的外私采取了以变通方式引进解决民需这一举措，但不能由此而得出云南地方政府对外私听之任之，不加查缉的结论。我们知道，外私与云南省内出现的私盐、邻省进来的川粤私有着根本性的区别，外私侵滇不仅仅是抢夺滇盐销区的问题，而是关系着云南地方政府，甚至于中国对被交、缅私盐侵销区人民进行管理，对边疆地区领土主权维护的问题，故而对外私的查缉力度远远强于对本省私盐和邻省私盐的缉私。民国时期云南三大井区的缉私营，其驻防地皆因外私侵销日盛而移向边岸，就是彰显抵制外私的一种积极态度。从这个角度讲，与国内其他省份相比，外私和对外私查缉的特殊意义注定云南私盐问题研究在中国私盐研究中有其重要地位。

不可否认，私盐的盛行对官盐、政府管理盐务是十分不利的。但私盐问题在历史上长期存在，并愈演愈烈，当与政府采取的应对措施没有从根本上解决问题有关。正是由于没有充分认识到私盐存在的深层原因（陈旧的盐法与生产力、商品经济发展间的矛盾），所以政府的缉私活动往往成效甚微。就云南而言，这一深层原因同样存在。只有从云南盐务本身入手，进行盐务体制改革，让全省人民都有盐吃，都能时时处处购买到质优价廉、安全可靠的合法食盐，私盐则必将失去市场和优势，这无疑对政府、对人民都是有益的。

第四章 滇盐与云南经济、社会、文化发展

第一节 盐市场、盐币与商品经济的发展

一 食盐运销市场的争夺战

云南由于特殊的历史原因，其与中原内地的联系一直都较疏远。即使与邻近的四川、贵州，其经济联系的加强，仍是在元代云南被纳入中央王朝管辖范围之后。而清代才是川、滇、黔三省经济交流空前发展的历史时期。

食盐作为商品，也参与了相互间商品经济的交流活动。但是，由于食盐的特殊性和川、滇、黔三省产盐情况的不同①，这种交流多是以竞争的方式表现出来的。更具体地说，是以川、滇盐争夺销岸的方式进行的。

一直以来，川、滇盐都有自己固定的销盐区。也就是说，它们早已形成了自己的消费市场。但是，这些市场却相对处于隔离状态。这无疑是引岸制下的一大弊端。可喜的是，这种局面在清代得到了改善。而滇盐在打破这一格局的过程中无疑起到了关键的历史作用。

在中国传统的引岸制下，滇盐只限于行销本省，嘉庆《大清会典事例》记载："云南盐行云南府、大理府、临安府、楚雄府、澄江府、景东厅、广西州、曲靖府、顺宁府、武定州、丽江府、元江州、

---

① 川省为井盐生产第一大省，滇省次之，黔省则不产盐。

普洱府、蒙化厅、永昌府、永北厅、镇沅州。"① 而川盐除了行销四川省外，还行销贵州、西藏、湖北、湖南的部分地区及甘肃的部分地区，甚至滇东北的一些地区也行销川盐，如嘉庆《大清会典事例》亦记载"四川盐行成都府……云南东川府、昭通府，及曲靖府属沾益州、南宁、平彝二县"②。另据《清盐法志》记载：东川、昭通每年输入川盐二百多万斤③。清代随着滇盐的大规模开发，云南的食盐生产进入了一个新的发展高峰。但是，要使滇盐可持续发展，必须拓展它的销售市场。因而，云南地方政府开始着手发动引岸之争。一方面，通过在滇东北开发新盐井（如汪家坪盐井），以抵制川盐在这一地区的销售。这是川、滇盐对云南市场的争夺战。另一方面，云南地方政府还以官方贸易和鼓励商人运销的办法，加强了滇盐向贵州、西藏的行销。这无疑又在邻省引起了川、滇盐对外部市场的争夺。

川、滇盐争夺销盐市场的商战，其带来的一个影响，就是使川、滇双方进一步认识到了与这些地区加强经济交流的重要性。为了在竞争中处于优势地位，川、滇双方都不惜压低各自销盐的价格。可以说，川、滇盐在云南、贵州、西藏争夺销盐市场的竞争，使上述三省的社会经济发展同时受到川、滇两省的影响，从而在客观上使这些地区的经济发展紧密地联系起来，并形成了以川盐占主导、滇盐作用日趋增强的西南食盐行销的区域市场。

由于地缘关系，云南自古以来就与东南亚、南亚国家和地区有着密切的贸易关系。清末，受英、法帝国主义的唆使，越南、缅甸私盐大量涌入云南。云南盐法道奏："交趾、缅甸两地私盐由此浸入腹地，每年不下千余万斤。"④ 云南食盐市场原本狭窄，因此，面对外私侵夺滇销区、压制滇盐产量的危害，岑毓英等奏：外国私盐"遂致侵销

---

① 嘉庆《大清会典事例》卷 181《户部·盐法》"云南"。
② 嘉庆《大清会典事例》卷 181《户部·盐法》"云南"。
③ 参见盐务署纂辑《清盐法志》卷 277《云南四·运销门一》，盐务署，1920 年。
④ 见《新纂云南通志》卷 148，盐务考二，沿革二，清二，宣统二年十月引李经羲奏文，第 202 页。

日广，并盐不能畅行，课款日形短绌"①。为了抵制外私，云南当局一方面加强了缉私力量，另一方面又颁布了一系列优惠政策，以鼓励商民运销边岸。随着外私在云南边岸的侵销与滇盐反侵销的加强，在邻边地区一个新的食盐销售市场形成了。

前面说过，滇盐也以边民互市的方式流入邻邦，而且也是以私盐居多。至于滇盐的走私情况，盐法道李经羲在其奏文中就有专门提及："官盐之引岸日狭，私盐之势力日张，虽亦严责官兵分途堵缉，无如头头是道，无隘可封，缉禁虽劳，苦无把握。此私盐充斥之实在情形也。"② 食盐是需求弹性很小的商品，有着极大的消费市场。而滇盐以私盐的身份出现在边岸，因其价低的优势很受边民的欢迎。边民互市中以盐易物的兴盛，使得滇盐在边境地区也形成了自己的市场。这一市场与经政府许可运销边岸的滇盐市场，以及外私在云南的市场都有许多重叠之处。可以说，这三种通过不同途径而聚集在一起的食盐，通过相互竞争，无疑促进了区域市场的形成和发展。

相比而言，川、滇盐争夺销区而形成的食盐区域市场，由于其主要是政府销盐的结果，加之食盐的需求弹性很小，故而这一区域市场形成后能够较稳定地发展；边境地区食盐区域市场的形成，可以说主要是私盐侵销的结果，而私盐的兴盛只是一定时期内的现象，故而这一市场的发展无持续性可言。但是，它必定有利于云南与周边国家贸易的发展，为这一地区国际区域市场的发展起到了积极的历史作用。

二　云南历史上的盐币

货币是一种流通手段，货币在流通中反映一定的经济关系。而流通中货币的具体形态，则又在一定程度上客观反映了当时的商品经济发展的水平。就像金与银天生并不是货币一样，食盐作为货币流通，也不是与生就有的，相反，以盐为币，实为一种特殊现象。

---

① 《新纂云南通志》卷148，盐务考二，沿革二，清二，引云贵总督岑毓英、云南巡抚谭钧培奏文，第181页。
② 《新纂云南通志》卷148，盐务考二，沿革二，清二，引李经羲奏文，第202页。

(一) 盐币流通的历史考证

有关以盐为币的记载，自唐以来的云南志书中就有。如唐代樊绰《云南志》说："颗盐每颗约一两二两，有交易即以颗计之。"① 这是贞元十年（794）间的记载，据这个记载推测，有可能云南当时各处盐井都有用颗盐交易的事实。也就是说，云南以食盐为币的历史，其上限应当早于樊绰所在的时期。

宋代在云南流通盐币方面目前虽然尚未找到记载它的史料，但由货币流通历史的连贯性来看，它肯定是存在的。在这一点上，笔者很赞同林文勋先生的推测："大理国时期的盐币，没有任何资料加以记载。由唐代以后的元、明、清乃至近代都流通盐币这一情况可以推定它的存在。"② 林文勋先生进一步推测说："大理国盐币流通的区域当与元、明两代相差无几。……主要有楚雄、镇源、武定和今红河州一带。"③ 也就是说，宋代云南盐币的流通格局应当与唐、元、明三朝大体一致。

元代云南以盐作为货币的记录更加翔实，如李京《云南志略·诸夷风俗》中说：金齿百夷，"交易五日一集，旦则妇人为市，日中男子为市，以毡、布、茶、盐互相贸易"④。李京作此书时约是大德五年（1301），所记录的是滇西南地区的情况，从中可以看出在市场上毡、布、盐、茶以物物交换的形式普遍存在，具有实物货币的功能。滇西南地区这样，想来其他地区亦如此。马可·波罗亦有类似的记载。在《建都州》说："至其所用之货币，则有金条，按量计值，而无铸造之货币。其小货币则用盐。……每八十块值精金一萨觉（Saggio），则萨觉是盐之一定分量。其通行之小货币如此。"⑤《土番州》

---

① （唐）樊绰《云南志》卷7《云南管内物产》。参见（唐）樊绰撰、向达原校、木芹补注《云南志补注》，云南人民出版社1995年版，第102页。
② 林文勋：《大理国货币流通分析》，《云南民族学院学报》1999年第1期。
③ 林文勋：《大理国货币流通分析》，《云南民族学院学报》1999年第1期。
④ 参见《大理行记校注　云南志略校注》之（元）李京撰，载王叔武校注《云南志略校注》，云南民族出版社1986年版，第93页。
⑤ ［意］马可·波罗：《马可波罗行纪》第116章《建都州》，冯承钧译，上海书店出版社2001年版，第282页。

说:"境内无纸币,而以盐为货币。"① 由此可见,元代云南不仅用贝、金银为货币,而且也用盐块等实物作一般等价物。而沙海昂在给《马可波罗行纪》作《注》时说:"用盐作交易货币,在缅甸掸种诸国及云南等地,昔颇风行。"② 虽然此处用"风行"过于夸大,但是,用盐块为币,在云南和周围的邻国都有使用是可以肯定的。

明代仍有以盐为币的记载。明景泰六年(1455)纂修的《云南图经志书》中就记载有行盐币的事实。《武定府》中说:"土人懋迁有无,惟以盐块行使。"(《肇域志》也有类似记载:在"云南"记武定府时说:"俗尚强悍难治……交易用盐。")可见在一些民族地区盐币是作为主要通货行使的。《镇沅府》中说:"盐色白黑相杂而味颇苦,俗呼之曰鸡粪盐,交易亦用之。"《楚雄府》说:"黑盐每块重二两,军民交易皆用之。"③ 无疑在这些地区盐币的流通仍然较为普遍。

清初,云南废贝行钱,结束了云南大规模范围内流通实物货币的状况。即使这样,在一些地区仍有盐币的流通,而且还一度阻碍了金属货币在这些地区的流通。康熙《元江府志》说:"贸迁,昔多用贝,今易以土盐,彝民甚便。"④ 可见,盐币不仅没有被排挤出流通领域,反而侵占了一些此前贝币的流通区。康熙《广西府志》又说:"今概用银钱,小交易用盐算。"⑤ 在这里,盐币却是以金属货币辅币的身份出现。雍正《临安府志》亦载:溪处、思陀等处"交易用盐为货"⑥。

事实上,云南以盐为币的情况在民国时期也存在。方国瑜先生在中华人民共和国成立前曾到滇南的裸黑山少数民族地区考察,在那里见到了以盐块作为货币的情形,而且以此撰写了《云南用盐块代钱的

---

① 《马可波罗行纪》第114章《土番州》,第277页。
② 《马可波罗行纪》第116章《建都州》,第285页。
③ 见明景泰六年修《云南图经志书》卷2《武定府》,卷3《镇沅府》,卷4《楚雄府》。
④ 康熙《元江府志》卷1,"风俗"条。
⑤ 康熙《广西府志》卷3,"市肆"条。
⑥ 雍正《临安府志》卷7,"风俗"条。

记载》①一文。解放初期在昭通地区的镇雄、威信等七县，丽江地区的维西、华坪等三县，楚雄地区的盐丰、大姚等三县以及河口、寻甸、佛海（勐海）、师宗等县的一些地区都尚有盐币流通②。

总体而言，盐币的流通可以大致分为三个阶段：唐、宋、元为自然发展期，流通区域没有大的变动；明、清为其发展的高峰期，特别是清代废贝行钱后，盐币一度抢占了原来贝币的部分流通区；清末、民国为衰落期。

（二）盐币的流通区

在讨论盐币的流通区之前，我们首先要澄清一个事实，即不是所有的盐块都可以作为货币使用，盐币有其固定的形态，并经官府许可。据马可·波罗记载，盐币的制作过程大致如下：居民取盐于咸水，置于小釜煮之，水沸一小时则成盐泥，然后范以为块，每块各值二钱。这种盐上凸下平，置于距火不远的热砖上烤之，待干硬后，每块盐上盖用君主印记，其印仅官吏掌之。③

盐必须铸为块，规定其重量，并加盖官印后才能作为支付手段。盐币虽然具有流通职能和价值尺度职能，却只不过是货币的原始状态，并非完全意义上的货币，因而其使用也就与完全意义上的货币有所不同。事实上，在山区，盐是居民为食的，并视其为必需之物，所以在这里更注重盐的食用性，即主要体现的是盐的使用价值；而在城市则不然，人们注意的却是盐币的交换价值。换言之，在边远地区盐既作为货币使用，同时也是重要的商品。

盐币既然是一种实物货币，那么它的流通就有其特殊性。一般来说，流通实物货币的地区其商品经济发展水平较低，在其狭小的市场上进行交换的商品数量极其有限，商品种类较为单调，一次性的交易额较小，且进行交易的多为生活必需的日用品。在这一点上盐币与贝

---

① 见方国瑜《云南用贝作货币的时代及贝的来源》（附"云南用盐块代钱的记载"），《云南社会科学》1981年第1期。
② 《云南近代货币史资料汇编》三（五）"解放后对云南全省物物交换现象的调查"，中国人民银行云南省分行金融研究所编印，第388—389页。
③ 《马可波罗行纪》第116章《建都州》，第283页。

币有相似之处，但二者的不同之处也极为明显，即盐币可以食用，其使用价值远远高于贝币。这也是贝币被排除出流通领域后盐币仍能继续在一些地区行使的原因所在。当然，由于云南全省商品经济总体在不断发展，故而实物货币的流通也就有了一定的区域。

所以说，盐币的流通并不是一种普遍现象，它只存在于一些地区之内。如上述李京所述的"金齿百夷"①，即滇西南的西双版纳地区；又如马可·波罗记述其看到有盐币流通的地区"建都州"（建昌，包有罗罗斯全境，相当于今西昌地区，元属云南，在这里金为主币，盐为辅币，且主币与辅币之间有固定比价②）、"土番州"（相当于四川与云南交界的理化县，马可·波罗说"境内无纸币，而以盐为货币"③）。

再如明代的武定府、镇沅府、楚雄府④；清代的元江府、广西府、临安府等⑤，都行使盐币。

上述地区是实物货币的主要流通区，一般来说，在这些地区以贝币为主要通货，但是也有其他实物货币流通，如大额交易中的大货币金银，小额交易中的小货币盐币。在盐币的流通区域中，相比之下上述地区较为典型。当然，盐币在不同时期的流通区域也有变动，这在明、清两代较为突出。主要表现为旧空间的丧失和新空间的出现，具体说，清代一些盐产区（商品经济发展较高者）盐币被金属货币所取代，但是，在一些边远山区，原来流通贝币的部分地区反而被盐币所取代。

清代一些产盐的地区，如武定府、镇沅府、楚雄府黑琅井、丽江

① 见（元）李京撰《云南志略·诸夷风俗·金齿百夷》。

② 《马可波罗行纪》第 116 章《建都州》，第 282 页。

③ 《马可波罗行纪》第 114 章《土番州》，第 277 页。

④ 见明景泰六年修《云南图经志书》卷 2《武定府》，卷 3《镇沅府》，卷 4《楚雄府》。

⑤ 见康熙《元江府志》卷 1，"风俗"条；康熙《广西府志》卷 3，"市肆"条；雍正《临安府志》卷 7，"风俗"条。

府兰州（兰坪）等地，都通行盐币①。由于产盐，与各种货物交换的价值尺度很自然地趋向于食盐，食盐从而成为一般等价物，慢慢形成了通用性很强的一种特殊商品，其货币商品的使用价值二重化了，它作为商品具有特殊的使用价值②。在这些地区，盐成了一般等价物，代替钱币行使和流通，但这些地区仅限于一些盐产地，因而相比清以前贝币的流通范围来看，盐币的流通范围较为狭小。盐在这些地区的流通和金银在其产区作为支付手段是同样的道理。

此外，云南周围的缅甸、泰国等都曾有用盐作交易货币的历史，沙海昂更是用"昔颇风行"来描述云南及其邻国盐币的使用情况。东南亚、南亚国家和地区的贝币大量流入云南市场，云南被纳入到东南亚这一货币经济圈内，基于云南与周边邻国间的民间贸易向来频繁，加之海盐质好、价廉，因而在一些邻近边境的民族地区，由于交通条件制约，经常出现淡盐情况，故而这些地区不但以滇盐作为货币使用，相信流进来的海盐也曾作为支付手段出现过。

清初废贝行钱，各盐产地所在的府州县实行了金属货币，这是其商品经济发展的表现。但是，产盐的元江仍以盐代贝，其货币仍停留于原始阶段，"（元江府）贸迁，昔多用贝，今易以土盐，彝民甚便"③。不难看出，在这里以盐为币甚为便利。这不应当是货币的倒退，只是商品经济发展缓慢的选择。

又如清初广西府（今弥勒、泸西、丘北等县）"今概用银钱，小交易用盐算"④。很明显，这里是将盐作为辅币使用的。但是在溪处、思陀（二者俱在红河县）等地，"交易用盐为货"⑤。显然这里又是独行盐币。上述地区均不产盐，其使用的盐（不论是食用的还是作为支付手段流通的）均系外地运来的井盐，故而盐在这里是十分贵重的物

① 参见《正德志》卷10《武定军民府·风俗》；《景泰云南图经志书》卷3《镇沅府·井泉》，卷4《楚雄府》，卷5《丽江府·兰州》。
② [德]马克思：《资本论》第1卷，人民出版社2018年版，第109页。
③ 康熙《元江府志》卷1，"风俗"条。
④ 康熙《广西府志》卷3，"市肆"条。
⑤ 雍正《临安府志》卷7，"风俗"条。

品，以其为币，正体现了"作为一种分离出来的特殊商品的商品交换价值，就是货币"①。

清代流通盐币的地区与元、明两代相比，有一些空间上的差异。元、明时期盐币多行在盐产区或僻远之地，清代则有了不同，流通盐币的地区已多限于边远的民族地区，而盐产地则行盐币的情况大为减少。这无疑与明后期云南食盐课税改征白银，从而正式结束实物盐征收有关。

以盐为币的历史，其下限虽比贝币漫长，但它始终只在局部，并非在全省市场上充当商品的交换媒介。虽然它存在和活动的地区各朝稍有不同，但始终发生于经济发展相对较落后的地区（既包括地处僻运、食盐运输不易的民族地区，又包括一些产盐而商品经济发展水平低的地区）。不可否认，盐币在表明使用地区的商品经济发展形态低下的同时，也显示了货币经济在这些地区的发生和发展。

此外，有一点必须说明，在盐、贝并行的空间里，盐币只不过是贝币的一种补充，而且这种补充也仅仅限于那些经济发展相对落后的狭窄地域内。

（三）盐币能够流通的原因探析

为什么云南在这么长的历史时期里一直能够流通盐币呢？这自然与云南的经济发展状况有关：云南商品经济的发展比中原地区缓慢，且本省地区间经济发展水平又极不平衡。而处于经济发展不同的阶段，就必须有与之相适应的商品交换形式和货币形态。

由于地形的限制，落后、分散、相对闭塞是古代云南社会经济发展面貌的主要特征，同时也造成了云南地区间经济发展的不平衡。一些政治中心城市、交通要冲、矿盐产区等相对而言有优势的地区其经济发展较高，而一些僻远之地和民族地区其经济发展水平则较低。

以其行使区而言，清代②与明代③在空间有不同，而且这种不同

---

① ［德］马克思：《政治经济学批判》第 1 卷，人民出版社 1976 年版，第 33 页。

② 清代盐币在元江府、广西府、临安府有流通。

③ 盐币在明代的流通情况可参见《正德志》卷 10《武定军民府·风俗》；《景泰云南图经志书》卷 3《镇沅府·井泉》，卷 4《楚雄府》，卷 5《丽江府·兰州》。

可以说表现为旧空间的丧失和新空间的出现。又如民国时期的昭通、丽江、玉溪、楚雄、曲靖、宜良、蒙自、宁洱等地有些地方仍然用盐进行交易①。但是，不管哪个时期的盐币流通区，都是一些交通不便、经济发展缓慢的地区。由于这些地区物物交换甚为普遍，盐币在这里较适合经济发展落后的商品交换。也就是说，这些地区的商品经济发展程度与其所选用的货币材料具有一致性。

盐币之所以在一些边远的少数民族地区长期流通，无疑与这些地区极度缺乏食盐有着莫大的关系。云南盐井的分布有着自己的格局，相对来说还是集中在滇中、滇西、滇南的一些地区。云南由于受地理条件的限制，水运极少，陆运又多艰险，运费高昂；加之云南煎盐多用柴薪，成本较高，故而食盐的远距离运输遇到了许多困难。特别是边远的少数民族地区，经常出现淡盐现象。由于食盐是人们生活中必不可少的日用品，因而食盐在这里便成为极其珍贵的商品。在这里，食盐不仅食用，而且因其人人都需要，可以以其交换到别的产品，这无疑就使得在这里流通的食盐具有了充当一般等价物的职能。毋庸置疑，这一点正是盐币能够在这些地区流通的根本原因。

盐币能够在一些边远少数民族地区流通，还与盐商、盐贩为追求厚利不惜长途跋涉运送盐块有关。从史料来看，每八十盐块的价值等于黄金一萨觉②（这是在一些交通较便利或离盐井较近地区的比价）。当然，如果商人运盐币到山中僻野之处，则每金一萨觉可值盐块六十、五十甚至四十。③ 其交换比价视当地居民的远近而异，那些距城越远而不能常售卖其黄金之地，则盐块价值越重。即使如此，当地的采金之人也能获利。而对于商人而言，则获利更大，因为本地居民用此盐币为食用，视其为必需品，宁可一再降低其黄金价值也要交换盐币。

盐币能够在一些食盐产地流通，这是可以理解的。这与元代在全

---

① 参见《云南近代货币史资料汇编》三（五）"解放后对云南全省物物交换现象的调查"，中国人民银行云南省分行金融研究所编印，第388—389页。

② 《马可波罗行纪》第116章《建都州》，第282页。

③ 《马可波罗行纪》第116章《建都州》，第283页。

国通行纸币，明令严禁金银的流通，而云南却在一些金银产区以金银作为流通中的支付手段①有类同的道理。这些地区由于产盐，因而食盐慢慢成为通用性很强的一种特殊商品，这时，食盐便自然成了与各种货物交换的价值尺度的最佳选择，从而充当了一般等价物。在这些地区，盐成为一般等价物后，代替钱币行使和流通。这也就不难理解清代云南推行金属货币，而在一些盐产区仍流通盐币的原因了。

总之，盐币在一定时期内的部分地区流通，归根结底，还是这些地区商品经济发展水平较低的原因。盐币对于这些地区的居民而言，是日常生活必需品，得者随时食用，是以其使用价值作一般等价物的，因而其重要性在某种程度上超过了其他形态的货币。所以，在连贝币都一时因交通等困难而不能流通的僻远地区，食盐以其不可取代的使用价值充当了一般等价物。

有什么样的商品经济，就有什么样的交换方式，也就有与之相适应的货币形态。在封闭僻远地区，其商品经济的发展程度只达到物物交换的阶段，故而其相应的货币形态只能是实物质地的、低级的、原始的。盐币行使的区域基本如此，这些地区内的货币经济也如此，因而其流通的货币只能确定在带有实物印痕并具有一定通用意义的盐这一币材上。

不可否认，盐币在一定范围内的经济交流中起着客观的积极作用。在这些地区，盐被当作货币而不是当作单纯的实物使用，维持着该地区交换活动的缓慢发展。盐币的流通并没有阻碍商品经济的发展，相反，它等待的却是商品经济的冲击和货币经济的发展，是更高层次上对自己的否定——金属货币化。

（四）云南以食盐为实物货币的历史自唐代延续至近代

以盐为币的历史，其下限虽比贝币漫长，但它始终发生于经济发展相对较落后的局部地区，并非全省性市场上充当商品的媒介。而云南地区间经济发展水平的不平衡与食盐具有广泛的社会需求这两点无

---

① 参见赵小平《试论元代云南金银货币与实物货币的流通》，《中国边疆史地研究》2013 年第 1 期。

疑是盐币长期流通的最主要原因。

综上所述，滇盐是以商品和货币两个方面介入云南地方经济生活的，这无疑是其一大特色。与中国几大海盐产区及四川井盐区相比，滇盐的产量和其在全国的地位都处于弱势①，其煎盐费用大、运盐费用高的实情又使其在与他盐的竞争中常处于不利的地位。但是，滇盐在云南社会生活中所扮演的双重角色，却是他省食盐无法比拟的②。因此，滇盐在云南商品经济发展中的历史作用及其在这一过程中所扮演的实物货币这一特殊角色，是值得我们认真研究的。

可以说，盐在历史上的货币化，是构成云南货币经济的一个重要的内容。作为一般等价物，盐币尚处于原始的货币阶段。但有一点可以肯定，滇盐与云南商品货币经济的发展关系极为密切，它既反映了一部分地区商品经济的发展程度，同时又使这些地区的社会经济得以保持和发展。

当然，正如林文勋先生所说，"与缯帛一样，食盐最初也是一种手工业产品。作为货币，它同样经历了产品到商品再到货币的发展演变过程"③。在中国古代，食盐是最为大宗的商品之一，社会上对它有着极大的需求。《管子》卷二二《海王》说："十口之家，十人食盐；百口之家，百人食盐。"《汉书》卷二四下《食货下》说：盐"非编户齐民所能家作，必卬（仰）于市，虽贵数倍，不得不买"。正是由于食盐具有着这种广泛的社会需求，不同的阶层、不同的家庭都很需要它，于是人们在进行商品交换时，为尽快达成交易，就把自己的商品先交换成食盐，然后再用食盐交换自己所需要的东西。食盐成了完成商品交换的桥梁。久而久之，这种交换活动变成了一种经常

---

① 根据《中国盐政实录》第 4 辑上册，表 3 - 5 "中国各区盐产量统计表（1927—1937）"中 1927 年数据：两淮盐产量 10284 千担，四川 8241 千担，山东 7807 千担，辽宁（东三省）5425 千担，长芦 5023 千担，两浙 4815 千担，两广 2939 千担，福建 2648 千担，河东 1474 千担，云南 636 千担。云南盐产量排在全国第十位。参见丁长清、唐仁粤主编《中国盐业史·近代当代编》，人民出版社 1999 年版，第 128 页。
② 参见赵小平《历史时期云南盐币流通探析》，《盐业史研究》2007 年第 2 期。
③ 林文勋：《南诏货币流通分析》，《云南社会科学》1999 年第 1 期。

性的商品习惯，最终食盐从商品交换中分离出来充当了货币①。

三　滇盐与商品经济的发展

中国盐产地较多，食盐的种类也不少，然而生产井盐的主要是四川与云南②。

云南食盐，其产量虽居全国第十，为中国较大的盐产区，然其行销区仅限本省，且常供不应求。食盐的几度紧缺，曾经多次引发"要不要借食他盐"的争论，由于滇盐成本高、价格昂贵，且质量上无法与海盐和川盐竞争，故而在借食他盐方面云南地方政府一直持比较谨慎的态度。虽然滇盐在全国的地位不是很突出，然而，滇盐在云南商品经济发展中的历史作用及其在这一过程中所扮演的特殊角色，则是值得我们认真研究的。

（一）滇盐与市场的发展

从汉设盐官③专理盐法榷税可以推知，食盐作为单独的生产门类于此时已形成。南诏时"安宁城中皆石盐井，深八尺。升麻、通海以来，皆食安宁井盐"④，这无疑是食盐与市场紧密联系的结果。元代，食盐已普遍作为商品投放市场进行交换，马可·波罗对此做了明确记载："哈剌章州……其地有盐井而取盐其中，其地之人皆恃此盐为活。"⑤ 这描述的无疑是生产者通过交换而得到生活资料的事实。清代，"云南各井盐斤改为灶煎灶卖，民运民销"⑥。

食盐是一种特殊商品，有其本身固有的商品特性，它直接参与了云南的商品经济活动。由于其具有使用价值，因而与社会的交换活动

---

① 孙仲文主编，云南省钱币学会编：《云南货币简史》，云南民族出版社 2002 年版，第 55 页。

② 曾仰丰《中国盐政史》曰："中国产盐区域……于井盐者为区二，曰四川、曰云南，均经设有场区。至若新疆、蒙古、西藏，则池盐井盐岩盐，所在多有。"商务印书馆 1984 年版，第 56 页。

③ 《新纂云南通志》卷 147，盐务考一，沿革一，汉，第 143 页。

④ 《新纂云南通志》卷 147，盐务考一，沿革一，唐，第 145 页。

⑤ 《马可波罗行纪》第 117 章《哈剌章州》，第 286 页。

⑥ 《新纂云南通志》卷 147，盐务考一，沿革一，清一，第 156 页。

密不可分，并在交换中显示了其在人民物质生活中的重要作用。当然，作为商品，人们要获得它，就必须以自己的劳动物或货币来进行交换。因此，相互的交换，乃是食盐能够投放市场，并作为贸易对象的必要条件。

食盐为社会性生产，其生产的目的，并非只是解决生产者及其家庭的消费问题。灶户生产，"他不仅要生产使用价值，而且为别人生产使用价值，即生产社会的使用价值"①，而食盐生产者借生产成品以取得其他生活资料，并与其他商品拥有者互通有无，相得益彰。

食盐作为贸易对象，商贩是其媒介。清代云南食盐运销循明代旧制，给票运盐，不行部引，"惟滇省山多路窄，不通舟楫，小民运销井盐，肩背马驮，领买大票者，分起行走，参前落后，每至卡隘盘验，难以计票点盐，夹带影射多由此出"②。可见，商人是按市场行情和动力酌额运销的，而且商、灶密切联系，供需直接挂钩，盐商成为产地与市场间的纽带。事实上，盐商在交换方式的进行中充当了两方面的角色：一方面滇盐买卖通过盐商与市场进行沟通；另一方面盐产地生活资料的取得也由商人贩运至井地进行交换。

食盐的买卖离不开市场，因而"盐市"应运而生。事实上，明嘉靖年间大理府白盐井开设盐市③，就标志着云南专业性食盐市场的正式出现。黑盐井、琅盐井、阿陋井、磨黑井等较大的盐井区均先后出现了以食盐贸易为主的市场。至于僻远的民族地区，小商贩多负盐前往销售。史载维西怒族地区无盐，却有中药黄连，所以"内地夷人（此指纳西族人）多负盐至其地交易"④。此为余庆远于清乾隆三十四年（1769）从乃兄余庆长官丽江府通判至维西时所记，故其所记多近事实。无疑食盐市场已延伸至边疆民族地区。市场是商品活动的舞

---

① ［德］马克思、恩格斯：《马克思恩格斯全集》第23卷，中共中央马克思恩格斯列宁斯大林著作编译局译，人民出版社1972年版，第54页。

② 《新纂云南通志》卷149，盐务考三，运销，照票。第216页。

③ 参见嘉靖《大理府志》卷2《地理志·市肆》。

④ （清）余庆远《维西见闻记》"夷人·怒子"条。参见方国瑜主编《云南史料丛刊》第12卷，云南大学出版社2001年版，第65页。

台，一切商品的价值实现，都视市场的交换为前提。滇盐是社会性商品，它既要以市场为联系全社会的通道，又要在市场上才能取得社会的认同。

（二）滇盐促进了交通与市镇的发展

首先，盐业发展对云南交通事业的促进作用是极为明显的。云南山路崎岖，极少水运，因而以马帮为主的陆路运输成为主力。马帮在云南与中原内地的经济交往及其在云南对外贸易中的地位应当被高度重视，其足迹甚至踏遍了东南亚许多国家和地区①，使历史上早已形成的"南方丝绸之路"② 更加繁荣。其作用犹如阿拉伯商人在东西方经济交流中那样重要。虽然清代云南马帮的高度兴盛更主要是源于这一时期铜、锡、茶这些大宗商品的大规模生产，但是，云南马帮早在清代以前就已兴起，即使清后期铜、锡生产日渐衰败时马帮运输业仍较为兴盛，这无疑是与大宗稳定的盐运分不开的。

其次，清代滇盐以商品交换的方式在盐产区影响了一些工商市镇的发生和发展，如黑盐井镇、白盐井镇、乔后井镇③。这类市镇由于其形成原因主要是经济因素，因而比那些政治性城市更显得富有活力。而这无疑是滇盐所产生的经济硕果。对于滇盐与市镇之间关系问题，将在后面专门论述。

（三）滇盐丰富了云南的货币体系

至于盐在历史上的货币化，则是构成云南货币经济的一个重要的内容。作为一般等价物，盐币尚处于原始的货币阶段。但有一点可以肯定，滇盐与云南商品货币经济的关系极为密切，它既反映了一部分地区商品经济的发展程度，同时又使这些地区的社会经济得以保持和发展。

---

① 陆韧在《云南对外交通史》认为，近代云南马帮运输有三大干线，即迤东线、迤西线、迤南线。其中，迤西线包含昆明到达缅甸的八莫的干道，而昆明至巴安与昆明至车里两条干道相连，出国境后通往缅甸、泰国、老挝和越南。云南民族出版社1997年版，第379—382页。
② 林文勋先生认为"西南丝绸之路"更准确地说应当是一条"贝币之路"。参见林文勋《钱币之路：沟通中外关系的桥梁和纽带》，《思想战线》1999年第5期。
③ 参见赵小平《清代以来云南主要矿业城市的发展研究——以因锡矿、铜矿、盐矿开采而形成的城市为例》，载《经济史论丛》第2辑，中国经济出版社2007年版，第97—110页。

当然，与贝币的流通历史相比，盐币开始进入流通领域的上限较贝币晚一些①，而其下限却比贝币的流通为长②。

还有一点需要说明，云南少数民族地区和一些盐产区流通实物货币——盐币，我们不能因其是实物货币而断言这些地区的商品经济毫无发展。事实上，盐币的流通，在特定的地区维持着交换活动的缓慢然而却不停息的发展进程，使这些地区不致出现退回到使用不固定等价物的阶段，这在客观上本身就反映了这些地区商品经济的发生和发展。

第二节　滇盐与云南市镇的发展

食盐上关国计，下系民生。既是古代国家重要的战略资源，又与百姓的日常生活息息相关。盐在生产、运销的历史进程中，不但开拓了南来北往的水陆盐运道，带动了沿线地区的经济社会繁荣，而且促进了一些沿线市镇的发展。与此同时，在一些盐产地也形成了市镇，云南也不例外。在云南悠久的产盐历史长河中，形成了一批因盐而兴的市镇，这些市镇的形成不但与盐关系密切，其后的发展也与盐的兴衰休戚相关：一方面，盐业生产影响到本地区生产结构的同时，还影响到市镇的繁荣、市镇文化的内涵；另一方面，盐业生产对本地区的生态变迁也造成一定程度的影响。可以说，这些市镇因盐而兴，又因盐而衰。因此，深入探讨这类市镇的形成因素，分析其在历史发展进程中的演变轨迹，寻找资源型市镇的发展机理，无疑是值得研究的课题。

---

① 云南用贝作货币的时代可以追溯到春秋战国时期（林文勋认为"与丝绸的流通形成鲜明对比，在西南经云南腹地通向东南亚、南亚的对外通道上，东南亚、南亚的海贝却很早就大量流入云南。其流入时间，最迟自春秋战国起"。参见林文勋《"见币之路"及其在云南边疆史研究中的意义》，《中国边疆史地研究》2013 年第 1 期）；用盐币的历史最迟可以定在唐代（樊绰《云南志》卷 7《云南管内物产》说："颗盐每颗约一两二两，有交易即以颗计之"）。

② 清初云南"废贝行钱"，贝币正式退出云南流通领域。而以盐作为货币，在民国时期的云南部分地区仍然存在。参见方国瑜《云南用贝作货币的时代及贝的来源》（附"云南用盐块代钱的记载"），《云南社会科学》1981 年第 1 期。

一　盐与云南市镇的命名

（一）因盐而名的市镇

云南有悠久的产盐历史，西汉时期在今安宁地区就已经设有盐官。经过后世的开发，特别是经清代的大规模开采，最终形成了滇中、滇西、滇南三片区生产格局。随着盐业的不断发展，一些盐产区逐渐形成了市镇。盐作为一种元素，已经深深地渗入到这些市镇的经济、文化发展进程中，甚至直接影响一些市镇的命名。

黑井镇。黑井镇位于云南省禄丰县西北部，地处龙川江中游河谷地带，属于构造峡谷地貌。黑井镇是云南省首批三大历史文化名镇之一，产盐历史悠久，黑井镇因盐得名，因盐设县。史料记载："中生代时黑井是一片咸水湖，新生代时沉为岩盐，远古时盐水自溢于地表。距今4000年前，彝族先民已取溢于地表盐水食用。"[1] 黑井盐卤正式开采于南诏时期，关于黑牛盐井的来历，有三种不同的说法，一是"周宣王时，天竺摩耶提国阿育王，有神明大士者，能知盐泉，王命开之，当骑青牛随一犬色白"；二是"蒙氏时，杨波远骑青牛，号神明大士，能知盐泉，黑井波远所开"[2]；三是"唐有李阿召者，牧黑牛饮于池，肥泽异常。迹之，池水皆卤泉，报蒙诏，开黑井"[3]。前两种说法带有很强的传奇色彩，第三种说法与黑牛盐井其名较为相符并被后世广为流传。另外，据学者黄培林、钟长永结合不同史料考证："唐代盐泉县以盐为名，地理位置在今黑井，也就是唐代黑井已开，且有井名。"[4] 可见，唐代黑井又有"盐泉"之称，而盐泉县就位于今禄丰县黑井区。历经发展，至民国二年（1913），政府将产盐

---

① 云南省禄丰县地方志编纂委员会：《禄丰县志》，云南人民出版社1997年版，第179页。

② （清）沈懋价等修纂：（康熙）《黑盐井志》，云南省图书馆传抄北京图书馆藏康熙四十九年（1710）刻本。参见李希林主点校《康熙黑盐井志》，云南大学出版社2003年版，第22页。

③ 《新纂云南通志》卷147，盐务考一。参见李春龙主点校《新纂云南通志》第7册，第145页。

④ 黄培林、钟长永主编：《滇盐史论》，四川人民出版社1997年版，第24—25页。

的黑盐井、琅盐井和元永井、阿陋井合并，设盐兴县，县治位于今黑盐井镇；1958 年，盐兴县撤销，并入广通县；1960 年，广通县裁撤，并入禄丰县；1984 年又复称黑井区；1987 年撤区改设黑井镇。

石羊镇。石羊镇与黑井镇一样，也是云南省著名的历史文化古镇。位于云南省大姚县西南部，地处金沙江支流——渔江流域，属于半山区。石羊镇也是一个因盐而得名的古镇，旧时称白盐井。石羊之名即据传说中因羊发现盐卤而得名。据《新纂云南通志》记载："蒙氏时，有女牧羊于此，一羝舐土，驱之不去，掘地得卤泉。因名白羊井，后讹为白盐井。"① 随着石羊镇盐业生产规模不断扩大（包括五福井、观音井、白石谷、安丰井、石羊东南五处盐泉所在地②），至民国元年（1912），在此设盐丰县，石羊镇成为县治所在地。1958 年随盐丰县并入大姚县；1988 年又恢复为石羊镇。

盐津县。盐津县位于云南省昭通市东北部，地处横江流域下段，自古以来是中原入滇的要隘之地。《华阳国志》云："南广县。汉武帝太初元年（前104）置，有盐官。"③ 方国瑜先生认为此盐官就设于今盐津县。④ 民国六年（1917）正式命名为盐津县，其名称由来在一定程度上与盐有关。据《云南地名探源》记载：盐津县名来自盐井渡名，"因其地产盐，古时掘井五尺深可取盐水，故名盐井坝；又因地当川滇水陆交通要道……1917 年析大关县置盐津县"⑤。可见，盐津县因曾拥有盐井产盐并设渡汛而得名。

再如滇南宁洱县的磨黑镇，素有"滇南盐都"之称。从字面上来看，"磨黑"似乎与盐没有关系，但是据学者黄培林考证："傣语'磨'就是井，'黑'是'格'之变音即盐，意为盐井。"⑥

可以看出，随着历史上云南盐业的发展，出现了一批以盐命名的

---

① 《新纂云南通志》卷 147，盐务考一。参见李春龙主点校《新纂云南通志》第 7 册，第 145 页。

② 《云南省志》卷 19《盐业志》，第 82 页。

③ （晋）常璩：《华阳国志》卷 4，巴蜀书社 1984 年版，第 423—424 页。

④ 黄培林、钟长永主编：《滇盐史论》，四川人民出版社 1997 年版，第 21 页。

⑤ 吴光范：《云南地名探源》，云南人民出版社 1988 年版，第 14 页。

⑥ 黄培林：《云南盐史概说》，《盐业史研究》1996 年第 3 期。

市镇，盐在这些市镇形成的过程中扮演着十分重要的角色，不但影响到市镇的经济、文化发展，甚至关系到其地位的变化。

（二）从市镇命名来看盐在市镇形成过程中的影响

一般来说，市镇的形成会受到地理环境、自然物产、交通运输、社会文化等诸多因素的影响，因此，不同市镇的功能和结构也不尽相同，有些是政治职能更为突出的中心市镇，有些是以险要著称的军事型市镇，有些是依赖某种特殊产业而发展起来的工商业市镇。通常而言，工商业市镇的形成有其共同的特点，即生产的单一性使它们成为或铜、或锡、或盐、或其他重要商品的产地，而在物质生活资料方面却需要以产品与外界沟通，以求所缺物资；与此同时，此类生产基地又因其巨大的发展潜力而吸引着各类人的关注，大批移民至此从事开采事业，商贩们前往产地并带来各地所产之物在此进行交换，从而形成固定的商品市场，使得生产和消费同在生产基地得到发展。这些地区既是商品的生产基地，又是消费品的购买地，随着人口逐渐密集，工商业市镇便应运而生了。正如一些学者所言："中国古代城市的兴起是同手工业和商业的发展分不开的。"①

黑井镇在历史上是一个典型的因盐而兴的工矿城镇，其形成全因产盐，其发展全赖食盐。《滇南志略》中记载："民皆煮卤代耕，男不未耜，女不杼轴；富者出资，贫者食力，胥仰食于井。"②当地的自然条件极大地限制了黑井地区农业的发展，惟盐卤资源丰富，人民只得依靠卤水维系日常生活。随着黑井地区盐卤的不断开发，丰富的盐卤资源和盐产品吸引了各地商民来此，无论当地居民还是外来人口，无不依井而生：有汲卤的，有采薪的，有煎盐的，有贩盐的，等等。"因利所以聚人，因人所以成邑"③，越来越多的人前来经商贩运，促进了当地市场的繁荣。可见，当初黑井乃弹丸之地，且地处深山峡谷之中，既非政治中心和军事要冲，也非商贾往来的必经之地，但却能逐渐发

---

① 郑昌淦：《关于中国古代城市兴起和发展的概况》，《教学与研究》1962 年第 2 期。

② 《滇南志略》卷 5。参见方国瑜主编《云南史料丛刊》第 13 卷，云南大学出版社 2001 年版，第 337 页。

③ （宋）李昉：《太平广记》卷 399，水（井附），盐井。

展成为一个市镇，甚至在民国时期成为盐兴县的治所之地，皆因食盐。

石羊镇的形成发展与黑井镇比较相似，历史上也长期以盐为主要产业。《白盐井志》云："人以煎盐为务，办课甲于滇省，所食米粮全赖运。"[①]"人以煎盐为务"，表明石羊地区的人民大多参与盐产或盐销；"所食米粮全赖运"，说明井地居民常以盐与外界沟通，换取生活物资。随着盐业的逐步发展和不断扩大，盐井店铺增多，盐产地的商业功能扩大。至清时，石羊集市已经成为附近规模较大的商品市场，并发展成当地重要的集市贸易中心。白井盐造就了石羊镇，并与其之后的发展密切相关。赵淳作《续白盐井志》序言时曾说："盖其地以盐名，学以盐闻，凡兹一切兴建文物之得比于州郡者，皆以盐故"，民国初年在此地设置盐丰县，无疑向后人昭示白井盐对石羊市镇的形成有着决定性影响。

又如一平浪镇，历史上虽非产盐之地，但在20世纪30年代能够从之前只有几户人家的小彝村，逐渐形成为工矿城镇，不能说与盐毫无关系。民国二十一年（1932），时任云南盐运使的张冲计划在一平浪地区开采煤矿，利用地势落差，引距离一平浪北侧20公里外元永井的卤水，实行"移卤就煤"工程。1938年，工程完成后，在一平浪地区建成了一平浪制盐场。此后，随着盐、煤的发展，一平浪逐步形成了工矿城镇。可以说，一平浪镇虽不是因盐而名的市镇，但却可以说是因盐而兴的市镇。

盐产地演变为工商业市镇，是滇盐发展进程中产生的经济硕果。其中，一些以盐命名的市镇，更是凸显了盐在市镇形成过程中扮演了举足轻重的角色。这些因盐而兴的市镇，不但有着不同于其他工商业市镇的特点，而且在这些市镇形成之后的发展过程中，滇盐仍产生着深远的影响。

二 盐与市镇的产业结构

（一）盐业市镇的产业结构

盐业市镇在其形成后，盐仍是影响市镇各个方面的主要因素。其

---

① （清）刘邦瑞：《白盐井志》卷7，台北：成文出版社1967年版，第176页。

中，对盐业市镇经济发展的重要影响就是使其形成了独具特色的产业结构。

史载："云南盐井四十余所，惟姚州白井，威楚黑井最佳。"① 黑、白二井既是云南所有盐井中最好的，盐对所在地区产业结构的影响也最具代表性。因而对这两处盐产地的产业结构进行探讨是很有必要的。

黑井地区从盐井开采之初，就形成了"以卤代耕"的产业结构。《黑盐井志》云："楚雄黑井……男不耕女不织，饮食日用视其井水煮以为盐，上以输课，下以资身。"② "男不耕女不织"，说明本地区男子不以耕种为业，女子不以纺织为事，这与传统的"男耕女织"型生产结构截然不同。那么，这一地区形成的是哪种产业结构呢？"饮食日用视其井水煮以为盐，上以输课，下以资身"，毫无疑问，黑井地区民众以盐为主业，并以所产之盐换取其他生产、生活所需之物。其地所征主税，并非田赋，而是盐课。其家庭所需，皆赖盐业收入支出。因此，黑井地区是以盐为主导的产业结构。中华人民共和国成立后，随着社会的变迁，黑井地区从事农业的人口逐渐增多，黑井区逐渐转型成为以农业、经济林果、畜牧业协同发展的生产格局。加之个体私营经济日趋活跃，集市贸易繁荣，交通运输事业也不断发展，可以说，一个立足山区河谷地区资源优势、依托公路铁路便捷交通的新型经济格局正在形成之中③。

石羊地区自盐卤开发以来，也形成了以盐业为主导的产业结构。据《续修白盐井志》记载，石羊地区"惟以卤代耕，不务农业。士之外，多有从公为盐务司事以谋薪水者。其余或为售盐商贩，或为担汲卤夫"④。"惟以卤代耕，不务农业"，说明井区人民基本不从事农

---

① 《圣朝混一方舆胜览》中卷，书目文献出版社，第84页。

② （清）沈懋价等修纂：（康熙）《黑盐井志》，云南省图书馆传抄北京图书馆藏康熙四十九年（1710）刻本。参见李希林主点校《康熙黑盐井志》，云南大学出版社2003年版，第115页。

③ 《楚雄州盐业志》编纂委员会编：《楚雄州盐业志》，云南民族出版社2001年版，第291页。

④ （清）李训鋐、罗其泽纂修：光绪《续修白盐井志》。

业，盐业成为本地区的主导产业；普通百姓或为盐务司事，或为售盐商贩，或为担汲卤夫，皆依靠盐来谋求生活。中华人民共和国成立后，随着社会发展和产业的调整，石羊地区经济转型为以农业为主、畜牧业和经济作物种植为辅的产业结构。

（二）盐对市镇产业结构的影响

盐业市镇是盐业生产和商品交易共同推动的产物。云南盐业生产历史悠久，明清时日益繁荣，特别是清代的大规模开发盐井，云南形成了以黑井、白井和磨黑井为代表的滇中、滇西及滇南三大盐产区格局。蓬勃发展的盐业不仅带动了当地经济的发展，更是对盐业市镇的产业结构产生了重要影响。

黑井位于龙川江中游河谷地带，"井地僻处一隅，深山大泽，复谷重岭，上则至天，下则入地"①。全境为山区、半山区及河谷地区，险峻的自然条件使得黑井地区耕地面积狭小，当地农业无法充分发展，但复杂的地理环境却孕育着丰富的盐卤资源。当地智慧的先民很早就懂得依靠煮卤制盐同外界交换生产生活用品，如《黑盐井志》云："楚雄黑井，蕞尔之地，又在深山大泽之中，男不耕女不织，饮食日用视其井水煮以为盐，上以输课，下以资身。"② 与传统社会男耕女织、自给自足的小农经济模式不同，当地人民每日汲卤煎盐，以盐课代替田赋，以盐产品换取日常生活用品。在这种情况下，黑井地区形成了"以卤代耕"的特殊生产结构。然而，中国古代农业生产条件恶劣的地方不仅仅是黑井一处，为何黑井地区会形成"以卤代耕"的生产结构呢？原因很简单，因为黑井地区拥有其他地区无法比拟的丰富的盐卤资源。如果黑井没有这些盐卤资源的话，黑井可能在相当长的历史时期内仍是一个贫穷落后的小村落。又或者当地盐卤资源没有现实中那么丰富，那么也不可能吸引各地商民来此进行贸易，黑井地区居民也很难完全依靠煎盐"上以输课，下以资身"，同时也

---

① （清）沈懋价等修纂：（康熙）《黑盐井志》，云南省图书馆传抄北京图书馆藏康熙四十九年（1710）刻本。参见李希林主点校《康熙黑盐井志》，第23页。
② （清）沈懋价等修纂：（康熙）《黑盐井志》，云南省图书馆传抄北京图书馆藏康熙四十九年（1710）刻本。参见李希林主点校《康熙黑盐井志》，第115页。

就不会形成"以卤代耕"的生产格局。所以说,黑井地区丰富的盐卤资源是本地区形成"以卤代耕"生产结构的主要原因。

事实上,明清时期有关黑井地区农业方面的记载很难查获,《黑盐井志》中有这样一段记载:"布帛、菽粟,且仰给于他所。盖盐之外,无产也。"[1] 我们知道,粮食和布帛是传统小农经济中最基本的两种要素,而黑井地区"且仰给于他所","盖盐之外,无产也",这些记载正好说明了明清时期黑井地区盐产丰富,农产缺乏,从而形成了典型的"以卤代耕"生产结构。民国时期,黑井镇成为盐兴县的治所所在,我们可以从当时盐兴县的农业状况来旁证黑井地区的产业结构。民国八年(1919),盐兴县总人口23780人,从事农业生产的人口为775户,以每户5人计算,共3875人,农业人口占总人口约16%,耕地面积2013亩,平均一人不到一亩;而与盐兴县相邻的广通县,总人口5746户,农业人口5400户,农业人口占总人口比例达到94%,耕地面积58900亩。可见,盐兴县从事农业的人口数及比例远远低于相临的广通县,且盐兴县不仅包括黑井区,还包括琅井区、阿陋井区、猴井区等,所以黑井区从事农业的人口更少[2]。盐兴县人均年产稻谷0.04石、豆类0.003石、麦子0.003石[3],而同年,黑井年产盐量达78743石[4]。可见,民国时期黑井地区盐产量远远大于农产品量,因而丰富的盐产仍然能够维持本地区"以卤代耕"的产业结构。

再看石羊镇。石羊旧称白盐井,因当地白盐井的开发而得名。石羊镇地处金沙江支流——泡江流域,境内多山地,属于半山区。石羊地区历史上长期以煎盐为主要产业,早在西汉时期,石羊先民已陆续开发露天盐泉,熬卤制盐自食或与附近地区进行交换。随着盐卤资源的不断开发,石羊地区也形成"以卤代耕"的产业结构。《续修白盐井志》

---

① (清)沈懋价等修纂:(康熙)《黑盐井志》,云南省图书馆传抄北京图书馆藏康熙四十九年(1710)刻本。参见李希林主点校《康熙黑盐井志》,第24页。

② 郑凡主编:《沧桑小镇黑井村》,社会科学文献出版社2008年版,第54页。

③ 郑凡主编:《沧桑小镇黑井村》,第56页。

④ 《续云南通志长编》中册,第1152页。

载："惟以卤代耕，不务农业。士之外，多有从公为盐务司事以谋薪水者。其余或为售盐商贩，或为担汲卤夫。"① 从史料记载可以看出，历史上石羊居民基本不从事农业，普通百姓大多从事的是与盐相关的行业。《白盐井志》亦云："人以煎盐为业，办课甲于滇省，所食米粮全赖运。"② 无疑这一地区以食盐生产为主要业务，人人均以煎盐为业，其他生活资料都需要靠外地运入，并以盐相易。因此，正是由于有丰硕的盐卤资源，其地生产自然紧紧围绕盐业而开展，当地民众才可以不务农业，出现"以卤代耕"生产格局也就是顺理成章了。

清代是石羊盐业发展的鼎盛时期。据有关学者考证，道光年间，石羊盐区"有盐、粮、器具等类交易和各种饮食服务业，形成天天集市的繁荣景象。其中，食盐销售是集市的主要商品。到清末民国初期，每天进出盐区的马匹达四五百匹，商贩二三百人。商人、马帮大都为买盐而来，每天盐仓前挤满了盐商、挑夫、牲口，购买批发食盐后，源源不断运往各地"③。石羊地区丰富的盐卤资源吸引了各地商民前来贸易，食盐成为贸易中的主要商品，说明当地民众仍然以盐业为重，"以卤代耕"仍然是当地生产结构的独特特征。

三 盐矿开采与市镇周边生态环境的变迁
（一）盐矿开采与生态环境的变化

盐矿同其他矿产资源一样，大规模开采固然对当地经济的发展有极大的刺激作用，但势必会对市镇周边的生态环境造成一定的影响。历史上有关食盐的生产方式无外乎煎、晒两种，"其制法，海盐有煎有晒，池盐皆晒，井盐皆煎"④。云南历来是井盐产区，境内各井"煎盐无煤炭、无荡草，全以木柴供烧"⑤。木柴无疑是云南煎盐所需

---

① （清）李训鋐、罗其泽纂修：光绪《续修白盐井志》。
② （清）刘邦瑞：《白盐井志》卷7，台北：成文出版社1967年版，第176页。
③ 《楚雄州盐业志》，第278页。
④ （清）赵尔巽等撰：《清史稿》第13册卷123，食货志四，中华书局1976年版，第2604页。
⑤ （清）王守基：《盐法议略》，中华书局1991年版，第80页。

的主要燃料，直到 20 世纪 30 年代后期，一平浪盐场才第一次出现以煤煎盐的情况。换言之，盐业生产规模越大，对薪柴的需求量也愈发增加，导致井场附近山林长期过量砍伐，无法恢复自然生态，童山[①]渐多。

　　黑井向来以柴薪为燃料煎制食盐，基本每煎盐百斤需要耗柴薪三百斤[②]，煎盐所需的柴薪主要是从盐场周边的山林砍伐获取。随着黑井盐产量的不断增长，每年需要消耗的柴薪量也日益增加。乾隆初年，黑井地区每年煎盐约 978 万斤[③]，日产盐约 2.7 万斤，则每天煎盐所要消耗的柴薪 8 万余斤。巨大的耗柴量使得黑井地区周围的山林被砍伐一空，乾隆四年（1739）上谕中就提到黑、白、琅等盐井，"近年以来，童山渐多，薪价日贵"[④] 的问题。民国时期，黑井每年盐产量平均维持在 900 万斤[⑤]左右，每天消耗的柴薪达 7 万多斤。可见，黑井地区盐业繁荣景象的背后，是大片森林植被被消耗，日积月累地过量砍伐使得黑井地区方圆数十里范围内都成了荒山秃岭。即使今天，整个黑井镇仍"森林覆盖率不足 1%，现存主要植被为南亚热带干旱稀树灌丛草地，总盖率 30%—40%。部分植被破坏较严重的地段已退化为稀草草坡，总盖度不足 5%"[⑥]。森林植被能有效地涵蓄雨水，保护土壤不被雨水冲刷，在很大程度上可以减少山洪、泥石流、滑坡等自然灾害对人类生命财产安全的危害。然而，由于传统盐业生产技术落后，古人又缺乏环保意识，人们只看到森林资源为盐业生产带来的巨大经济效益，却忽略了生态环境破坏后自然灾害多发的危害。史书中关于井区因雨成灾的案例比比皆是，如道光二十年（1840），白盐井洪水暴涨，沿河两岸房舍、桥梁、卤井多被大水淹没，倒塌无数，死伤多人；仅过了六年，白盐井再次遭遇洪水，盐区

---

① 童山即不长树木的山。
② 《新纂云南通志》卷 149，盐务考三，第 209 页。
③ 《新纂云南通志》卷 149，盐务考三，第 211 页。
④ 《新纂云南通志》卷 147，盐务考一，第 152 页。
⑤ 《新纂云南通志》卷 149，盐务考三，第 212 页。
⑥ 郑凡主编：《沧桑小镇黑井村》，第 67 页。

尽成泽国①。民国二十八年（1939），大雨成灾，元永、黑井、阿陋等井场及一平浪矿区、矿山发生房屋倒塌，造成人员死亡数百，经济损失数十万元②。

盐矿的开采除了破坏森林植被，引发自然灾害外，有时掠夺式的开矿方式又会造成地表沉陷、矿井漏水和陷落。如民国时期，"滇中元永，滇西乔后、弥沙、拉鸡，以及滇南磨黑、按板、勐野、石膏、香盐、益香等井场，不少井硐均因盲目采掘，不事维护而陷落"③。另外，由于云南盐矿通常埋藏较浅，往往胡乱开采后极容易破坏地表，进而引发矿山灾害。如磨黑的宝兴硐就因为矿井崩塌，引起地表陷落，使得附近的张家马店连同牲口、马驮全部随之陷落。1959年，一平浪盐矿发生漏水事故，淹没主要坑道和采区，造成当年和次年盐产量下降④。

此外，盐场在制盐时产生的废渣、废气、废水也造成不同程度的环境污染。通常采矿、制盐产生的废渣都是就近直接倾倒在河流里，或被掩埋在附近的土地里，这必然会对河流和土壤造成污染。特别是20世纪中叶以后，煎盐燃料逐渐以煤代柴后，大量的废气、废渣不经处理就直接排放，给当地的生态环境造成了更大的污染。

因此，盐矿的开采无疑会对当地的生态环境产生较大影响。一方面，盐产区植被破坏十分严重，周围基本成了荒山秃岭，容易引发泥石流、滑坡等自然灾害；另一方面，低技术含量、低沉本、不计后果地露天开采，极易破坏地表，造成井硐漏水、陷落，甚至地表沉陷事故。事实上，云南盐业在蓬勃发展的同时，牺牲的是周边的生态环境。而生态环境遭到破坏后，又反过来制约盐业生产和盐区市镇的可持续发展。

（二）生态环境恶化对盐业生产的影响

前面指出大规模盐矿开发会破坏当地的生态环境。生态环境恶

① 《楚雄州盐业志》，第12页。
② 李源：《云南盐业生产与生态、环境保护问题》，《中国井矿盐》1990年第6期。
③ 《云南省志》卷19《盐业志》，第136页。
④ 李源：《云南盐业生产与生态、环境保护问题》，《中国井矿盐》1990年第6期。

化，反过来又会影响盐业生产。其引发的自然灾害无疑会破坏盐业生产，而柴薪缺乏带来的一系列连锁反应，又会影响食盐的生产成本和销售，这一点应当引起我们的高度重视。

首先，从前文列举的多个因生态环境破坏而影响盐业生产的案例来看，生态环境恶化会引起山洪、滑坡、泥石流等一系列的自然灾害。这些自然灾害轻则破坏盐井，造成盐井减产甚至停产；重则危害民众的生命和财产安全。

其次，生态环境恶化，一方面会引起柴薪价格上涨，煎盐成本增高，从而导致盐价居高不下，严重影响滇盐的销售。如昭通府民众喜欢购食品优价廉的川盐，广南府民众习惯购食价格更低的粤盐。甚至一些边岸地区的民众偷偷食用缅甸和越南的私盐，严重冲击到滇盐的销岸。另一方面还会影响食盐产量，导致食盐减产，甚至停产。就燃料成本而言，"论成本，则晒为轻，煎之用草荡者次之，煤火又次之，木则工本愈重"①。可见，在所有的产盐方式中，以柴薪煎盐所花费的成本最高。清以前，云南盐产量总体不高，煎盐所需的柴薪均由灶户就近在井场周边的山林砍伐筹备，基本能满足日常煎盐所需。进入清代，生齿日繁，食盐人口大幅度增加，盐的需求量也随之剧增，每日因煎盐消耗的柴薪数量也倍于以前。由于过度砍伐，近井周围的山林基本已无木可采，灶户不得不从更远的地方购买柴薪。史料记载："滇省盐井，从前近井地方所产柴薪足以资煎盐之用。今升平日久，烟户益繁，凡居民之炊焚，灶户之煎盐，砍伐既众，柴薪日少，是以各井内有从远处买柴供煎者，脚费倍增，工本实重。"② 可以看出，随着柴薪供给地越来越远，运费便越来越高，柴薪的价格也就越来越昂贵。煎盐成本增高，很多灶户因无力购买柴薪而屡次出现停煎的情况。滇南产区甚至出现了"柴价昂而盐本因之亦贵，竈户煎办拮据，

---

① （清）赵尔巽等撰：《清史稿》第13册卷123，食货志四，中华书局1976年版，第2604页。

② （清）云贵总督庆复：《奏请滇省近井山场广种树木以供煎盐之用事》，乾隆四年正月二十八日，中国第一历史档案馆，档案号：04－01－35－0443－025。

难以养生，屡有拖欠逃逸"① 的现象。这无疑影响了盐业生产的正常进行。

四 盐业兴衰与市镇地位的演变

（一）盐业对市镇发展的影响

在云南盐业发展的历史进程中，出现了一批因盐而兴的市镇，这些市镇的形成不但与盐关系密切，而且在其形成之后，盐作为一种元素，渗入这些市镇的日后发展过程，盐业的盛衰深刻地影响着它们的地位。

食盐作为一种商品，其生产目的主要是外销而非自用。因而，食盐大多通过盐商与市场沟通。《云南盐政纪要》卷4 云："其在远岸之商贩，多是运货物而来之人，返则顺贩盐回，以博蝇头之利"。大量商人参与盐产地的贸易，致使盐井店铺增多，聚落的商业功能扩大，正所谓"因利所以聚人，因人所以成邑"②，盐井因此发展成为一定规模的市镇。在盐产地，灶户以盐易物或以盐获取货币，使之有了因售盐后而转换来的现实购买力；与此同时，全社会都离不开盐，有十分广阔的消费市场，因而又有了维持再生产的消费力。因此，盐井聚落的商品贸易是推动这类市场向市镇方向发展的强大动力。

不仅如此，在盐业市镇形成后，盐仍像一个具有魔力的东西，吸引着各地商民继续来此贸易。如黑井集市贸易："街衢……肩相摩，趾相蹂，乘骑必须于按辔，步履不容以携手，通牛马于中央，分男女于左右……街衢交通，肆市旁列。贸迁聚异地之人，籴粜丛四方之客。"③ 为何黑井会出现如此繁华的景象？正是由于黑井盐卤丰富，发展潜力巨大，吸引了大批商民云集，来此进行盐业贸易；同时随商贩而来的大量商品流入该地互通有无。毫不夸张地说，黑井市镇的形成全因产盐，其发展全赖食盐贸易。随着当地盐业的不断发展，黑井

① （清）张泓：《滇南新语》，中华书局1985年版，第19页。
② （宋）李昉：《太平广记》卷399，水（井附），盐井。
③ （清）沈懋价等修纂：（康熙）《黑盐井志》，云南省图书馆传抄北京图书馆藏康熙四十九年（1710）刻本。参见李希林主点校《康熙黑盐井志》，第285—286页。

地区的集市贸易也逐渐扩大，民国初期就在此地设盐兴县。至此，黑井经历了因盐得名、因盐兴镇、因盐设县的过程，成为一座与盐业经济休戚相关的盐业市镇。

再看磨黑镇。由于其地处交通要冲，因而交通条件的便利是市镇形成的一个重要因素，但却不是主要因素。事实上，磨黑是以产盐而闻名于云南的，盐是本地区的主要出产品。其虽地处交通要道，但是，即使在清中期以前仍默默无闻。清末，磨黑盐产已发展到722万斤，居全省第二位①。此时的磨黑井已经发展成为滇南食盐生产的中心，而且成为一个非常繁华的市镇。不仅清代如此，其地位在民国后更显得重要，磨黑镇与一平浪镇最后发展成为近代云南食盐生产的两大中心。

还需注意的是，盐业的衰落也会使市镇发展陷入萧条。安宁市镇的发展是最好的例证。《南诏德化碑》描述安宁"盐池鞅掌，利及鲜欢，城邑连绵，势连戎僰，远近因依，闾阎栉比"。可见，安宁早在唐代前期就已经发展成为一个较为繁华的市镇。虽然安宁处于川、滇、黔三省的战略要道，但安宁市镇的形成却缘于产盐。正如董咸庆先生的分析：在安宁名称的来源上，"后人附会安宁之名从盐井发现人阿宁而得，太过牵强，但也从另一侧面说明了这个市镇与盐的因果关系"②。清代，食盐生产技术没有革新，加之盐井开采太久，早已因卤淡而大规模减产。民国时更是一度萧条。这无疑从另一个侧面反映了盐在安宁市镇发展过程中的重要性。

（二）盐业市镇的历史演变对资源型市镇未来发展的启示

盐业市镇是各类资源型市镇中的典型，深入探究这类市镇的形成因素，分析其在历史发展进程中的演变轨迹，可以为我们探寻其他资源型市镇的发展机理提供一些启示。

首先，资源型市镇的形成与发展必然与本地的矿业有密切的联系，有些矿业因素甚至会影响新兴市镇的命名、产业结构及以后的地

---

① 《新纂云南通志》卷149，盐务考三，第213页。
② 董咸庆：《清代滇盐及其与地方政治、经济关系》，硕士学位论文，云南大学，1985年。

位变化。像黑井镇、石羊镇、磨黑镇等盐业市镇，在其形成和发展中不可避免地受到盐矿因素的影响，它们因盐得名、因盐而兴、因盐而衰，盐业的发展深刻地影响着它们的兴衰成败。因此，我们在研究资源型市镇发展史时，要紧紧抓住"资源"这一核心要素来解析其发展历程和兴衰之因。

其次，资源型市镇的发展规划要避免单一型生产结构的缺陷，积极寻求多元发展格局。同时，还要深入挖掘资源型市镇的文化内涵，走多元发展和转资源优势为文化发展优势之路。以黑井古镇、石羊古镇为例，今天盐业生产的盛况虽已成为历史，但是，通过打造盐文化旅游，两处已经成为云南省旅游文化名镇，成功实现了经济结构的转型。

最后，资源型市镇在开发本地区资源时，一定要处理好市镇经济发展与生态环境保护之间的关系，实现人与自然环境的可持续发展。黑井、白井、磨黑井等盐井的前车之鉴告诫我们，以牺牲生态环境为代价换取兴盛一时的资源开发，必将会在不久的将来遭受生态恶化的反噬。

第三节 滇盐与财政

盐税是历代政府财政收入的一个重要来源。云南自明正德年间盐税①就已是除田赋②之外的一大税种。清代盐税③与田赋④是云南财政

---

① 据《新纂云南通志》卷152，财政考三，岁入三，课税一，"盐课"条的记载：嘉靖三十五年（1956），"实征盐课：无闰，该盐四万七千三百八十二引一百四十九斤一十四两九钱，共银三万五千七百一十九两一钱三分零。遇闰，该盐五万一千三百三十一引六十二斤六两零，共银三万八千七百六十两九七钱零"。第297页。

② 据《新纂云南通志》卷150，财政考一，岁入一，田赋，"明"条的记载：嘉靖四十一年（1962），"云南都司粮三十八万九千九百九十二石三斗三升三勺零"。第224页。

③ 据《新纂云南通志》卷152，财政考三，岁入三，课税一，盐课，历代盐课额，"清末各井盐课数目"条的记载：清末云南各大井共征盐课："正课银三十万九千二百六十六两三钱二厘五毫八丝九忽，溢课银十二万二千七百二十三两三钱八分七厘八毫四丝二忽，漏报溢课银四万八千八百四十四两五钱八分七厘，共银四十八万八百三十四两二钱七分七厘四毫三丝一忽"。第309页。

④ 据《新纂云南通志》卷150，财政考一，岁入一，田赋，"清"条的记载：清末云南全省地丁正赋额征数为"年征银十九万二千五百七十五两三钱五分一厘二毫，溢银三十两六钱三分"（按每粮1升征银1分2厘5毫计算）。第265页。

收入的两大主要来源。清代财政，具有统收统支，无预算决算制度，无公库（省库）制度，以及旧式的会计制度等特点。食盐是生活必需品，盐课经常是通过国家完全垄断食盐的生产和销售，以大大高于实际成本的官价出售，从中获取巨额收入。云南地处西南门户，财政往往不能自给。而滇盐盐课基本归云南地方，故而滇盐是云南社会经济生活中的重要因素，亦是地方财政收入和支出的主要来源之一，从经费、行政费用和教育投资等方面对云南社会的建设起到了积极的作用。

民国初年，盐税①与田赋②在地方财政收入中位居前两位。而1915年云南护国讨袁，军费的主要来源亦为盐款。可以说，盐课税是云南财政收支的支柱，它在财政、政治、军事、文化各个方面都参与云南的发展。

一　盐税在财政收入中的地位

云南山多田少、地处边疆、民族众多的特殊环境，直接导致财政上往往出现少收入、多支出的不平衡局面。《道光云南通志》云："赋入有限，而兵饷浩繁，往往入不偿出。"③ 可以说，清末云南财政是以入不敷出的形象见之于世的，而清王朝中央及四川、湖北等邻省的协饷拨济成了云南财政不可缺少的组成部分。收入不能自给，军费开支浩大，"而田赋所供，则较他省十不逮一，以一省给一省之用而不足，故兵饷、铜本他省拨解而来者踵接于途"④，"盐课银以支兵饷与官俸，犹且不足，岁仰于各省协济，银累巨万"⑤。

---

① 据《续云南通志长编》中册，卷58，盐务三，征榷，"正税额征"条的记载：民国五年（1916）销额为"司马秤七十二万五千担，合征银二百五十三万七千五百元"（按场税3元5角计算）。第1194页。

② 据《续云南通志长编》中册，卷43，财政一，地方岁入一、二，"田赋"条的记载：本省田赋，在民国十九年（1930）以前，每年征额银"一百四十一万九千九百二十七元四角七仙六厘"。第508页。

③ 《道光云南通志》卷55，食货志一，户口上。

④ 《道光云南通志》卷57，食货志二，田赋一。

⑤ （清）檀萃《滇海虞衡志》卷2，志金石，盐。

毋庸置疑，经费不能自给，财政收入小于支出，这是云南财政的主要困难。

"滇南大政，惟铜与盐"①，但云南省由于资金缺乏，金属矿的开采经费非本省能独立承担，因而往往以外省调拨的铜本作为协济②，因此，产品也就主要输往京师和他省，不能完全归云南所有③。换言之，清代云南开矿所获利益，并不能对改善云南财政起巨大作用。与此相反，滇盐销区限制在本省，因此，从滇盐方面产生的经济利益，可以做到完全为地方财政服务，这无疑对解决云南财政困难有着极大的益处。

传统社会的财政收入，其来源全在税课赋征之中。但云南山多田少，"当丰稔之年，本地所产，仅足供一岁民食，一遇少歉之岁，穷黎即仰屋兴嗟，且舟楫不通，邻封难济"④。虽然田赋是云南一大赋税，但是，由于新开垦土地有限，往往出现田地所产民众自食尚且不足的现象，因此，田赋增加速度较慢是可以理解的。相较田赋而言，盐税的增加则要明显得多，这一点可以在《道光云南通志》记载中得到印证：云南田赋，顺治十八年（1661），"是年总计云南省田土计五万二千一百一十五顷一十亩有奇，田赋银六万一千七百四十八两，粮一十二万三千九百一十七石各有奇"。康熙二十四年（1685），"总计云南田土计六万四千八百一十七顷六十六亩有奇，田赋银九万九千一百八十二两，米二十万三千三百六十石各有奇"⑤。乾隆十八

---

① （清）檀萃《滇海虞衡志》卷2，志金石，盐。
② 据《新纂云南通志》卷153，财政考四，岁入四，课税二，"协饷"条"附各省常年协滇铜本银两一览表"的统计：光绪三十年至宣统元年（1904—1909）期间，常年协滇铜本省份有山西省（指拨5万两）、江西省（指拨3万两）、陕西省（指拨1万两）、湖南省（指拨1万两）、江苏省（指拨6万两）、安徽省（指拨1万两）、两淮（指拨1万两）、四川省（指拨4万两），共计年指定拨协滇铜本22万两。第332页。
③ 关于滇铜外运问题，马琦博士专门进行了深入研究。参见马琦《国家资源：清代滇铜黔铅开发研究》，人民出版社2013年版。
④ （清）张允随：《张允随奏稿上》乾隆五年闰六月二十二日条，见方国瑜主编《云南史料丛刊》第8卷，云南大学出版社2001年版，第592页。
⑤ 《道光云南通志》卷57，食货志二，田赋一，国朝一，顺治十八年条、康熙二十四年条。

年（1753），"总计云南民田六万九千四百九十九顷八十亩，赋银十有五万三千七百五十两，粮二十三万八百四十八石各有奇。"① 云南盐课，顺治间，"岁额盐井课银一十四万六千一百九两三钱六分"。康熙二十四年，"云南岁额盐井课银一十五万二百三十八两七钱二分六厘"。乾隆元年（1736），"滇省每年正项盐课银二十七万六千三百一十九两七钱零"②。就田赋银而言，乾隆十八年比顺治十八年增加 9 万多两。而乾隆元年的盐课银比顺治年间增加了 13 万多，增幅显然更为明显。而对于盐课加增明显的原因，刘崑说得很清楚，"逆藩以冗滥太多，遂于盐课之内增为二十四万，留充兵饷，是四倍于旧额矣"③。可见，从清初开始，滇盐就已经在云南省的财政经费中占有极其重要的地位。

云南财政收入，大多用于地方各类行政，有的史料甚至说，"仅足供本省兵饷、官役俸食、科场、祭祀、驿站等项之用，并无分毫起运，止有贡金二千五百两解京"④。张允随在《酌筹滇省粮赋疏》亦说："嵩明、宣威、沾益、马龙、平彝、邱北、弥勒、临安、建水……河西等二十八府州县，虽各驻有兵，以各处所征粮米搭放，并协运邻仓供支"⑤，故《新纂云南通志》卷 153 曰："本省不能自筹，多惟邻协是赖。"⑥ 这就决定了云南有清一代一直为受协省份的处境。

咸丰元年至同治三年（1851—1864）爆发的太平天国运动，截断了滇铜运京的路线，各省停拨云南铜本持续有十几年之久。在农民运动的打击下，许多省份财源匮乏，相反，军费开支却日益剧增，已经

---

① 《道光云南通志》卷 58，食货志二，田赋二，国朝二，乾隆十八年条。

② 《道光云南通志》卷 71，食货志七，盐法上，云南通省，国朝，顺治年间条、康熙二十四年条、乾隆元年条。

③ （清）刘崑撰：《南中杂说》，钱谷，见方国瑜主编《云南史料丛刊》第 11 卷，云南大学出版社 2001 年版，第 353 页。

④ （清）王弘祚：《滇南十议疏》二"田地之宜清理也"，见方国瑜主编《云南史料丛刊》第 8 卷，云南大学出版社 2001 年版，第 385 页。

⑤ 张允随：《酌筹滇省粮赋疏》，见王文成等辑校《〈滇系〉云南经济史料辑校》，中国书籍出版社 2004 年版，第 286 页。

⑥ 《新纂云南通志》卷 153，财政考四，岁入四，课税二，协饷，第 328 页。

无法按照中央的命令如数调拨协滇银饷了。加之咸丰六年至同治十一年（1856—1872）云南又爆发了杜文秀领导的回民起义①。镇压起义，云南地方政府需要巨额军费，而当时的情况却是"因从前所拨，各省已不能照解"②。而由于有许多盐井被起义军占领，地方政府的重要支柱盐课收入也随之减少。这样直接导致的后果是，由于云南省政府无法保证各州县财政的需要，各级地方政权于是纷纷自行开辟财源，在所辖范围内拼命搜刮以满足财政支出需要，从而使云南地方财政管理一度陷入十分混乱的状况。

既然云南有清一代为受协饷资助的省份，地方财政经常入不敷出，而盐税收入又相当可观，无疑盐税在云南地方财政收入中的地位十分重要。可以说，清代云南省的主要财政来源即田赋和盐课。因此，盐税这一大宗收入注定要在财政收入中扮演重要角色。《道光云南通志》记载，道光七年（1827），"实征（民田田赋）条丁银共一十六万七千一百五十五两五钱六分零……实征通省民屯二赋、公件、耗羡等银共一十万九千三百二十四两六分八厘"③，总计"征银二十七万六千四百七十九两六钱二分八厘"。又加上"实征通省商牲税、门摊、酒醋、窑课、网课、鱼课、杂项课程，共银一万八千五百六十八两五钱一分零"④，与前面田赋加起来总共征收没超过 30 万两白银。而据《道光云南通志》记载，嘉庆五年（1800），云南盐税"共征课（正课）、廉（养廉经费）、井费、役食、纸张、积余、盐规等银三十七万七千四百二十一两七钱五分六厘"⑤，各种盐税加起来超过 37 万两⑥，足见盐税所占比重极大。清后期各种苛

---

① 详见中国史学会主编《回民起义》（一至三辑），上海人民出版社 2000 年版。

② 《新纂云南通志》卷 153，财政考四，岁入四，课税二，协饷，第 328 页。

③ 《道光云南通志》卷 58，食货志二，田赋二，国朝二，《云南赋役全书》记载道光七年条。

④ 《道光云南通志》卷 62，食货志四，课程，国朝，《云南赋役全书》记载现征额数。

⑤ 《道光云南通志》卷 71，食货志七，盐法上，云南通省，国朝，嘉庆五年条。

⑥ 《新纂云南通志》卷 152，财政考三，岁入三，课税一，"盐税"条记载的清末云南征收盐税数额，甚至超过了 48 万两白银：清末盐税征收正课银、溢课银、漏报溢课银共计"四十八万八百三十四两二钱七分七厘四毫四丝二忽"。第 309 页。

捐杂税达到极点，名目繁多，岁入数额巨大。以宣统二年（1910）为例，年收入达 430 余万两，其中盐课正杂各类这一块就约 170 万两[①]，盐税几乎占年总收入额的 40%，比田赋条丁各类和茶课、关税、矿税、各类杂税杂款两大块皆多，其在财政收入中所占比重可想而知。

大体而言，盐课收入在云南财政收入的早期、中期、晚期三个时期中所占比重基本上呈"马鞍形"的态势。清初，约占财政收入的 1/4～1/3，中期达 1/3 强至 1/2 弱，末期约占 1/3 强。虽说盐课在财政收入中所占比重略有变化，但无论如何变动，盐课始终都占有相当大的比重，大致在总财政收入中的 1/3 左右浮动。尤其是清中期后，盐课收入已成为云南省财政来源的第一大项。

辛亥革命后，各省独立，对云南的协饷正式停止，中央亦无力拨济，因此，民国初期云南财政面临比清代更加困难的局面。加之内战匪乱，外固国防，此外还先后出师援助四川、贵州、西藏，军费供给巨大，财政支出更是巨大。然而，云南是多山之地，向来十分贫瘠。因此，云南要摆脱财政困窘，实现自给自足，唯有发展实业。而云南实业，向来以盐务、矿务为最大宗，故而整顿盐务当为首要任务。民国初期的云南地方政府，由于云南盐务当时归并实业司办理，经常出现引额滞销、外私充斥的局面，整理盐务实属困难。就当时而言，云南地方政府主要是通过一系列措施来进行盐务整顿：一是详加调查盐场情况；二是新订盐业简章；三是分设督煎督销机关，使部门各司其职；四是互相纠查，改善滇盐引岸交通。通过盐务改革，无论盐斤，均听民自行购食，不再加以抑制。对于原有存盐进行查收，使之分别按规定销区进行销售，以划清各盐场销盐界限。与此同时，通过暂减销售额的方式来解决积盐问题。为了增加盐产，扩大滇盐销区，还实行鼓励新开边井措施，以抵制越南、缅甸私盐对边岸的侵销。而针对私盐屡禁不止的情况，派临时

[①] 据《云南财政说明书》岁入门总计。注：由于此统计不包括各省协济、各类捐输、官业盈利等，也不包括数在千两以下各类，故而只是约数。

调查委员会，专门稽查各井煎销数目及井员侵占盐斤、欺瞒私卖等一切事宜。由于整顿盐务的目的在于剔除积弊，因而也相应增加了盐课收入。

云南地方政府整顿以盐务、矿务为首的实业，实则是为了广开财政之来源。正如《云南光复纪要》中所说："政府复注重于滇省特别最急之计划，于兴利交通边防之要务，提前经营之最力，先于迤东创设矿务股份有限公司，以兴实业；于迤南整顿锡务；于迤西改良盐政，新设督煎督销总办，并开滇盐济黔之例，以濬利源。"①

民国以后，原协助云南的各省协饷停止，中央无力拨济，按理说云南的财政应该更加严峻。然而，民国初年，云南财政却异乎寻常地好转起来，"而就财政厅历年收支实数观之，民国元年共收入银六百三十九万三千七百八十一元零九仙六厘，共支出银六百二十万一千六百六十三元四角八仙三厘"②。收支两抵尚余 19 万元。在此后的两年里，全省收入总额均在 700 万元上下③，虽支出比收入略高，但并未造成巨大亏欠。那么，何以会出现这种奇迹呢？这无疑主要与云南盐税有关。《续云南通志长编》说："云南在前清为受协省份，其贫窘诚不能讳。然云南收入最巨者为盐款（每年三百余万）。平时盐款均须解往中央，故滇不能自支。辛亥革命，解款停止，于是滇库中遂存储现款至二百余万。"④"滇省地处边瘠，财政艰窘，前清时系属受协省份，光复后协饷骤停，应需军政费用全恃盐款以为抵注。"⑤ 无疑云南将盐款截留不解中央，是民国初年云南财政好转的一个关键。

---

① 赵式铭编纂、蔡锷订正（遗稿）《云南光复纪要》之一篇，见《云南文史资料选辑》第 3 辑，建设篇（二），第 209 页。

② 《续云南通志长编》中册，卷 43，财政一，地方岁入一，概说，第 505 页。

③ 据《续云南通志长编》中册，卷 43，财政一，地方岁入一，"概说"的记载：民国二年（1913）"共收入银七百三十一万七千三百七十八元六角三仙七厘，共支出银七百五十九万一千零一十一元九角六仙四厘"。三年"共收入银六百七十四万六千零三十元八角八仙八厘，共支出银六百四十七万一千七百零九元八角三仙"。第 505 页。

④ 《续云南通志长编》上册，卷 35，军务略下，共和根据地之云南，第 1223 页。

⑤ 《续云南通志长编》中册，卷 58，盐务三，征榷，拨留协款，第 1210 页。

民国二年（1913），袁世凯向五国银行团"善后大借款"①，以全国盐税、海关税担保抵押，致使全国盐税权完全落入外国人手中，云南盐税也难逃此厄运。按北洋政府财政部的规定，云南盐款自民国三年4月以后，全部由中央派驻云南的机构接管专门储存，云南地方不得再动用丝毫。至此，云南财政收入大宗再度失去②。到1915年，即护国战争爆发的当年，云南财政收入总额一下跌至440余万元③。而当年云南盐税收入约为300万元④，如果将当年盐税归入当年财政收入中，则民国四年云南的财政收入⑤应比民国二年⑥都高。

民国五年（1916），由于护国战争和欧战影响，云南省经济趋于紧张，军费开支剧增，而相应的，建设费用却锐减。该年仅陆防两军军饷开支就达571.75万元滇币⑦，相当于当年的财政收入⑧。民国六年（1917），云南又以一省之财力独担国家兴起之重任⑨，一再用兵四川、贵州、广西、广东，军费巨大，然财源却陷入枯竭。为了缓解财政困窘，自民国九年后，云南和国民政府财政部先后开征各种附

---

① 袁世凯当上民国大总统后，为了解决政府开支、军费开支、南方辛亥革命武装遣散费、国家建设费，以及给清室的忧抚费等善后问题，因国库空虚，特向英、法、德、俄、日五国银行团进行大借款，借款总计2500万英镑，以全国盐税和海关税作担保。

② 民国初期云南盐税收入年300万元左右。见《续云南通志长编》上册，卷35，军务略下，共和根据地之云南，第1223页。

③ 据《续云南通志长编》卷43，财政一，地方岁入一，"概说"的记载：民国四年（1915）"共收入银四百四十万四千九百九十四元六角九仙三厘"。见《续云南通志长编》中册，第505页。

④ 据《续云南通志长编》卷58，盐务三，征榷，正税额征，"民国元年至三十三年盐税统计表"记载：1915年云南盐税为297.839884万元。见云南省志编纂委员会办公室《续云南通志长编》中册，第1198页。

⑤ 当年收入加上盐税共额超过740万元。

⑥ 民国二年财政收入为731万多元。据云南省志编纂委员会办公室《续云南通志长编》卷43，财政一，地方岁入一，"概说"的记载：民国二年"共收入银七百三十一万七千三百七十八元六角三仙七厘"。

⑦ 《云南省经济综合志》编纂委员会编：《云南省经济大事辑要》（1911—1990）"民国五年"条，云南经济信息报印刷厂1994年版，第12页。

⑧ 据《续云南通志长编》卷43，财政一，地方岁入一，"概说"的记载：民国五年"共收入银五百七十二万三千四百九十九元四角七仙七厘"，第505页。

⑨ 反对北洋政府独裁的护法运动，又称护法战争。孙中山发动护法运动主要依靠的是以唐继尧为首的滇系军阀、陆荣廷为首的桂系军阀，因此，又称西南护法。

税，捐税名目渐多，最多时中央附税和地方附税加起来达到 20 种①，盐款收入猛增，以食盐战时附税为例，"民国三十二年十月加征，每担三百元，旋于三十四年一月增为一千元，又于四月一日增为六千元"②。云南财政，因连年混战，加之大量向富滇银行借款导致通货膨胀，"可说已糜烂不堪，行至崩溃的绝境"③，而盐款收入曾在一定程度上缓解了这一困境。

我们再以民国十三年（1924）、十四年（1925）两组数据来看一下云南盐税收入在财政收入中的地位。民国十三年，全省财政收支"共收入银五百七十二万八千二百三十三元四角三仙三厘，共支出银八百六十九万三千七百三十八元四角七仙七厘"④，财政收支相抵仍有 296 万多元的巨大亏欠。而该年滇盐产量为 3354.4795 万担⑤，盐税收入则为国币 221.8617 万元⑥，盐税收入占当年财政总收入超过 38%；民国十四年，云南全省财政收支"共收银九百六十一万零五百八十九元四角五仙二厘，共支出银一千四百九十八万七千五百五十八元八角零二厘"⑦，更有 537 万元的巨大财政亏欠额。而该年云南产盐 4937.0056 万担⑧，盐税收入为国币 237.334414 万

---

① 据《续云南通志长编》卷58，盐务三，"征榷"的记载：中央附税有建设专款、整理费、公益费、外债附费、偿本费、产税、专卖管理费（事业费）、专卖利益费、食盐战时附税、盐税（改征盐税）、国军副食马干费、盐工福利补助费；地方附税有军饷捐、金融借款、金融附捐、公路股款、抵补费（禁烟抵补费）、公路费、工程费、卫生费。第1203—1207页。

② 《续云南通志长编》卷58，盐务三，征榷，中央附税，食盐战时附税，第1204页。

③ 张肖梅：《云南经济》，中国国民经济研究所，1942年版，第二十一章"财政"，第一节"财务行政"，第一目"抗战前之云南财政"，第1页。

④ 《续云南通志长编》卷43，财政一，地方岁入一、二，概说，第506页。

⑤ 《续云南通志长编》卷56，盐务一，场产，产盐数目，"云南各井场民国九年至二十年盐产统计表"，第1115页。

⑥ 《续云南通志长编》卷58，盐务三，征榷，正税额征，"民国元年至三十三年盐税统计表"，第1198页。

⑦ 《续云南通志长编》卷43，财政一，地方岁入一、二，概说，第506页。

⑧ 《续云南通志长编》卷56，盐务一，场产，产盐数目，"云南各井场民国九年至二十年盐产统计表"，第1115页。

元①，盐税收入占当年财政总收入近25%。不难看出，盐税在云南地方财政收入中所占比例很大。如果没有盐税，云南财政收支差额实在难以想象。

二　盐税在财政分配中的作用

既然盐税是云南财政收入的主要支柱，那么其在财政支出中所起的作用也一定十分重要。而滇盐课税在财政支出中的介入是多方面的。如陈荣昌在光绪《续白盐井志》序言中所说："然滇藏所入，以盐课为大宗，岁计五六十万。今年来筹盐捐，又岁计五六十万，与正额相比埒。往者官吏之廉俸出于盐，师儒之束修膏火出于盐，将卒之饷胥出于盐；今则团营团哨之供亿出于盐，学堂之经费亦出于盐。盐之利与滇相维系者为何如哉？"不难从中看出，盐课税的多种用途与地方政府的经费支出关系莫大，对维系云南本省财政的分配有着举足轻重的地位。

盐税在财政支出中是从多方面介入的。从清初起，盐课税就已经是云南全省财赋的大宗，仅兵饷一项就主要依赖盐税，这方面将在下一节有专论；再者，盐税还介入行政经费的支付中。清代，行政经费主要包括各级文官衙门薪俸、养廉和各种经费等。檀萃《滇海虞衡志》中说："盐课银以支兵饷和官俸，犹且不足，岁仰于各省协济。"②又《道光云南通志》"盐法上"记载，乾隆③、嘉庆④各井盐课支付总督、巡抚、各州县官养廉银都较重。足见清前期盐款对于整个地方行政机构的财政费用支付范围很广，各级官吏收入都与盐款相

---

① 《续云南通志长编》卷58，盐务三，征榷，正税额征，"民国元年至三十三年盐税统计表"，第1198页。

② 参见（清）檀萃辑，宋文熙、李东平校注《滇海虞衡志校注》，云南人民出版社1990年版，第66页。

③ 据《道光云南通志》卷71，食货志七，盐法上，云南通省，国朝，乾隆四年条记载，奉谕旨："云南黑、白、琅等盐井，旧有规礼银二千八百余两，归入公项下，为公事养廉之需。"

④ 据《道光云南通志》卷71，食货志七，盐法上，云南通省，国朝，嘉庆五年条记载："应征养廉经费银五万八千三百三十二两六分一厘"。

关联。而后期略有变化，支付范围相对缩小。《民国盐政史云南分史稿》云："前代盐务经费，其由盐课内奏定开支者，仅有盐官之薪俸、养廉及缉私经费……是前代经费之总额，只能以俸薪、养廉及缉私经费为标准。"① 无疑清代后期盐款发放薪俸，只局限于与盐务有关的官吏。

清代云南教育有所发展，其经费开支亦与盐款颇有关系。威远（景谷）办学考试皆附在景东厅，史载"抱母井……岁科捐解景东考棚银六十两，每年加捐义学束修银二十两"②。既然是盐井解交的经费，自是出于盐款无疑。当然，清前期还仅限于几个大井兴学办教育。清中期后，各井纷纷兴井学，史载直接以盐课支付府州县教育费用的有十多个井，如黑盐井"学廪饩银③一十九两二钱……院道书役、工食、纸张银八百九十五两二钱"④。白盐井"学廪饩银二十八两八钱……院道书役、工食、纸张银一千二十二两三钱二分"⑤。琅盐井"学廪饩银一十九两二钱……院道房书役、工食、纸张等银七百一十四两"⑥。安宁井"卖票纸笔、灯油等银十六两八钱，院道房书役、纸张、工食银六百七十九两七钱"⑦。清后期，盐款在教育经费中所占比重增加，其表现为：一是数额的增加（办学井数比清前期有较大增加，盐款支出的总办学经费相应增加）；二是不仅固定数额，同时又以增课形式按盐随抽；三是除井地和所属州县学仍从盐款拨发外，省级学校也将扩大了的经费银作为办公和"膏火束修"之费，这无疑使教育经费与盐课税发生了直接关系。而对于一些新开辟井地开办的学校，其经费自是与盐款相关。光绪《剑川州志》记载乔后新设书院和义学，资金全由盐厘、公费等课税中来，作为束修膏火而

① 云南盐运史署编：《民国盐政史云南分史稿》第八编三章，民国十九年铅印本。
② 道光《威远厅志》卷四，"经费"。
③ 指由政府发给在学生员的膳食津贴。
④ 《道光云南通志》卷71，食货志七之一，盐法上，黑盐井，国朝，乾隆十六年条。
⑤ 《道光云南通志》卷71，食货志七之一，盐法上，白盐井，国朝，乾隆十六年条。
⑥ 《道光云南通志》卷71，食货志七之一，盐法上，琅盐井，国朝，乾隆十六年条。
⑦ 《道光云南通志》卷72，食货志七之二，盐法下，安宁井，国朝，乾隆十六年条。

每年定以数额①。盐课税投放教育事业，无疑对云南近代文化事业的建设有巨大作用，正如岑毓英言："此项经费，在商民所增有限，而士子受惠无穷。"②

民国时期，协饷骤停，应需军政费用，全恃盐款。不但军饷中的大头来自盐款，支撑着云南在财政甚为艰巨情况下的连年战争，而且这些筹款无须偿还，从某种意义上减轻了战后云南人民的债务负担。而在财政收入捉襟见肘的情况下，行政经费、建设经费、教育投入虽一减再减，但都与盐款有着密不可分的联系。

民国中后期，由于地方财政日益困难，支出项目较多，因而云南地方政府经常找各种借口补收盐款，名目繁多。据《续云南通志长编》中记载：中央附税中的建设专款、整理费、公益费、外债附税、偿本费、产税、专卖管理费（事业费）、专卖利益费、食盐战时附税、盐税（改征盐税）、国军副食马干费、盐工福利补助费，地方附税中的军饷捐、金融借款、金融附捐、公路股款、抵补费（禁烟抵补费）、公路费、工程费、卫生费等，都要单独征收盐款③。盐款俨然成为云南地方政府应付各项开支的救命稻草。

盐税既是云南财政收入的重要来源，又是财政支出的主要支柱。可以说，滇盐之重要地位，在财政、政治、军事、文化各领域内都有体现。滇盐税款不仅是云南地方资金来源的重大保障，一定程度上缓解了对外省协饷的长期依赖，同时又以其经济力量作用于云南地方各方面建设中。滇盐在云南财政中的地位，诚如《云南盐务辑要续编》的描述："全滇光复，庶政维新，筹饷理财，实为急务。而饷源以盐款为大宗，财政视盐务为要务，故执政者咸注重改良盐务，促进盐款，以为筹饷理财之入手要义。"④

---

① 参见光绪《剑川州志》之学校，乔后条。云南省图书馆藏本。
② 《岑毓英奏稿》卷 1 "修复滇省书院筹发膏火摺"，黄盛陆等标点，广西人民出版社 1989 年版，第 449 页。
③ 《续云南通志长编》卷 58，盐务三，征榷，第 1203—1207 页。
④ 云南盐运使署编辑：《云南盐务辑要续编》第一编总论（五），"民国初建"部分。

第四节　滇盐与政治

　　食盐是人们日常生活中必不可少之物，十口之家，十人食盐；百口之家，百人食盐。中国历代统治者都十分重视盐业，盐税成为国家一项重要而可靠的财政收入。历史上，食盐又是专卖品，是政治性商品，有着一定的政治属性。尤其在近代中国，盐税不仅是清政府、北洋政府和国民政府财政收入的重要来源，而且又是举借外债、筹措军费的重要抵押品。

　　一方面，滇盐横向地参与着地方政治生活，体现了政治集团的利益，关系着地方政治局势的安定；另一方面，云南向来是受协省份，兵饷全赖协款。而辛亥革命后，各省协饷停止，加之云南又先后出兵参加护国战争、靖国战争（护法战争）以及援黔、援藏等，军费开支巨大，而云南地方军阀则通过截留盐税，以支撑军需。这一时期盐款中的绝大部分用于军费开支，这又从一个侧面体现着军阀统治的特征。

一　历史上滇盐与政治

　　食盐的产销虽然受经济发展水平的制约，但是，它反过来对其所在的社会政治、经济具有反作用。就云南而言，既然滇盐是构成地区性社会的一个重要因素，因此，其政治属性不可避免地会涉及云南的政治生活。食盐关系着国计民生，而君以民为天，民以食为天。所以，取得食盐的控制权就等于控制了食用食盐的民众，这对维护和巩固政权有莫大的关系。尤其对云南这类边疆省份而言，能否掌握食盐，利用食盐笼络民心，关系着统治力量能否在民族地区、边疆地区进一步深入和扩大。

　　在历史上，对食盐的控制与争夺就体现了各集团利益之间的冲突。可以说，自从汉武帝于安宁置盐官①，就集中体现了中原王朝这

---

　　① 据《新纂云南通志》卷147，盐务考一，沿革一，"汉"条的记载：汉武帝元封元年（前110）"盐官凡二十八郡，益州连然（安宁县）"。连然设盐官，这是有关云南盐务的最早记录，第143页。

一政治集团的利益。而此后东汉郑纯定哀牢人贡赋①，蜀汉南征得南中财富以足军国大用②，包括元③明④时在云南设官立制，征收盐课税，同样是中央王朝在云南利益的体现。

比较而言，最能表现各政治集团争夺盐井利益，以此达到控制人口和土地的争斗事件，当首推天宝年间唐王朝、云南地方政权及吐蕃政权间对滇中地区的争夺战。事实上，在南诏统一云南前，唐王朝早在滇中地区开始了经营。高祖武德四年（621）置姚州都督府，但当时姚州境内早有黑盐井、白盐井、琅盐井等井，这些盐井是当时云南食盐生产的大井，因此，唐王朝与云南地方势力间在盐利上的争夺十分明显。唐王朝经营姚州，目的是扩大其势力范围，但是在实现这一目的的过程中，却是以盐利来作为经济支撑的，"至（武则天）垂拱四年（688），蛮郎将王善宝、昆明刺史爨乾福又请置州，奏言所有课税，自出姚府管内，更不劳扰蜀中"⑤。无疑唐王朝对云南地区的控制，当首推对盐利的争夺。

而滇中各部对安宁盐的争夺，又交织着唐王朝、爨势力两集团间利益的冲突。唐代安宁就以产盐著称，所产食盐除本地居民自食外，还供应外地。据《南诏德化碑》称：安宁井盐的销售还不仅包括今寻甸、通海一带，还"盐池鞅掌，利及样欢"⑥。样欢即样柯，在今

---

① 据《新纂云南通志》卷147，盐务考一，沿革一，"汉"条的记载："郑纯为永昌太守，与哀牢夷人约，邑豪岁输布贯头衣二领，盐一斛，以为常赋，夷俗安之"，第143页。

② 据《三国志》卷43，蜀书十三，"张嶷传"的记载："定莋、台登、卑水三县去郡三百余里，旧出盐铁及漆，而夷徼久自固食。嶷率所领夺取，署长吏焉。……遂获盐铁，器用周赡。"见（晋）陈寿撰，（宋）裴松之注《三国志》第4册，中华书局1975年版，第1053页。

③ 据《新纂云南通志》卷147，盐务考一，沿革一，"元"条的记载："元至治三年（1323）五月，设大理路白盐城榷税官，秩正七品"，第145页。

④ 据《新纂云南通志》卷147，盐务考一，沿革一，"明"条的记载："洪武十五年（1382）十一月，置云南盐课提举司"，设黑盐井、白盐井、安宁盐井、五井4大盐课提举司，第145页。

⑤ 《旧唐书》卷91，列传第四十一，张柬之传。见（后晋）刘昫等撰《旧唐书》第9册，中华书局1975年版，第2941页。

⑥ 《全唐文》卷999，郑回"南诏德化碑"。见袁任远、赵鸿昌辑《唐文云南史料辑抄》，云南人民出版社1989年版，第88页。

贵州西部。因此，唐代安宁井盐已为滇池地区、滇东北地区、滇南地区及贵州西部人民所食用。安宁井至唐代已开采近千年，具有相当的规模，其利不薄。所以，爨氏集团以盐作为经济支柱，以控制安宁盐作为控制食用地区及附近民众的手段，自是不会轻言放弃。而唐王朝要想控制这一地区，亦必先夺得盐利权，故唐"置府东爨"①。但唐的政治侵吞和经济掠夺，引起了爨氏集团的联合反抗，因而出现了唐王朝联合南诏政权进兵安宁之举。

唐与南诏联手的结果，使安宁城和盐井都重新控制在南诏之手，造成了南诏地方政权势力的坐大，严重威胁到唐王朝的利益，以致引发"天宝战争"。《新唐书·南诏传》记载：唐天宝十年（751），"玄宗诏特进何履光以兵定南诏境，取安宁城及井"②。天宝十三年（754），"李宓计南诏，自安南而北进，取安宁及盐井。未几败没，安宁遂没于南诏"③。而唐王朝力量的退缩，使南诏的利益在政治上和经济上得到完全实现（因为控制了食盐，也就取得了对周围食盐地区和人口的统治权）。

历史上曾属云南的今西昌地区，由于自汉晋以来就有盐池之利，故盐利一直是唐王朝、吐蕃及南诏政权间争夺的一个焦点。开元后期，唐与吐蕃的冲突很明显地体现在对盐利的追求上，"吐蕃于蛮，拟行报复。嶲州（今凉山彝族自治州）盐井，本属国家，中间被其（吐蕃）内侵，近日始复收得，卿彼蕃落，亦因具知。吐蕃唯利是贪，数论盐井，比有信使，频以为词。今知其将兵拟侵蛮落，兼拟取盐井，事似不虚"④。从唐朝皇帝诏书中内容来看，盐井和盐利皆被唐王朝、吐蕃双方视为具有战略意义的筹码。换言之，谁据有盐井，则谁就能掌握食盐销地的控制力。而南诏政权则左右摇摆不定，时而

---

① （清）桂馥撰：《滇游续笔》"南诏德化碑"。见方国瑜主编《云南史料丛刊》第12卷，云南大学出版社2001年版，第84页。

② 《新唐书》卷222上，列传第一百四十七上，南蛮上，南诏上。见（宋）欧阳修、宋祁撰《新唐书》第20册，中华书局1975年版，第6270页。

③ 《新纂云南通志》卷147，盐务考一，沿革一，"唐"条，第144页。

④ 《滇志》卷之18，《艺文志》第十一之一，御制类，"复敕云南王蒙归义书"。见（明）刘文征撰，古永继校点《滇志》，云南教育出版社1991年版，第588页。

助唐王朝，时而助吐蕃，实为视利益而定。南诏与唐王朝和好时，自可从唐王朝所得利益中分得一杯羹。而795年，唐、南诏二度修好后，"异牟寻攻吐蕃，复取昆明城以食盐池"①。获取昆明城（盐源）盐池之利，当是南诏联唐抗吐蕃过程中所获巨利之一。当然，南诏也有助吐蕃抗唐王朝之举，如《南诏德化碑》记有阁罗凤曾跟从吐蕃，夺取昆明城一事，"回斾昆明，倾城稽颡"②。从中就体现了南诏自身利益，即以盐池所获大利助军事力量的增长。而当南诏势力大长，唐、吐蕃双方衰退时，南诏则实现了对盐利的独占。太和三年（829）后，南诏取得昆明城盐池的控制权，《云南志》云："今盐池属南诏，蛮官煮之如汉法也。"③

　　明清两代，云南实行"改土归流"，而土官集团赖以牟利自肥的盐井，也一并为流官政权所取代。与此同时，由于流官为进一步深入地控制边地，故而鼓励大量内地汉人南迁，从而改变了边地居民的民族成分，致使有移民迁入的地区居民结构发生了极大的变化。明万历四十二年（1614）云龙改土归流后，"于是四方汉人，慕盐井之利争趋之，因家焉"④。清代，云南改土归流在雍正朝达到了一个新高潮，而剥夺土司固有的盐井利源，仍是其中的一个重要内容。在设流官前，盐井为土司集团所控制，帮助其实现控制民众、增加财政的目的。高其倬在奏疏中说："查按板、抱母二井，从前为野贼及土官、土棍所踞，不但无分厘归公，兼之野贼骚扰，商贩亦裹足不前。"⑤高其倬奏疏中所论当为滇南盐井，可见在改流官前课不入官，利归土司。

────────────

　　① （宋）欧阳修、宋祁撰：《新唐书》卷222上，列传第147上，南蛮上，南诏上，中华书局1975年版，第6275页。

　　② 《全唐文》卷999，郑回"南诏德化碑"。参见袁任远、赵鸿昌辑《唐文云南史料辑抄》，云南人民出版社1989年版，第87页。

　　③ 《云南志》卷7，云南管风物产，盐。见（唐）樊绰著，赵吕甫校释《云南志校释》，中国社会科学出版社1985年版，第263页。

　　④ 康熙《大理府志》卷12，云南大学图书馆线装书特藏室藏本。

　　⑤ （清）高其倬撰：《筹酌鲁魁山善后疏》，见方国瑜主编《云南史料丛刊》第8卷，第445页。

食盐虽然说不是改土归流的唯一目的，但却是重要目标。因此，清朝统治者借改土归流而收盐入官，让利课归己。对此，高其倬曾一语道破："今经驱除整顿，商贩流通，计一年可出盐四百余万斤，可获息银二万余两，以充兵饷，可以不用另行请增。"[①]

改土归流，是中央王朝对云南加强统治的政治手段。而伴随此制度而实施的剥夺土司集团专垄盐井利益的经济举措，当是改土归流动因的重要组成部分。事实上，收盐入官是一个十分高明的手段，既可以杜绝土司集团的经济来源，又为流官政权奠定了经济基础，从而达到其以控制盐利来控制设流官地区民众和稳定地域的目的。

清代，因私盐而起的民变及攻占盐井之事也多次发生。清康熙中叶，云南盐改官销，官府为疏销积压食盐，推行计口授食、按户摊派的办法，强迫人民购买，致使雍正后激起民变[②]。咸丰八年（1858）杜文秀领导回民大起义，派部将杨振鹏引兵驱逐乔后土井土豪，兴建灶城和盐城，"发展盐业生产，售盐征税，用作军饷"[③]。同治九年（1870），"清军将领杨玉科攻克乔后"[④]，占据全井。这些从一个侧面反映了盐在安定社会中的巨大作用，也体现了其在战争中的战略地位。

二 民国时期滇盐与政治

民国时期，由于各省协饷停止，中央政府又无力拨济，因而盐款成为云南地方政府赖以支撑财政困窘下经费开支的重要来源。盐款对

---

① （清）高其倬撰：《筹酌鲁魁山善后疏》，见方国瑜主编《云南史料丛刊》第8卷，第445页。

② 如嘉庆二年（1797）爆发的"滇西盐案"，又称"压盐致变"。该事件是由于灶户和政府一心追求盐产量，致使产大于销，食盐积压现象严重而引发的：从嘉庆二年三月二十三日、二十四日开始，蒙化、太和、邓川、赵州、云南、永北、鹤庆、浪穹、楚雄、大姚、元谋、定远、禄丰等州县因官府压盐，民众不堪忍受官盐的盘剥，一时间各地民变纷起，愤怒的民众不断涌入衙署，惩罚那些因为借官盐而为害民众的官员、役员，从而引起社会动乱。

③ 《云南省志》卷19《盐业志》，第143页。

④ 《云南省志》卷19《盐业志》，第143页。

财政的重要性，致使云南地方政权对盐利的控制进一步加强。但是，民国二年（1913）起，袁世凯举行"善后大借款"，以全国盐税、关税为担保，云南失去了对盐税的自主权。然而，随着以唐继尧为首的滇系军阀的发展壮大，军需日益增加，故而唐继尧利用护国讨袁之机，整顿盐务，截留盐税，从而再次将滇盐盐利牢牢抓在手中。可以说，盐税的截留问题，是帝国主义、北洋军阀政府、云南地方势力三者间为争夺盐利权而进行的斗争，无疑交织着三个政治集团各自的利益取向。

此后滇盐由自由运销到官运官销①，再到盐专卖制②，都体现了几个集团间经济利益斗争的趋向。争夺盐利的结果，往往最终受害的是商人集团。再后来出现的中央附加税和地方附加税，却是云南地方政权与中央争盐利的又一表现，而最终受害的却是民众。

另外，带有军事色彩的政治行为也反过来会影响盐业的正常生产和运销。唐继尧在整顿盐务后的十年自由运销期内，由于地方秩序比较安定，运道较为通畅，故而盐价呈平稳状态，盐务官署也能够顺利地征解到对盐税额外增加的地方附加税——军饷。但是，当唐继尧二次回滇③时，因地方不稳定，影响了盐运，市场来源稀少，致使盐价高涨，最后不得不利用政府力量实行官运商销。后来发生"二六政变"④，胡（胡若愚，时为蒙自镇守使）、龙（龙云，时为昆明镇守使）、张（张汝骥，时为昭通镇守使）、李（李选廷，时为大理镇守使）先后发动倒唐（唐继尧）运动。接着又发生"六一四政变"⑤，胡若愚、龙云、张汝骥互相火拼，战乱不断。在这段战乱频发时期，

---

① 民国二十七年（1938），为了适应抗战时期统制经济的要求，实行官收官运，为后来的专卖作准备。

② 民国三十一年（1942）云南实行盐专卖制度，民国三十四年（1945）取消，恢复商销。

③ 1922年3月，唐继尧率部返回昆明，重新控制了云南政权，即历史上的"二次回滇"。

④ 指1927年2月6日唐继尧被赶下台的政变。详见荆德新《论"二·六"政变》，载西南军阀史研究会《西南军阀史研究丛刊》第3辑，云南人民出版社1985年版，第372—386页。

⑤ 唐继尧死后，为了争夺云南的统治权，1927年6月14日，胡若愚联合张汝骥袭击了龙云，龙云被囚禁。

由于各军事势力夺马拉夫，盐运大受影响，盐价暴涨；而龙云在刚取得政权之初，为消灭政敌，大肆用兵追击胡若愚、张汝骥两部势力，社会动荡不安。当时因军事、匪患不断，销盐大受影响，致使私盐充斥，官盐的销售数减少很多。待政权巩固后，龙云着手整顿税收，先派朱旭为盐运使①实行牌照制，后委任张冲为盐运使②实行验马售盐、运署平价售盐以及委托财政厅办理食盐运销处等方法，云南盐务逐步进入正轨。然而，以朱旭、张冲为盐运使，其中一个重要的原因就是解除部将的兵权，龙云的这一举措真可谓一举两得。

军阀统治时期的政治与军阀自身实力的发展是紧密联系在一起的。民国时期云南地方政府的政治统治无不打着军阀统治的烙印。云南地方政府对盐务的整顿、对盐税的征收和掠夺等举措，既是以军敛财行为，无疑是为地方军阀的发展而服务的；同时又是为增加财政收入、巩固其政治统治而采取的应对措施。不管从哪种层面讲，其与盐的关系都极为紧密。

第五节　滇盐与军事

既然食盐与政治集团的利益有着密切的关系，而各政治集团为了争夺利益和巩固现有的利益，必然供养自己的武装力量，并往往以掠夺到的盐利来充当军饷，故而滇盐与军事斗争又有着千丝万缕的联系。

一　历史上滇盐与军事

从历史上看，唐王朝、南诏、吐蕃三者间为争夺云南境内的盐池之利而呈现出了错综复杂的争斗局面，而最后的胜者往往据盐利而充军饷。南诏后来之所以坐大，得以独占盐利，与其攻占盐池后以盐款发展军事力量有极大的关系；而清代杜文秀领导的回民大起义，在攻

---

① 民国十八年至二十年（1929—1931）任云南盐运使。
② 民国二十年至二十二年（1931—1933）任云南盐运使。

占乔后盐井后即以盐款补充军需，清军反攻时同样把占领盐井作为争夺的主要目标。

战乱时如此。即使和平时期，为了巩固边防，盐款在军费开支中亦占极大比重。由于云南地处边疆，民族众多，清代以来边境防务和民族矛盾皆较突出，故而各类军事费用的支出在云南财政开支中属第一大类。巨大的军费开支，从明代后期已大半由盐课来支付①。《道光云南通志》亦说："道光八年（1828）总督阮元、巡抚伊里布奏盐课溢余之银以一半报部归公，一半存留本省布政司库，办理各边边务杂用。"②

从清初开始，盐课税已是云南全省赋税之大宗，而兵饷的大部分主要是以盐款来支撑的。康熙《琅井志》卷三曰："边缴兵糈，半于盐荚是赖。"③ 足见盐课对于云南地方军费之重要性。清初如此，清中期亦如此。《滇系》之《赋产系》曰："盐课银以支兵饷与官俸犹且不足。岁仰于各省协济，银累巨万。"④ 可见，盐课虽大部分用于支付军费，但仍不能满足，因而不足者须仰仗外省协济。虽然盐课在某些时期不能完全满足军费开支，但有一点很清楚，即在兵饷的各种来源中，盐课税占有相当大的比例，并且以盐课充当军费的主体在整个清代持续不变。因此，可以这样说，盐课的征收，维持了正常时期的军费开支。

此外，盐课款还是边务资金的重要来源。道光年间，英法帝国主义从缅甸、越南开始向云南边境渗透，边务吃紧，故以盐的一半溢销课税归布政使司支配，用于办理边防事宜。自此以后，盐课中的溢课

---

① 据天启《滇志》卷 22，艺文志第十一之五，周懋相《条议兵食疏》记载："云南产盐去处，仅有黑（黑盐井）、白（白盐井）、安（安宁井）、五（五井）四提举司，全滇兵饷大半仰给于斯"。见（明）刘文化征撰，古永继点校《滇志》，云南教育出版社 1991 年版，第 753 页。

② 《道光云南通志》卷 71，食货志七之一，盐法上，云南通省，国朝，道光八年条。

③ （清）沈鼎修，张约敬等纂：康熙《琅井志》，康熙五十一年（1712）刊本，云南省图书馆藏原刊本。

④ （清）师范编撰《滇系》，肆、赋产系，二、物产，盐。见王文成等辑校《〈滇系〉云南经济史料辑校》，中国书籍出版社 2004 年版，第 77 页。

银留一半专供防务成为定例。不久，清政府又"以固边团而防外侮"为名，加抽"盐捐"来充当团练费。对于清政府的这一举措，云南积极响应，"以滇居边要，为川陕门户，复值界务龃龉，教案迭出，事态危急，饷械缺乏，西南防务异常吃紧"① 为由，从而在云南加抽盐税，且专款专用于各地兴办团练的费用，据《新纂云南通志》记载：清光绪二十六年（1900）奏准抽收团费。"计按各井盐每斤捐制钱十文，合每百斤捐银一两。概充团费一切正用。"② 又据《新纂云南通志》记载：清末，"通省团练经费银三万两，购备快枪、快炮银四万两，团营薪饷银二万二千三百九十六两八钱，余银一万六千两上下，积存道库，备供边防要需。又，漏报溢课银四万八千八百四十四两五钱八分七厘，尽数解江宁、湖北等省机器局，代制快枪、快炮及地雷、炸弹等项，运滇存储办理边防，不准移作别用"③。云南边防费用，主要为军费。而边防军费之来源，又主要是盐课，因此，正如民国初有人士云："滇本边瘠省份而军实充足……需用而无缺，不可谓非盐款之补助也。"④ 这无疑较直观地评价了盐课在军费中的重要地位。

二 民国时期滇盐与唐继尧滇系军阀的发展

民国时期，盐税收入在国家财政收入中占有举足轻重的地位。当时，袁世凯政府"除举债外，实无其他大宗收入，有之，则惟盐余一项而已"⑤。而各省地方势力对盐的重视更是直接造成了对盐款的截留。由于大宗收入只剩下食盐课税一项，以至"上自督军、巡阅使，下至旅师营长，苟有兵符在握，地盘割据，无不将所辖区域内之盐税

---

① 《云南财政说明书》岁入门第三类一款四项三目。
② 《新纂云南通志》卷152，财政考三，岁入二，课税一，盐课，清末各井盐课数目，团费，第309页。
③ 《新纂云南通志》卷152，财政考三，岁入二，课税一，盐课，清末各井盐课数目，第309页。
④ 云南盐运使署编辑：《云南盐务辑要续编》第一编总论（五），"民国初建"部分。
⑤ 欧宗祐：《中国盐政小史》，商务印书馆1927年版，第77页。

予取予求"①。这无疑体现了盐税在财政收入中的重要地位，同时也体现了盐税在军阀政治统治中的重要性。

就滇系军阀统治时期而言，由于历史原因和地方特点，其自身的发展与政治统治无不显得与食盐关系密切。不但辛亥革命后云南大举对外用兵——援蜀②、援黔③等军饷多来自盐款，即挪用的是《续云南通志长编》中所说的清王朝遗留下来的滇库中所存的二百余万盐款。而且，袁世凯帝制自为时，云南仗义兴师拥护共和之护国战争军费，盐款为筹款来源中三大项之一。据《续云南通志长编》卷三统计，从军兴至凯归止，护国军筹款近950万元，分为11项，其中截留盐款共计167万余元，仅次于"中国银行银币二百万元"和"银行借用之款二百三十三万元"④。而向银行举借，无疑会导致通货膨胀，且战后是人民负债累累。相比之下，盐款既可支撑军需，战后又无须赔偿，乃一本万利之举也。

（一）盐务整顿：滇军形成期的经济举措

云南经济的发展虽然一直处于较低水平，但云南的资源却十分丰富，尤其是岩盐资源分布极广。滇盐开发历史悠久，汉代即已开采，"益州郡，连然（今云南安宁县）有盐官"⑤。史料记载，归云南驿传盐法道专理的盐井就有25个，即历史上形成的三大井区：黑井区（在滇中地区）、白井区（在滇西地区）、磨黑井区（在滇南地区）⑥。由此可见，滇盐很早就形成了自己独特的生产布局，以至于在清末之时，即使是实力雄厚的川盐，在控制了黔岸后入滇却遇到滇盐的强烈抵制。据《清史稿》记载："光绪初丁宝桢督川，先从

---

① 田斌：《中国盐税与盐政》，省政府印书局1929年版，第68页。

② 军政府成立后，蔡锷为了光复大业，准备联军北伐。而北伐的首要任务就是安定四川，加强西南防御。于是，1912年9月派遣滇军谢汝翼部从昭通、李鸿祥部从毕节分别入川，最后会师成都，10月驱赶走清军，平定了四川，四川反正。

③ 蔡锷在准备北伐前，认识到滇黔唇齿相依关系，于是在民国元年（1912）1月命唐继尧率部入黔平乱，3月贵州局势被以唐继尧为首的革命军队所控制。

④ 《续云南通志长编》上册，卷3，大事六，护国四，军务，第47页。

⑤ 《新纂云南通志》卷147，盐务一，沿革一，汉，第143页。

⑥ 李珪：《云南近代经济史》，云南民族出版社1995年版，第100页。

事黔岸……其后接办滇岸，川盐行滇，只昭通、东川两府有张窝、南广两局，谓之大滇边、小滇边。其办理较黔岸为难者，滇自有盐。"①

　　云南的盐产量位居全国十大盐产区之列②，据《新纂云南通志》记载：清末云南各井场"正课银三十万九千二百六十六两三钱二厘五毫八丝九忽，溢课银十二万二千七百二十三两二钱八分七厘八毫四丝二忽，漏报溢课银四万八千八百四十四两五钱八分七厘，共银四十八万八百三十四两二钱七分七厘四毫三丝一忽"③。民国时期盐税收入更是颇丰，仅以1915年为例，云南财政收入为"共收入银四百四十万四千九百九十四元六角九仙三厘"④，而当年盐税收入为297.839884万元⑤。盐税收入占当年财政收入的68.2%。然而遗憾的是，盐税这样一项大宗收入在"善后大借款"后要上交中央，在一定程度上影响了云南地方经济的发展。

　　在滇盐盐税上交中央的同时，云南的财政一直是以入不敷出的形象见之于世的。因此，清王朝中央及四川、湖北、湖南等省的协饷拨济成了云南财政收入中不可缺少的组成部分。清末各省援助云南协饷中，基本固定的有两大部分：一部分是"协滇月饷"：四川省自光绪十二年（1886）起每月解银3万两，湖北省自光绪十五年（1889）议定后每月解银2.3万两，湖南省自光绪十二年起每月协解滇饷银2万两⑥，三省每月协滇月饷共计7.3万两，每年共计87.6万两；第二

---

①　赵尔巽等撰：《清史稿》卷123，志九十八，食货四，"盐法"，中华书局1977年版，第3634页。
②　据曾仰丰《中国盐政史》记载："中国产盐区域，占地极广，属于海盐者为区七，曰两淮、曰两浙、曰福建、曰两广、曰山东、曰长芦、曰辽宁，属于池盐者为区二，曰河东、曰西北，属于井盐者为区二，曰四川、曰云南，均经设有场区。"而西北盐区无论在规模还是影响力方面都落后于云南。上海书店出版社1984年版，第56页。
③　《新纂云南通志》卷152，财政考三，岁入三，课税一，盐课，清末各井盐课数目，第309页。
④　据《续云南通志长编》卷43，财政一，地方岁入一，概说，第505页。
⑤　据《续云南通志长编》卷58，盐务三，征榷，正税额征，"民国元年至三十三年盐税统计表"，第1198页。
⑥　参见《新纂云南通志》卷153，财政考四，岁入四，课税二，协饷，第328—329页。

部分是各省筹拨云南的运京铜本中的"常年铜本"：山西省 5 万两，江西省 3 万两，陕西省 1 万两，湖南省 1 万两，江苏省 6 万两，安徽省 1 万两，两淮 1 万两，四川省 4 万两，共计 22 万两①。这两部分额定协滇饷银加起来达到了约 110 万两。历代云南地方政府都明白，云南要自给自足，唯有发展地方实业，而云南实业首推矿务、盐务。辛亥革命后，各省纷纷独立，对云南的协饷也停止，更使得云南财政处于内外交困的窘境。

云南丰厚的盐税与财政收入经常困窘间的巨大反差，加之唐继尧军阀不断地扩军，引起军费不足，这些都促使云南地方政府将目光紧盯在了盐款上面。因而，整顿盐务便成了唐继尧的首要任务。总的来说，唐继尧为了补充军费、缓解财政危机，采取了以下整顿盐务的措施：

其一，在运销方面实行民制、民运、民销。唐继尧政府规定，盐商购盐不限井区，销盐不拘销岸，给了盐商购销两方面充分的选择权。在征税方面，实行就场征税，税后任其所之的政策。这种政策大大刺激了盐的生产和运销，相应地，盐税也大幅增加。同时，鼓励商人运销边岸，"以抵制越南、缅甸私盐"②。大大扩展了滇盐行销区。

其二，截留正税、增加税率。截留盐税问题实际上是北洋政府、帝国主义和地方军阀凭借自己的实力对盐税权的争夺问题。而云南在截留盐税中尤显突出。以 1923 年为例，以云南为主的滇、川、粤三省"奉准截留 375 万元，而自行截留达 2645.7 万元"③。自行截留数为奉准截留数的七倍之多。在截留盐课正税的同时，唐继尧还加重了税率。1913 年北洋政府公布的统一盐税税率为"每百斤二元五角"④，但云南盐税税率在当年最低时为每百斤 8 角 2 分，最高时为 3 元 8 角

---

① 参见《新纂云南通志》卷 153，财政考四，岁入四，课税二，协饷，"附各省常年协滇铜本银两一览表"，第 332—333 页。

② 唐仁粤：《中国盐业史·地方编》，人民出版社 1997 年版，第 699 页。

③ 南开大学经济研究所经济史研究室编：《中国近代盐务史料选辑》第 1 册，南开大学出版社 1985 年版，第 375 页。

④ 孙翊刚、董庆铮：《中国赋税史》，中国财政经济出版社 1987 年版，第 326 页。

6 分；1915 年则已增至最低为每百斤 2 元，最高为每百斤 4 元 7 角①。云南地方正税税率几乎增加到中央政府统一规定的两倍。

其三，增收军饷捐。民国以来，云南由于多次出兵参加护国、护法、援蜀、援黔等军事活动，军费开支巨大。为了解决军费问题，唐继尧增加了军饷捐的征收。此征款"自民国九年十二月起，按每盐百斤抽军饷捐一元……十四年复以各路军队一律调回收束改编，本省税收不敷开支，议再加收一元，连前共合二元，自十五年一月起实行"②。由于此后云南战事不断，此项增收盐款至民国二十七年（1938）盐务管理局接办后仍然没有停止。而苏白仙提到的"当时正税每担为三元五角，附加军饷捐为二元"③，显然这里附加军饷捐 2 元是民国十五年（1926）以后的征收标准。唐继尧征收的军饷捐属于地方附加税，在当时是很重的④。"1917 年的全国附加税为 53.4 万元，而 1926 年达 301.2 万元"⑤，全国附加税九年之间增加超过四倍之多。其中，1926 年云南地方附加税仅军饷捐一项就达 101.87 万元⑥。军饷捐是唐继尧滇系军阀的政治资本，他们凭此拥兵逞强，多次用兵。

其四，开通滇盐销路。唐继尧为了增加滇盐的销量，加强了食盐运销线路的建设，兴建了昆明—曲靖、宣威—平彝公路，这为滇盐下一步拓销曲靖、宣威、平彝打下了基础，并为后来滇盐行销贵州市场做好了前期准备工作。同时拟建邕滇铁路⑦以改善运输，而该铁路是

---

① 丁长清：《民国盐务史稿》，人民出版社 1990 年版，第 119 页。

② 《续云南通志长编》卷 58，盐务三，征榷，地方附加税，军饷捐，第 1204 页。

③ 苏白仙：《云南盐务概况及其内幕》，载《云南文史资料选辑》第 29 辑，云南人民出版社 1986 年版，第 104 页。

④ 《续云南通志长编》卷 58，盐务三，征榷，地方附加税，军饷捐，"云南盐运使署征收支解军饷捐款一览表"的统计：刚开始起征军饷捐的一年里（民国九年十二月至民国十年十二月），征收军饷捐 695010.493 元；议定加收一元后（每百斤改征 2 元后）的民国十五年，收入数为 1018705.413 元；民国十九年甚至达到过收入 4108298.99 元的高峰，第1205 页。

⑤ 贾士毅：《民国续财政史》（二），商务印书馆 1934 年版，第 190 页。

⑥ 《续云南通志长编》卷 58，盐务三，征榷，地方附加税，军饷捐，第 1205 页。

⑦ 即蔡锷曾经提议过的从云南昆明修至广西南宁的铁路。

要经过贵州境内的。不可否认，交通运输的改善有利于滇盐扩大销量，同时反过来又促进了滇盐的生产。

综上所述，盐在云南财政收入、地方经济社会发展中的重要地位与云南省情①之间的矛盾，是唐继尧整顿盐务的根本原因。而唐继尧所采取的一系列整顿措施，实质上是一种强内举措（增强滇盐的竞争能力），它无疑为滇盐向外扩张（如后来发生的抢占川盐在云南的原有销售市场，与川盐抢占贵州市场等）侵销开辟了道路，更为滇系军阀的对外用兵提供了坚实的物质基础。所以说，盐在滇系军阀的形成过程中起了重要作用。

（二）引岸之争：滇军发展期的对外扩张起点

由来已久的引岸之争，是云、贵、川三省地方经济发展中长期存在的一个问题，其实质是川盐与滇盐争夺贵州市场的斗争，对川、滇、黔西南三省军阀的形成、发展及其衰落有很大影响。滇盐在这场斗争中最终因军事上的滇黔联合而取得了对外侵销的阶段性胜利，这不仅使云南财政收入剧增，同时在经济上、军事上使滇系军阀逐渐控制了贵州，实现了唐继尧对外扩张的关键性一步的胜利。

很久以来，中国就实行一种引岸制，即所谓的"行盐有引，销盐有岸"②。引岸制规定，某一产区食盐限定行销固定区域，禁止越界，出境受罚。由于划定各盐场的行销范围是以各大盐区的产量、地域远近、运输便利及传统习惯等因素为依据，因此按规定："云南的滇盐只销本省，而川盐除行销四川外，还行销贵州、湖南大部分地区、湖北部分地区。"③ 由此可知，同是井盐，滇盐销路受到严重限制，相较之下川盐却一直占优势。光绪三年（1877），川盐"全省销盐45585 万斤"④。而清光绪、宣统年间云南行盐区域，"黑井区（元永、琅井、阿陋、草溪、只旧、安宁等井附）年共奏销正加各项额盐

---

① 云南财政经常处于困窘状况，但能够开源的地方（特别是能够称为大宗收入者）并不多。
② 丁长清：《民国盐务史稿》，人民出版社 1990 年版，第 70 页。
③ 唐仁粤主编：《中国盐业史·近代当代编》，人民出版社 1997 年版，第 18 页。
④ 唐仁粤主编：《中国盐业史·地方编》，人民出版社 1997 年版，第 639 页。

一千六百一十四万一千七十二斤。白井区（乔后、喇鸡鸣、丽江、云龙、弥沙等井附）年共奏销正加各项额盐九百六十九万一千八百五十斤。石膏井区（磨黑、按板、恩耕、抱母、香盐、景东等井附）年共奏销正加各项额盐一千零六十二万五千斤"①。清光绪、宣统年间三井区共计奏销盐3645.8万斤左右，只占川盐总销量的8%左右。这种局面对滇盐拓展市场是极为不利的。

早在清代，云南地方势力就为扩大滇盐销路而采取过冲击固定引岸的行动，如乾隆十六年（1751），"巡抚爱必达以昭通、东川二府逼近金沙江，开运京铜，因系新辟苗疆，驮脚裹足不前，必令驮回川盐始能接济生理，奏准将东川、宣威、平彝（今富源）、沾益、南宁（今曲靖）等属原食川盐二百四十余万斤，著为定数，存留昭、东二郡行销，以济驮脚而足民食。其南宁、沾益、平彝、宣威等处，照旧领销滇盐"②。在这次川滇盐销区争夺中，滇盐夺回了部分原属自己的省内销区，取得了一定程度上的胜利，但是，在争夺省外销区方面，终因引岸制为中央政府支持，加之交通不便，盐井"地无舟车，全恃人力；煎无煤草，运费工本皆重"。结果，在侵销黔岸的竞争中滇盐不仅惨败且"一蹶不振"③。1913年，唐继尧掌握了云南大权之后，制订了许多有力措施，全面发起了对引岸制的冲击。一方面，采取多种措施加强滇盐的自身竞争优势；另一方面，通过拉拢黔系军阀④共同排挤川盐销黔。

随着滇黔军阀势力的发展，滇黔军阀开始相互勾结，共同排挤川盐。如盘县原为川盐销区，历史上滇盐也有销盘县的经历，因而滇黔军阀联合起来，很容易排挤走川盐，进而为滇盐进入打开了通道。

在滇盐加强侵销川盐黔岸的同时，云贵当局还进一步采取了限制川盐销售贵州的做法。川盐进入贵州销区的过境之税重，自然使

---

①《新纂云南通志》卷149，盐务考三，运销，清光宣间行盐区域，第216页。

②《新纂云南通志》卷149，盐务考三，运销，借销邻盐，川盐，第219页。

③（清）赵尔巽等撰：《清史稿》卷123，志九十八，食货四，"盐法"，中华书局1977年版，第3609页。

④ 如唐继尧联合黔军刘显世排挤川盐行黔，积极推动滇盐行黔。

入黔川盐成本剧增，盐价自然也就居高不下。原本川盐入黔是以质优、价廉著称，大受贵州民众欢迎。但是，在滇黔军阀的勾结下，通过对川盐重重征税，其盐价远远高于入黔的滇盐，致使入黔川盐与滇盐在贵州市场竞争中不免处于劣势。

总的来说，滇盐在与川盐引岸之争中的阶段性胜利，既对云南财政的好转和全省民众的生计关系重大，更使滇系军阀获益匪浅，它不仅使滇军的军费收入剧增，为其发展和对外扩张作了充分的经济准备；更使其军事实力大增，使黔系军阀成为其傀儡。从这个意义上讲，唐继尧成功地实现了从经济入手，进而控制贵州政治的计划。

（三）截留盐款：滇军进入鼎盛期的经济后盾

护国运动是云南近代史上的一件大事。护国战争的胜利，不但使唐继尧威望大增，而且滇系军阀也开始进入鼎盛期。护国战争的胜利，离不开盐款的大力支持。更重要的是，如果没有盐款的筹集，战后云南的负债将会更加巨大，因此，盐款的截留无疑有利于战后云南经济的恢复。所以说，盐款实为滇系军阀进入鼎盛期的强大经济后盾。

辛亥革命后，云南财政状况一度好转，主要得益于盐款。当时，云南财政收入中协饷部分断绝，面临"滇省自护国、靖国以来，频年用兵，军需浩繁，财力艰窘"[①] 的困境。蔡锷在致电中央时指出："前清宣统三四年预算案，云南岁出约需库钱 600 余万两，地方行政经费尚不在内。而本省岁入不及 300 万，故每年由库拨款及各省协济160 余万外，尚不敷 100 余万。"[②] 云南的财政收入似乎更加严峻。但是，据 1912 年至 1915 年云南财政收支资料显示，财政状况却大大好于清末，见表 5[③]。

---

① 《续云南通志长编》中册，卷58，盐务三，征榷，地方附税，军饷捐，第1204页。

② 万湘澂：《云南对外贸易概观》，新云南丛书社，民国三十五年十一月二十日初版，第183页。

③ 《云南省经济综合志》编委合编：《云南省经济大事辑要》（1911—1990），云南经济信息报印刷厂1994年版，由第3、6、8、10页整理而得。

表5　　　　　　　　　1912—1915年云南省财政收支　　　　　单位：元

时间	收入	支出
1912 年	6393781.096	6201663.483
1913 年	7317378.637	7591010.964
1914 年	6746030.888	7471709.930
1915 年	4404994.692	4389985.766

从表5可知，民国初年云南财政并不像想象中的那样糟糕，相反有所好转。以1912年为例，云南财政收入为639万余元，支出620万余元[①]，收支两抵尚余19万元。民国元年云南财政收入是清末[②]的两倍，何以会出现这种奇迹？显然这与云南盐税有关。正如《续云南通志长编》记载：云南"光复后，协饷骤停，应需军政费用全恃盐款以为挹注"[③]。因此，云南将盐款截留下来而不解往中央，是民国初年云南财政好转的一个关键原因。盐款截留，也为护国运动的发展奠定了较好的经济基础。

护国运动，云南以一省之力首先发难，其意义正如周钟岳所述："中国自共和以来，政局飘摇，屡经变动。而其中于国体最有关系者有三：其一，袁世凯之帝制自为……至于第一第二两次，则仗义兴师拥护共和皆自云南始，此天下共知。"[④]然而，"滇以贫瘠之区，发此巨难，糈饷之出，至为艰巨"[⑤]。为了应对战争之巨大军费需求，护国军政府专门设立了筹饷局。根据《续云南通志长编》卷三记载，

---

① 《续云南通志长编》卷43，财政一，地方岁入一，"概说"的记载：民国元年共收入"银六百三十九万三千七百八十一元零九仙六厘"，共支出"银六百二十万一千六百六十三元四角八仙三厘"。见《续云南通志长编》中册，第505页。
② 据《续云南通志长编》卷1，大事一，光复一，"建设"的记载："当前清时，每一年岁入，不过三百余万两，而岁出年约需六百余万。"见《续云南通志长编》上册，第19页。
③ 《续云南通志长编》中册，卷58，盐务二，征榷，拨留协款，第1210页。
④ 周钟岳遗稿：《云南护国首义之历史谈》，载中国人民政治协商会议云南省委员会文史资料研究委员会编《云南文史资料选辑》第2辑，1963年版，第156页。
⑤ 《续云南通志长编》上册，卷3，大事六，护国四，军务，第47页。

护国军军费先后筹到款项近 950 万元①，其中截留上交中央盐款 167 万余元，仅次于提借中国银行的 200 万元，占总筹款额的 17.6%。足见银行借款和盐款是筹款中的大宗。因此，护国战争的胜利，既离不开云南人民的大力支持，更离不开以盐款为主的经费作为其坚实的经济后盾。可以说，盐款在护国战争中起到了举足轻重的作用。此外，盐款还减轻了战后云南的经济负担。在护国经费中，有近 650 万元②的筹款是必须偿还的，这无疑会导致战后云南财政赤字大增，人民负债累累，生活极端困苦。但是，167 万元的盐款却无须偿还，它无疑大大减轻了云南的债务负担。同时，战后截留的盐款对经济的恢复也起了积极作用。

从护国战争的胜利我们更应该深刻地认识到：袁世凯的失败并非全是军事上的失利，究其根本是经济上的失败所致。在护国战争爆发前，袁世凯"善后大借款"，使帝国主义控制了中国的盐税，卡住了北洋政府的财政咽喉。其结果是：一使北洋政府财政收入锐减，只能得到抵偿外债后所剩的盐余；二使全国经济处于混乱状态，各地军阀任意截留盐款，增强了地方军阀的经济实力；三使袁世凯威信尽失、民心背离，造成地方各省群起而攻之的局面，同时也导致北洋军阀内部貌合神离，分离倾向加剧。正是基于上述三点，看似军事上十分强大的北洋军在护国战争中竟节节败退，直至最后一败涂地。

纵观整个护国运动的过程，盐款的确在护国战争最终取得成功中起到了巨大作用。同时，盐款也为战后云南经济的恢复作出了重要贡献。进一步讲，正是由于盐款对军费的补充，滇军实力迅速发展，为

---

① 据《续云南通志长编》记载卷 3，大事六，护国四，"军务"的记载：护国军军费筹款来源共有 11 项："一、裁并闭冗机关，停办中学以上学校，移其费作军用者，月约三万元；二、筹饷区劝导各县捐济者，综计三十五万一千余元；三、分派左直等人往南洋、香港、越南、缅甸各处劝募华侨捐款，先后共一十二万八千余元；四、截留盐款共计一百六十七万余元；五、中国银行银币二百万元；六、提借各机关之款共计八十一万三千四百二十元零二角五仙；七、挪用之款计六十一万六千元；八、银行借用之款计二百三十三万元（包括发行中国银行纸币一百三十五万元，富滇银行及香港富记解还总分九十八万元）；九、各县摊借之款一百一十四万元；十、黔省借垫之款一十八万四千八百四十五元；十一、广西保安公司借垫二万一千一百四十四元。"见《续云南通志长编》上册，第 47—48 页。
② 包括护国军军费 11 项筹款来源中的一、二、三、四、七，共计 5 项。

此后控制四川奠定了基础。护国战争的胜利，就云南而言，换来的仅是唐继尧个人威望，使其大有振臂一呼，应者云集之势，而云南人民却为此付出了惨重代价（战后面临的巨额欠款）。云南截留的盐款如果用在经济建设上，一定会为云南地方经济的发展作出更巨大的贡献。

（四）掠夺川盐的得与失：滇军由盛而衰的转折点

四川向来有"天府之国"之美称，而川盐无论数量或质量上在全国井盐产地中都占据领先地位，加之无论谁控制盐井，都是一本万利的事，因此，唐继尧要问鼎中原，做东大陆主人，必须先控制四川。而控制四川，当首先从控制自流井开始。在唐继尧以兵敛财、掠夺川盐过程中，当滇军占据自流井后，其势力发展到了极盛。然而，滇军一旦退出自流井，则迅速走向没落。可以说，滇军失去自流井的控制权，是其势力由盛而衰的转折点，这充分表明了盐对滇军发展的重要性。

对唐继尧来说，派兵抢占自流井早有预谋，是其入主四川的第一步棋。护国战争一结束，野心勃勃的唐继尧不甘心做一省都督，试图借护国之机，首先控制贵州、四川，进而入主中原，"唐继尧在护国战争结束后，利用护国的声威，借'护法'、'靖国'的题目，以'北伐'为名，进行扩张"[1]。当时唐继尧深刻认识到，以偏居一隅、经济落后的云南作为其割据称雄的基础远远不够。但是，如果把已驻扎在经济发达、便于控制的驻川滇军拒不撤回，并就地驻防筹饷，则为其野心的实现提供了可能。滇军将领黄毓成更坦率地说："蜀中财源大半多于自、贡两井，约计年出款几近千万金。……我军听其漫无经理，将何以平蜀固滇而维大局。"[2]

唐继尧时期滇军在四川掠夺自流井的以兵敛财行径，大致经历了两个阶段。其中，从袁世凯死后至入川滇军改编为国军是第一阶

---

① 谢本书：《论唐继尧》，载西南军阀史研究会编《西南军阀史研究丛刊》第1辑，四川人民出版社1982年版，第92页。

② 《黄毓成致云南军都督府电》，1912年2月1日，见《云南辛亥革命史料》，云南人民出版社1981年版，第355页。

段。这一时期，唐继尧大量增兵四川，并且密电入川滇军将领："入川滇军要长久在四川驻防，非有唐的命令，不能离川。"① 并且，在南北和议期间，唐继尧通过讨价还价，使出省滇军被编为国军，从而正式取得了驻川的合法地位，但饷项供给却全由中央统一划拨。这样，入川滇军已无须由云南财政负担供给，迈出了以兵敛财的第一步。

然而合法敛财的手段并未维持多久。唐继尧以川盐养驻川滇军的举措，势必与四川军阀的发展产生利益冲突，其"强滇弱川"政策必然会激起四川军阀的不满，而此后爆发的川滇军阀之间的"刘罗之战"②，使唐继尧刚刚形成的合法敛财局面化为泡影。于是，不甘心失败的唐继尧于 1917 年借张勋复辟之机，组织"靖国军"北伐。他以"川省为义师必经之地，倘内乱未弭，则后顾多忧，故思惟北伐，宜先靖蜀"③ 为由增兵四川，开始了在滇军控制的自流井一带非法敛财的第二阶段。

自流井一带是四川著名的产盐区。以 1915 年为例，川盐税收总计 673 万元，而以自流井为中心的川南地区竟有 576 万元，占总盐税收入的 85% 以上④。所以，川南自流井的盐款就成了滇军志在必得的首要目标。

唐继尧进占自流井后，滇军大肆攫取盐款以补充军费。当时滇军谢汝骥部以此筹款 30 万元⑤，以至犍为、乐井等盐井纷纷派代表告

---

① 李乐伦：《护国之役后四川的动乱局面》，载《四川军阀史料》第 1 辑，四川人民出版社 1981 年版，第 95—96 页。

② 滇军总参谋长罗佩金代替蔡锷暂署四川督军后，由于奉行唐继尧的"强滇弱川"政策，激起川军不满，1917 年 4 月 18 日，川军第二师师长刘存厚联络川军各部，围攻驻成都皇城的罗佩金部，"刘罗之战"爆发。战争以罗佩金被迫交出督印而结束。

③ 东南编译社编述：《唐继尧》，震亚图书局民国十四年（1925）版，第 78—79 页。

④ 杜凌云等：《四川自流井盐税的掠夺战》，载《文史资料选辑》第 33 辑，中华书局1963 年版，第 188 页。

⑤ 《谢汝骥致蔡锷电》，1912 年 2 月 5 日，见《云南辛亥革命资料》，云南人民出版社1981 年版，第 362 页。

急，指责滇军"北伐是名，实则凯川殷繁"①。驻川南滇军非法掠夺自流井盐款实际上早在护国战争时就已经存在。如罗佩金代理蔡锷任川督只有数月，却"勒提税款逾七百万"②，在他退出成都后，仍霸占自流井，"将中央所拨之盐款，则潜输滇省"③。护法战争中，进驻四川的滇军和黔军借出兵之名，又乘机分别占据了自贡自流井、泸州、重庆等地，1920年，仅滇军顾品珍（靖国军第一军军长）、赵又新（靖国军第二军军长）两部搜刮盐款就达200余万④。不仅滇军到处掠夺盐款，唐继尧更是亲自到重庆主持五省联军会议⑤，解决如何将川盐盐税、厘税、兵工厂归其总部主持的问题，俨然是以川盐主人的身份来主持这次会议。因此，1920年5月，川军总司令熊克武联合刘湘等川军驱逐驻川滇军，在所公布的唐继尧入川后的各种罪行中就有"竟使渝泸叙地资归滇黔，欲借联帅之公名为垄断川省盐款共同之实利"⑥。可见，四川、云南、贵州军阀齐聚四川，其驻军也罢，行军也罢，往往围绕川盐道而进退，而相继发生的川滇军阀之间、滇黔联军与川军之间、川军内部之间的战争，经常是逐盐场而进行的。

大致说来，滇军对自流井的掠夺，主要有以下几种方式。

其一，截留盐款，以解决滇军军饷。自1916年滇军刘法坤部进驻自流井后，自流井的盐款就成了滇军的主要军饷来源。刘法坤到井，估计提取盐款除了其中5%供盐务稽核所留用外，其余全部充作滇军费用。以至于1917年四川都督周道刚在《告滇军官兵书》中揭

① 《胡景伊致蔡锷电》，1912年4月20日，见周开庆编《民国川事纪要》，四川文献研究社1972年版。
② 《刘湘通电》，1917年4月19日，见周开庆编《民国川事纪要》，四川文献研究社1972年版。
③ 《川军第一军司令部布告》，1917年4月20日，见周开庆编《民国川事纪要》，四川文献研究社1972年版。
④ 林建曾：《试论盐务与川、滇、黔军阀形成发展的关系》，载西南军阀史研究会编《西南军阀史研究丛刊》第2辑，贵州人民出版社1983年版，第68页。
⑤ 1918年9月，唐继尧以商讨北伐为名，在重庆召开了川、滇、黔、鄂、豫五省联军会议。
⑥ 《刘湘等通电》，1920年11月7日，见周开庆编《民国川事纪要》，四川文献研究社1972年版。

露："唐（继尧）罗（佩金）枭桀……攫取川省外府之财，饱彼无厌之欲。"① 从滇军入川后的所作所为来看，攫取川盐盐利之说绝非污蔑。滇军庾恩旸（靖国军第三军军长）在向唐继尧的报告中更是毫不隐讳地说："盖略地括款，如自井一带地方富庶，筹款颇易。除士兵薪饷如数发给外，有余则卷入私囊。"② 虽然滇军提取四川盐款屡屡被中央来电斥责，然而唐继尧却在掠夺川盐款上依然我行我素。

其二，开征附加税，增加军费来源。滇军进驻自流井后，巧立各种名目，征收川盐附加税。"滇军驻川军队往往各就所在地竭力搜刮款项，无人统一，抑亦无法统一。"③ 如驻自贡自流井的滇军先后开征有整理费、护商费等盐课外的额外税目。"驻泸州滇军对自贡下运之盐每儎收 800 元特别军费。尽管商人已付出如此沉重的代价，但盐运道仍然受阻，每儎盐又要额外加收 800 元'保险费'，当时停泊的 800 儎盐即付出 60 万元。"④ 仅此两项附加税每儎就要多加收 1600 元，而停泊的 800 儎盐如要运出，则还须补交巨额保险费，两者相加数额庞大。

其三，强行抢劫，敲诈勒索。驻自流井的顾品珍部战败退出时，明火执仗地抢劫四川盐务稽核所盐款，掠夺走了全部盐款。同年底，滇军金汉鼎旅重新打回自流井，借口三多寨团防曾帮川军打击滇军，"全寨被罚引盐 100 儎，约值 20 万元"⑤。败走时掠夺盐款，返回时又以各种借口获取盐款，充分说明在川滇军对川盐盐款已经十分依赖。

---

① "赵又新转川督周道刚《告滇军官兵书》电"，载《云南档案史料》第 4 辑，云南省档案馆，第 49 页。

② "庾恩旸建议唐继尧滇军入川电"，载《云南档案史料》第 2 辑，云南省档案馆，第 36 页。

③ "庾恩旸建议唐继尧滇军入川电"，载《云南档案史料》第 2 辑，云南省档案馆，第 36 页。

④ 钟长永等：《川滇黔军阀对自贡川盐的劫掠和控制》，载西南军阀史研究会编《西南军阀史研究丛刊》第 2 辑，四川人民出版社 1983 年版，第 129 页。

⑤ 陈凯崇等：《辛亥革命至解放前夕自贡地方驻军情况》，载中国人民政治协商会议四川省自贡市委员会文史资料研究委员会编《自贡文史资料选辑》第 10 辑，中国人民政治协商会议四川省自贡市委员会 1982 年版，第 305 页。

其四，贩卖大烟，以抵盐款。自滇军刘法坤部驻自流井后，自流井区大烟、赌博特别兴旺。滇军贩卖随军带去自流井的大烟，并以盐作抵，无疑是变通后获取盐款的又一途径。其具体做法是，滇军估取灶户之盐，然后以高价烟土抵价。如张家山天海井"收回的烟土每两以生银七元接手，而井灶需要开支，卖出时仅六元左右，明知折本，莫可奈何"[①]。滇军通过这种强制手段从中牟取暴利。

唐继尧对自流井的掠夺，一方面使滇军军费剧增，实力迅速发展，并控制了四川的主要经济命脉，其势力达到空前鼎盛阶段；另一方面滇军的肆意掠夺激起了川军各部的反对，最终导致唐继尧战败并退出自流井，自流井这块盐款重利失去后，唐继尧也失去了对外扩张的势头。

川盐与滇系军阀的关系，还可以从滇军一旦退出四川自流井，唐继尧不仅失去向外扩张的劲头，而且内部矛盾迅速激化来做反证。在1920年5月熊克武发动川滇大战时，滇军战败，顾品珍率滇军残部退回云南，不但唐继尧以兵敛财告一段落，而且滇系军阀内部的矛盾也马上尖锐化。滇军驻川时，由于驻川滇军军需不但无须云南供应，还可以为云南输运大量川盐盐款，因此，财政来源本来奇缺但却连年征战的云南财政危机并没有糟糕到极点，这在相当大程度上归功于截留滇盐盐款和掠夺的川盐款项。然而，当驻川滇军失去自流井盐款后，一方面云南失去了一宗额外收入，另一方面退回云南的滇军开支增加了云南财政支出，使其更为艰难。唐继尧政府财政收入减少了一大块后，即使将解部之盐税、烟酒税、印花印、验契等五项专款留作军政费用，而驻滇滇军增兵太快，经费开支浩大，财政收入仍显严重不足。换言之，云南财政已经恶化到无财养兵的程度，在一定程度上，也是顾品珍率师倒唐[②]的原因之一。

① 陈凯崇等：《辛亥革命至解放前夕自贡地方驻军情况》，载中国人民政治协商会议四川省自贡市委员会文史资料研究委员会编《自贡文史资料选辑》第10辑，第306页。

② 1920年5月，川滇军阀爆发大战，滇军战败，顾品珍以"士兵厌战"为由，从自流井率师返回昆明，驱除唐继尧。与此同时，滇军叶荃的第八军倒戈，杨蓁、邓泰中通电请唐继尧下野。面临大军和内部分裂困境的唐继尧被迫于1921年2月通电辞职，远走蒙自，最后离开云南到香港。1922年3月，唐继尧率部返回昆明，重新控制了云南政权，即历史上的"二次回滇"。

唐继尧下台后虽有"二次回滇",但已经是日暮西山了。

从滇系军阀的发展史来看,滇军控制自流井时期,正是唐继尧滇系军阀的极盛时期。在"靖国"旗帜下,"唐继尧俨然以川、滇、黔、鄂、豫、陕、湘、闽八省联军总司令自命"①,势力空前强大。而这种军事上的强大正是川盐这一经济后盾有力支持的结果。但是,一旦失去这一支持,处于鼎盛的唐继尧立刻江河日下,一蹶不振。因此,对川盐争夺的得与失,无疑是唐继尧军阀盛与衰的关键。

(五) 小结

通过对唐继尧时期云南财政和政局、云南经济和社会的分析研究,我们发现,自辛亥革命后,以唐继尧为首的滇系军阀其产生、发展、鼎盛及衰落过程,自始至终与盐有着密不可分的内在联系。首先,唐继尧发家的经费主要依靠盐款;其次,护国战争爆发前云南财政的一度好转也主要依赖于截留的盐款。云南近代史上影响最大的护国战争胜利也同样离不开盐款的大力支持;而此后云南历史上的以兵敛财时期,更是把对盐款的掠夺作为其首要目标。这种在云南财政收入中不入账、不上报中央,任意加收的特殊财富——盐款,无疑是滇军能够连年征战的有力保证。

然而,正是这种以兵敛财的方式激起了各地人民的强烈反抗,使有着光荣传统、能征善战的滇军失去了广大滇川两省民众的支持,最终导致了唐继尧的失败。这种以兵敛财手段的结果,只是使滇系军阀在对外扩张中实力剧增,但却并未使云南财政摆脱困境,反而把云南人民绑在了军阀混战的战车上,使财政在失去以兵敛财途径之后愈发困难。

纵观云南历史的发展,特别是民国以来云南的政局与财政,我们不得不承认盐款在军事中的重要性,也不得不接受这样一个事实,即正是云南地方当局的一再内外用兵,才使云南的财政赤字日益庞大,人民背上沉重的债务包袱。如果护国战争后云南地方当局能够息兵发展生产,以盐税全力支持经济的发展,并在财政上开源节流,那么,云南的财政困难是有可能克服的。

---

① 谢本书:《唐继尧评传》,河南教育出版社 1985 年版,第 104 页。

第六节 滇盐与文化

　　盐，上关国计，下关民生，是维持人们生活的必需品。盐不但在云南有着悠久的历史，而且在云南的经济社会发展中具有举足轻重的地位。由于盐类①的不同，生产规模与生产技术的差异②，历史上，滇盐的生产、运输、销售形成了自身独特的特点。与之相对应，也衍生出了独特而丰富的盐文化。面对丰富多彩的盐文化，如何发掘其文化内涵，如何进行科学的开发与利用，这些都是需要认真思考的。通过多种传播平台、途径来加强盐文化宣传，无疑是推进盐文化开发与利用的重要手段。

一　丰富而独特的云南盐文化

　　悠久的盐业发展史，赋予了云南盐文化多样的形式和丰富多彩的内容，包括了与滇盐有关的盐井遗址、建筑、生产工具、生产技术、盐运道、盐法、盐业思想、饮食、盐币及习俗等。

　　关于文化的构成以及形态，许多学者出于划分尺度和角度的不同，有着不同的见解，其中，以梁漱溟的观点最有代表性，认为"所谓文化不过是一个民族生活的种种方面"③，并将文化概括为精神生活方面（如宗教、哲学、科学、艺术等）、社会生活方面（如社会组织、伦理习惯、政治制度及经济关系等）、物质生活方面（如饮食、起居种种享用等）。与对文化的界定相类似，对于盐文化构成的表述亦较多，其中，又以曾凡英教授的观点为主流，"盐文化研究对象就是以盐为切入点，研究人类社会发展演变中，围绕盐而产生的各种社会历史现象背后的文化内涵、文化现象和文化事象，即盐的物质文化、制度文化和精神文化，以解释和说明盐对人类社会的重大意义和

---

　　①　与海盐、池盐、岩盐不同，滇盐属于井盐。
　　②　滇盐生产规模无法与海盐相比，也稍逊于池盐，与同是井盐的川盐相比，则远远不足。就生产技术而言，滇盐生产与海盐、池盐不同，与川盐也有区别。
　　③　梁漱溟：《东西方文化及其哲学》，商务印书馆1999年版，第19页。

作用"①。由此，我们可将文化中的云南盐文化也分为物质文化、制度文化和精神文化加以研究。

（一）物质型的滇盐文化

对于物质型盐文化的认识，曾凡英教授有过精辟的阐述："从盐的开发与生产来考察，仅仅认识到盐的经济角色则是远远不能说明盐在人类社会中的重大作用和盐业史研究中的其他重要问题。必须从人类认识、征服自然的科学技术史的角度才能给予有力的说明与客观的解释。"② 云南盐文化中的物质文化种类多，内容丰富，但无不蕴含着云南人民的科技创新智慧。

1. 盐产品中的盐文化

史书中关于云南食盐产品的记载，最早的当为"颗盐"。根据唐人樊绰所著《云南志》③ 记载："蛮法煮盐，咸有法令。颗盐每颗约一两二两，有交易即以颗计之。"④ 从记载可以看出，云南早期生产的食盐有一定的形制，而且曾经作为货币使用⑤。实际上也是如此，例如位于今天景谷县境内的香盐井、抱母井和茂篾一带的小井等，自清代直至民国年间，生产的都是小方块盐，每块重 40 克左右，有时亦兼作货币使用⑥。总体来看，就云南井盐生产的品种而言，在历史上煎制最多，销售最广者，首推云南特有的锅盐，其生产一直延续到中华人民共和国成立后的 20 世纪 80 年代。云南生产的筒盐，则位居次席。

---

① 曾凡英：《盐文化的内涵与特征》，《四川理工学院学报》2006 年第 2 期。
② 曾凡英：《盐文化的内涵与特征》，《四川理工学院学报》2006 年第 2 期。
③ 又作《蛮书》。
④ （唐）樊绰：《云南志》，见《中国西南文献丛书》第 3 辑《西南史地文献》第 11 卷，兰州大学出版社 2003 年版，第 27 页。参见（唐）樊绰撰，向达原校，木芹补注《云南志补注》，云南人民出版社 1995 年版，第 102 页。
⑤ 除樊绰《云南志》记载有唐代云南以盐为币的事实外，《马可波罗行纪》中"建都州""土番州"有元代云南用盐币的记载，明景泰《云南图经志书》卷 2 "武定府"、卷 3 "镇沅府"、卷 4 "楚雄府"、卷 5 "丽江府"都有以盐为币的记载，康熙《沅江府志》也有以盐为币的记载。云南以盐为货币的记载从唐代开始，经宋元，一直延续至明清。以盐为币的地区多为盐产区或远离盐产地的边远民族地区。
⑥ 《云南省志》卷 19《盐业志》，第 88 页。

2. 盐业生产技术中的盐文化

云南主要为井盐，直到近代前期，云南都是采用灶煎的方式制盐，从打井、汲卤到煎盐，程序比较复杂。井盐分为花盐和巴盐两种。花盐是待卤水煎至沸腾，用豆浆提清，以文火熬干成渣，再将此渣加水反复煎三次，即成为白色散盐；巴盐不需要用豆浆提清，第一次熬干成渣后放入锅内，周围用泥巴糊缝，再放水煎制，直到煎成一块盐饼（又称为"盐平"，为云南特有的称法）。在云南传统的制盐过程中，生产出来的井盐大部分为巴盐。

3. 建筑遗址中的盐文化

云南大姚石羊文庙建于明洪武元年（1368），当时位于老君、土主二庙之间。明万历三十七年（1609），白盐井盐课提举司提举汪丞默与朱起祥、徐文彩等人以文庙规模较小为由进行改建，并于1610年建成。石羊文庙建筑群，1981年被列为楚雄州州级文物保护单位，1993年又被列为省级文物保护单位。石羊文庙可以说承载了白盐井的盐文化。2012年，黑井盐业遗址中的大井盐井①、明清古盐井群②、复隆盐井③也作为禄丰古盐井群公布为省级重点文物保护对象。此外，还有大理云龙的诺邓井遗址、顺荡井遗址、乔后井遗址等。

4. 货币中的盐文化

云南有关以盐为币的记载，自唐以来的云南志书中就有。如前面提到唐代樊绰《云南志》就有云南以盐为币的记载④。元代云南以盐作为货币的记录更加翔实，马可·波罗在《建都州》中说："至其所用之货币，则有金条，按量计值，而无铸造之货币。其小货币则用盐。……每八十块值精金一萨觉（Saggio），则萨觉当是盐之一定分

---

① 又名黑牛井，始建于南诏国时期，位于金泉山的七星台下，是黑井最早开采的第一口盐井。
② 位于金泉山脚龙川江西岸，共包括9口盐井，分别为裕济井、德洋井、天恩井、金泉山1—6号井。
③ 位于黑井盐水菁南北两侧。
④ （唐）樊绰：《云南志》卷7《云南管内物产》。参见（唐）樊绰撰，向达原校，木芹补注《云南志补注》，云南人民出版社1995年版，第102页。

量。其通行之小货币如此。"① 由此可知，云南除用海贝、黄金、白银为币外，也有用盐块为货币的。类似的记载还见于《土番州》："境内无纸币，而以盐为货币。"② 明代仍有以盐为币的记载。明景泰六年纂修的《云南图经志书》中就记载有行盐币的事实：《武定府》中说："武定府风俗，交易用盐，土人懋迁有无，惟以盐块行使。"可见在一些民族地区盐币是作为主要通货行使的。《镇沅府》中说："盐色白黑相杂，而味颇苦，俗呼之曰鸡粪盐，交易亦用之。"《楚雄府》说："黑盐每块重二两，军民交易皆用之。"③ 无疑在这些地区盐币的流通仍然较为普遍。清初，在一些地区仍有盐币的流通，康熙《元江府志》说："贸迁，昔多用贝，今易以土盐，彝民甚便。"④ 可见，盐币不仅没有被排挤出流通领域，反而还侵占了一些此前贝币的流通区。在云南盐文化中，云南盐币的出现，使作为生活必需品的食盐也有了货币的功能，极大地丰富了云南盐文化的内容。

（二）制度型滇盐文化

制度文化以云南食盐的物质文化为基础，"但主要满足人的更深层次的需求，即由于人的交往需求而产生的合理地处理个人之间、个人与群体之间关系的需求"⑤。国家对云南特殊的盐法与云南运销体制的演变，形成了制度化、组织化的滇盐文化。

据《新纂云南通志》记载，清初云南"惟各井章制不一，时有更变"⑥。可见云南当时盐政管理方面较为松散，以商包商销的方式为主。然而，康熙四十三年（1704）左右，食盐的官运官销制度在云南确立，这样由官府对食盐进行控制的情形一直延续至嘉庆五年

---

① 《马可波罗行纪》第 116 章《建都州》，第 282 页。
② 《马可波罗行纪》第 114 章《土番州》，第 277 页。
③ （明）陈文等修：《云南图经志书》卷 2《武定府》、卷 3《镇沅府》、卷 4《楚雄府》，云南省地方志办公室翻印，1998 年。
④ （清）章履成纂修：（康熙）《元江府志》卷 1《风俗》，云南省图书馆据北京图书馆馆藏康熙五十三年（1714）刻本。
⑤ 衣俊卿：《文化哲学十五讲》，北京大学出版社 2004 年版，第 54 页。
⑥ 龙云、卢汉修，周钟岳等纂：《新纂云南通志》卷 147《盐务考一·沿革一》，1949 年云南省通志馆据 1944 年刻本重印。

（1800）。雍正、乾隆之后，由于产销矛盾不断恶化，云南食盐的发展过程中也曾发生过"压盐致变"事件，此次事件造成的影响极大，清政府被迫在嘉庆五年改革云南的盐法，其核心在于"灶煎灶卖，民运民销"①。遗憾的是嘉庆新制的核心精神并未在清朝后期一直延续，加之在咸丰、同治年间云南爆发杜文秀起义（"咸同军兴"）之后，云南地方经济凋敝，财政出现困难，因而改革最终仍归于失败。

（三）精神型的滇盐文化

云南盐文化中的精神文化，不仅包括了关于云南食盐的社会文化心理，而且还包括了与云南食盐有关的社会时尚和风气，是以意识、观念、心理等形式存在的文化。具体来讲，精神型的盐文化在云南主要有以下几类：

1. 诗歌民谣中的盐文化

云南盐文化的历史发展过程中，也曾有文人墨客留下与食盐有关的文章，也有在民间流传的一些关于食盐的民谣，这些文学作品丰富了云南盐文化的内涵，"盐在反映人们认识各种事物、社会现象，表达各种观念、情感的文学作品中也是有着十分重要的地位，值得认真研究"②。清代武陵人胡蔚写的《团盐谣》中就有："正余征盐八百万，不关井卤惟关薪。尽道团盐白于雪，那知团盐红若血。"③记载了盐业生产的艰辛。康熙《黑盐井志》中《偶游万春寺看天生碑次前朝韵》中有"上方兰若拥烟萝，古偈苔封傍碧峨。槛外人家惟煮海，滇中财赋赖通蹉"④，充分肯定了黑井盐税对云南财政的重要性。民国时期盐丰县知事赵淳的《购薪》诗："近山伐木已无声，樵采艰

---

① （清）师范纂辑：《滇系》三之一《事略》。
② 曾凡英：《盐文化的内涵与特征》，《四川理工学院学报》2006年第2期。
③ （清）郭存庄等修纂：（乾隆）《白盐井志·艺文》卷之四，载故宫珍本丛刊第228册《云南府州县志》第3册，海南出版社2001年版，第177页。
④ （清）沈懋价等修纂：（康熙）《黑盐井志》，云南省图书馆传抄北京图书馆藏康熙四十九年（1710）刻本。参见李希林主点校《康熙黑盐井志》，第219页。

辛度百程。增价购来真拟桂，灶中何以足煎烹?"① 足见当时食盐生产薪柴缺乏的状况。这些关于云南盐文化的诗歌与民谣，不仅是研究滇盐产运销等情况的另类佐证，其本身也是非常宝贵的盐文化。

　　2. 民间习俗中的盐文化

　　云南是多民族居住地区，也是我国重要的井矿盐产区。由于各自经济发展水平的不同和文化的差异，在使用食盐过程中形成了不同的风俗习惯。唐代曾有"初遭丧，三年不食盐"② 的习俗。云南虽然产盐，然而受地理环境及交通条件的影响，对于许多少数民族地区来说，食盐是一种非常珍贵的生活必需品，《滇志》曰："食货贵盐蒜，得少许，以为上味。居深山者，或没齿不知作咸焉。"③

　　虽然云南许多少数民族有着不同的饮食习惯，但是食盐已经成为他们生活中不可或缺的重要调味品。云南怒江地区的怒族有着喝盐巴茶的习俗④，彝族、普米族等一些少数民族中也有这种饮盐巴茶的习俗。还有云南的一些少数民族喜爱腌肉及各类蔬菜等腌制品，如傣族的一些腌肉就是将肉切成块，放入盐、硝、姜、蒜、辣椒等拌匀，洒一些酒再放入缸内进行腌制。云南三大著名的火腿——宣威火腿、鹤庆火腿、诺邓火腿，就是利用食盐进行特殊加工的。其中宣威火腿用的是黑井盐⑤，诺邓火腿用的是诺邓井盐，鹤庆火腿用的是乔后井盐。在一些少数民族的婚俗中也能看到食盐作为礼品的现象，如沧源佤族举行婚礼有送大礼和小礼之分，大礼送给女方父母，小礼送给舅父，其中，大礼要送盐 40 两，小礼要送盐 5 两⑥。此外，还有一些关于食盐的节日，如云南大姚县石羊镇就有"开井节"，昆明有"盐王会"，

---

　　① （清）郭存庄等修纂：（乾隆）《白盐井志·艺文》卷之四，载故宫珍本丛刊第228册《云南府州县志》第3册，第177页。

　　② （唐）张鷟：《朝野佥载》卷2，中华书局1985年版，第23页。

　　③ （明）刘文征撰，古永继校点：《滇志》卷30"羁縻志"第十二，云南教育出版社1991年版，第996页。

　　④ 饮盐巴茶的流程：先将小罐放在火炭上烤，然后将茶叶放入小罐中烤，等烤得有香气飘出再将热水倒入小罐之中，等沸腾后，再将盐块放入，就这样边煨边饮，直至茶味消失。

　　⑤ 《云南省志》卷19《盐业志》，第146页。

　　⑥ 参见鲁克才主编《中华民族饮食风俗大观·云南卷》，世界知识出版社2009年版，第431页。

西双版纳的磨歇也有祭祀盐神的活动等。这些围绕着食盐的风俗习惯已经成为当地文化中的重要内容。

3. 传说中的盐文化

《南诏野史》记载："楚雄县之黑井、琅井为佳。蒙氏时洞庭龙女牧羊于此，羊忽入地掘之，盐水出，故名白羊井。今称白井。若黑、琅二井，因黑牛与狼舐地知盐，故名以狼为琅，取音同也。"[①] 在《滇志》中也有类似记载，"李阿召，大理人。居七局村，所养之黑牛饮池中，肥泽异常，因得卤泉，报蒙诏开之，是为黑井。赐以官，不受，求为僧，赐紫袈裟。井民立祠祀之"[②]。《滇志》中也记载有白羊井的传说，"蒙氏时，有牧人于今白井提举司东一里许，见有一羝羊餂土，驱之不去，掘地，遂得卤泉。名曰白羊井。人即其地立圣母祠。及开桥头井，得石羊，云即餂土之羝羊也，后归于圣母祠。其井，即白盐井也"[③]。虽然是传说，但民间传说中的云南盐文化无疑影响了人们的生活和习惯，其价值也是不可忽视的，"传说……经一些文人整理后收入典籍，对以后的人们研究史实提供了不可多得的材料。云南的民间传说浩如烟海，但我们通过深入的研究，不难看出其中许许多多的传说与整个云南盐业的利用、开发有着密切的关系"[④]。

二 云南盐文化的特点

中国盐业历史悠久，食盐种类多样，"盐之来源，或出于海，或出于池，或出于井，或出于山……于是有海盐池盐井盐岩盐之产生"[⑤]。井盐则以四川、云南为代表，其生产技术与海盐、池盐、岩盐大不相同。同是井盐，四川与云南又有不同。与之相对应，云南盐文化也显示出其较为独特的特点，有些特点甚至是其他省份所没有的。

---

① （明）杨慎撰：《南诏野史》，台北：成文出版社 1967 年版，第 180—181 页。
② （明）刘文征撰，古永继校点：《滇志》卷 17 方外志第十，云南教育出版社 1991 年版，第 580 页。
③ （明）刘文征撰，古永继校点：《滇志》卷 32 杂志第十三，第 1027 页。
④ 黄培林、钟长永主编：《滇盐史论》，四川人民出版社 1997 年版，第 263 页。
⑤ 曾仰丰：《中国盐政史》，第 49 页。

（一）云南盐文化具有鲜明的地方特色

云南盐文化中，逐渐形成了具有云南特色的一些物质遗存与非物质文化。

首先，我们从一些与食盐有关的市镇形成或名称来源上进行分析。因盐兴起的较大市镇典型的是黑井镇，事实上，黑盐井区成为市镇的唯一因素便是产盐和食盐交易，正如《烟溪赋》云："兹维黑井，曩号烟溪……彼其时，溪之名虽未著，井之源叶已开，食用取资，固蒸黎之利赖，作咸润下，实天地之胎胚。"① 白盐井古镇的形成亦如此，乾隆《白盐井志》云："人以煎盐为业，办课用于滇省。"② 再以安宁为例，安宁是文字记载中云南产盐历史最悠久者，在西汉时已设盐官③，魏晋时已经成为整个南中地区的主盐井，"晋宁郡，连然县（安宁）有盐泉，南中共仰之"④。因此，不但安宁市镇的形成与产盐有莫大的关系，而且安宁在历史上之所以著名，也主要是因产盐的原因。以其得名来看，虽然后人多附会安宁之名以盐井发现人阿宁而得，显得有些牵强，但这无疑又从另一个侧面说明了安宁市镇形成与盐的因果关系。又以民国盐丰县、盐兴县的设置命名为例，其名称的由来无疑与本地区产盐有着直接的联系，取"盐丰""盐兴"之名，不单是一种期望，它还昭示出该地区食盐产量的丰盈。再以盐津县为例，其地原名为盐井渡，因曾设渡于城北产盐之地盐井坝而得名。事实上，民国六年（1917）设新县定名时称盐津，也含有盐井渡之意。其县政府所在地盐井镇的名称由来，也与镇北半公里处曾有盐井产盐有着直接的关系。

其次，我们看滇盐运道的文化特色。滇盐运道贯穿各大主要的盐井生产区，并延伸至各自的销区，甚至远至西藏。更重要的是，盐运道大多与另一著名商道"茶马古道"相重叠，有些与清代享誉中外的"滇铜京运道"相重合，既是盐运道，又是茶运道，还是滇铜运

---

① 李希林主点校：《康熙黑盐井志》，第282页。
② 乾隆《白盐井志》卷4艺文，刘邦瑞《修理白井路道德政碑》。
③ 《新纂云南通志》卷147，盐务考一，沿革一，汉，第143页。
④ 《新纂云南通志》卷147，盐务考一，沿革一，晋，第144页。

道。又因上述运道多以马帮运营为主，又可以称其为马帮古道。事实上，食盐、铜、锡、茶等大宗商品需求量的剧增，是近代云南马帮运输业高度兴盛的直接原因。三大运道的结合，将地处西南边疆的云南与外界紧密联系起来，形成了极为独特的盐运文化。

（二）云南盐文化中盐具有双重身份

云南盐文化中，盐不仅作为商品流通于市场中，而且在历史上长期作为货币流通。盐币在云南历史上的流通，上不晚于唐代[①]、宋[②]、元[③]、明[④]、清[⑤]皆能见于记载，甚至在民国时期[⑥]仍然能够见到。其流通区域则以云南一些经济发展较为落后的区域，特别是边远的少数民族地区为主。[⑦] 滇盐以商品和货币两种角色介入云南地方经济生活，这无疑是其一大特色，也是云南盐文化的一大亮点，因为在云南流通的盐币有其固定形制，与历史上国内其他一些地区在市场上曾出现过的食盐作为实物进行"以物易物"交换情形有本质上的区别。与中国几大海盐产区及四川井盐区相比，滇盐的产量和其在全国的地位都处于弱势，其煎盐费用大、运盐费用高的实情又使其在与他盐的竞争中常处于不利的地位。但是，滇盐在云南社会生活中所扮演的双重角色，却是不同于其他盐文化的特别之处，很值得大家进一步关注。

（三）云南盐文化的域外特色

历史上，越南、缅甸海盐曾经大量进入云南边岸，《新纂云南通志》引李经羲奏："又复西邻缅甸，南接越南，两处私盐，率皆价廉

---

① （唐）樊绰《云南志》卷7《云南管内物产》中就有以"颗盐"作为货币流通的记载。

② 林文勋有详细论述，参见林文勋《大理国货币流通分析》，《云南民族学院学报》1999年第3期。

③ 《马可波罗行纪》第114章《土番州》、第116章《建都州》中均有盐币流通的记载。

④ （明）陈文等修：《云南图经志书》卷2《武定府》、卷3《镇沅府》、卷4《楚雄府》均有以盐为币的记载。

⑤ 见康熙《元江府志》卷1，"风俗"条；康熙《广西府志》卷3，"市肆"条；雍正《临安府志》卷7，"风俗"条。

⑥ 方国瑜的《云南用贝作货币的时代及贝的来源》中就专门在文后附有"云南用盐块代钱的记载"。参见方国瑜《云南用贝作货币的时代及贝的来源》，《云南社会科学》1981年第1期。

⑦ 参见赵小平《历史时期云南盐币流通探析》，《盐业史研究》2007年第2期。

质美。民间惟便利是图，趋之若鹜，以故沿边之永昌（今保山地区及德宏州）、顺宁、临安（今红河州）、开化、广南等府属，直为海私灌输地。"① 而在外私进入云南的过程中，既有英法帝国主义指使下对云南边岸的冲击，也有云南马帮（特别是回回人）主动从东南亚的带入，正如英国人福布斯所说："至十八世纪末叶，云南回回商贾的经商区域，已从西藏的边境穿过印度的阿萨姆邦、缅甸、泰国和老挝，延伸至中国西南省份四川、贵州和广西。……大量资料证明，在云南从事长途马帮商贾活动的，主要还是回回。"② 这些马帮北抵西藏高原，运去茶、盐等商品，运回皮货等特产；南达中南半岛，运去茶、丝绸、瓷器等商品，运回珠宝、香料、海盐等特货。

可以说，云南与缅甸、越南间的食盐贸易史，特别是长时期、大规模的缅甸私盐、越南私盐的侵销史，不可避免地使云南边地的盐文化有了域外文化的痕迹，这是国内其他省份盐文化中比较少有的。

三　如何做好云南盐文化的传播工作

云南盐文化的多样性与独特性，成为云南文化的珍贵宝藏。但是，如何让云南盐文化广为人知，并发挥其文化带动作用，就需要我们在盐文化的宣传与传播方面认真研究，并要与云南地方经济社会的发展紧密联系起来进行思考。

"盐文化传播是指盐文化的传递。也就是人与人之间、人与社会之间通过有意义的符号信息传递盐的物质文化、精神文化的一类具有社会性、共同性的人类行为和活动的总称，它涉及盐文化的物质载体、精神内容等信息的传递、交流、交换与扩散。"③ 因此，从传播学的角度来研究盐文化及其传播是我们开发利用盐文化中必不可少的功课。

云南盐文化在传播过程中所借助的传播途径多种多样，而传播途

---

① 《新纂云南通志》卷148，盐务考二，沿革二，清二，宣统二年正月条，引云贵总督李经羲奏文，第202页。

② ［英］福布斯：《泰国北部的滇籍穆斯林——秦霍人》，姚继德译，《云南民族学院学报》1991年第2期。

③ 李朗、陈卓、文铭生：《略论盐文化传播》，《盐业史研究》2012年第1期。

径的不同必然会产生不同的效果和影响。

（一）现存的物质遗存成为云南盐文化传播的重要途径

云南盐文化的物质遗存是指滇盐的生产场地、生产工具及器具，盐民日常生活的场所，食盐运输的道路，与食盐相关的建筑、遗迹等。这些物质遗存，承载了云南盐文化的历史，即以自己特有的方式向人们传递着云南盐业发展演变历史。

首先，盐井古镇的文化旅游魅力成为盐文化传播的核心舞台。如"千年盐都"——黑井古镇和石羊古镇，前者因黑盐井而兴，1995 年被云南省列入第一批省级历史文化名镇①，2006 年又获得"中国历史文化名镇"称号，2010 年被评为"中国旅游文化名镇"。后者因白盐井而兴，并于 1993 年被列为省级文物保护单位②。再如"千年白族村"——诺邓，因出产诺邓盐而成名，"在州署东北。距石门十五里，山东山下，名大井，介两溪之中，深七丈，方围二丈余，卤脉微细，以人进井，舀入桶内，然后用木车扯出井，灶敷一百八袋，与金泉以角计者相似，而其名异"③。并于 2002 年列为云南省历史文化名村④。

其次，一些盐业建筑也是盐文化宣传的重要平台。云南食盐多为井盐，许多盐产地都有纪念盐泉的盐龙祠。"早在元代，昆明就建有一座规模较大的盐龙祠（现改为盐隆祠）。光绪元年（1875），磨黑盐大使率灶民在宝兴硐附近建盐龙祠。滇西乔后镇至今仍有保存完好的盐龙祠。"⑤ 此外，黑井古镇还有纪念盐水女龙王的龙祠。这些盐龙祠不仅作为云南盐文化积淀的符号出现，而且是盐文化传播的重要载体。

（二）大众传媒中的史学文献、刊物及文学作品是云南盐文化传播的又一重要途径

在云南盐文化的传播过程中，大众传媒的传播途径适应了不同文

---

① 参见李希林主点校《康熙黑盐井志》，第 338 页。
② 详见杨甫旺《千年盐都——石羊》，云南民族出版社 2006 年版。
③ （清）陈希芳纂修：（雍正）《云龙州志》卷 6，周祐点校，云龙县志编纂委员会 1987 年版，第 49 页。
④ 详见李文笔、黄金鼎编著《千年白族村——诺邓》，云南民族出版社 2004 年版。
⑤ 黄培林、钟长永：《滇盐史论》，四川人民出版社 1997 年版，第 286—287 页。

化层次水平的受众群体，使得盐文化的传播面更为广阔，影响更加深远。"一是专业期刊和专业书籍①作为盐文化传播的一个主要载体，在盐文化研究的专家、学者之间传递专业化的盐文化理论和盐文化研究的最新成果；二是一些大众文学作品中也蕴含着丰富的盐文化信息。诗歌、小说、戏剧等文学作品向人们展现了不同时代的盐业生产与生活场景，描绘了盐文化与当时的政治、经济、风俗、人情方面的种种交互关系。"②

随着当代信息技术的日新月异，人们也逐渐利用一些新媒介来了解和认识云南的盐文化，如音像资料和网络平台。进入 21 世纪以来，许多盐业古镇（如黑井古镇、石羊古镇、诺邓古村）都制作了与盐有关的音像宣传资料，并专门建立了自己的宣传网站，"由于网络媒体的多媒体性、海量性、时效性、全球性、互动性等特点，我们应该充分利用这种媒体，对现有的盐文化资源进行筛选、整合，建立大众可共享的'盐文化传播数据库'和'盐文化网上博物馆'，扩大盐文化的知名度和覆盖面"③。2012 年中央电视台拍摄的纪录片《舌尖上的中国》中，有一段长达 6 分钟的关于云南诺邓火腿的介绍，使大江南北的人们都因诺邓火腿而了解了诺邓盐，对云南盐文化的宣传效果极佳。无疑音像资料和网络信息的发展，使得云南盐文化传播更为迅速、更为普及。

（三）非物质文化遗存同样是盐文化传播的重要途径

滇盐悠久的发展历史，使许多地区都有着关于食盐的一些祭祀活动，如云南楚雄彝族自治州大姚县石羊古镇的"开井节"、禄丰县黑井古镇的"龙王节"、西双版纳傣族自治州磨歇县的"盐神节"、昆明的"盐王会"等，这些与云南食盐相关的节日，不仅丰富了盐文化的内涵，而且也是传递盐文化的一种方式。

---

① 康熙《黑盐井志》、嘉庆《黑盐井志》、乾隆《白盐井志》等古籍文献。
② 李朗、陈卓、文铭生：《略论盐文化传播》，《盐业史研究》2012 年第 1 期。
③ 李朗、陈卓、文铭生：《略论盐文化传播》，《盐业史研究》2012 年第 1 期。

此外，云南饮食文化中也有盐文化的色彩，如宣威火腿①用的是黑井盐②，诺邓火腿用的是诺邓井盐③，鹤庆火腿④用的是乔后井盐。

因此，只有充分挖掘盐文化内涵，打造好盐文化品牌，利用好盐文化宣传的各种途径，积极寻找和搭建盐文化宣传的新平台，才是做好盐文化宣传工作的重点。

从江苏盐城的海盐文化、山西运城的池盐文化、四川自贡的井盐文化等代表性盐文化的成功推广案例来看，盐文化的宣传还必须与开发利用有机结合起来，把盐文化培植成盐产地旅游文化的主打品牌，大力营造旅游地的盐文化氛围，积极推动盐文化的产业化进程。与此同时，在开发利用云南盐文化，推动盐文化产业化的同时，更要做好保护工作。只有处理好开发利用与保护之间的关系，云南盐文化才能可持续发展，才能真正达到进行盐文化宣传的目标和效果。

四 川滇盐文化的比较

川滇盐文化同为井盐文化，进行比较研究很有必要。同为井盐文化，自然有着诸多相同之处。然而，因自然环境、盐业资源分布、生产技术、盐业运销区域、交通条件等诸多因素的差异，川滇盐文化又有着不同。

（一）相同点

1. 川滇盐文化都呈现出厚重的历史感

无论是川盐还是滇盐，它们都经过了上千年的历史积淀，有着悠久的盐业发展史。不管是物质层面的盐文化，还是制度和精神层面的盐文化，都承载着川滇盐业的一段历史，或者说是对某一时期盐业开发、生产、运输、销售历史的见证。更可贵的是，川滇盐业发展史都

---

① 宣威火腿与浙江金华火腿因风味独特而齐名，因其可以代表云南火腿，故又称为"云腿"，1915年已经在巴拿马国际博览会上荣获金奖。
② 《云南省志》卷19《盐业志》，第146页。
③ 李文笔、黄金鼎编著：《千年白族村——诺邓》，云南民族出版社2004年版，第94页。
④ 因是白族的特产，故又称"白话火腿"，1980年在全国火腿评选中获金奖，1994年在乌兰巴托国际博览会上荣获金奖。

是连贯的，有着时间上的传承性。而这种盐业历史的传承性，无疑使川滇盐文化更凸显出了它们的历史感。这一点正好是川滇盐文化的核心内涵，为今天打造盐文化品质奠定了坚实基础。

2. 川、滇盐文化在生产技术、生产流程、盐产品上具有相似性

四川和云南同属井盐区，历史上都以卤水为主要原料，以打井汲卤为主要开采方式，以铁锅煮盐为主要煎制形式。就生产流程而言，基本都要经过汲卤、煎盐、去杂、晾晒、成盐等工序。就盐产品而言，其种类也大致相同，以花盐和巴盐为主。

3. 川、滇盐文化都具备物质型、制度型、精神型三个层面的完整体系

从前述来看，四川和云南都保存有大量古盐井和一些与盐有关的建筑、市镇、道路、码头。在盐运制度、盐法上有文献和碑刻等资料的见证。同时，两地还存留有内容丰富的诗辞歌赋、节日、民俗、传说。也就是说，川滇两省都具备了在物质、制度、精神三个层面构建完整的盐文化体系的基础，无疑有利于推动井盐文化理论和体系的建设。

（二）不同点

1. 川滇盐文化在生产技术上有差异

就井盐生产技术而言，川盐明显高于滇盐。滇盐盐井较浅，"井似池而深，中有卤泉自涌"[1]。采卤水则"其汲卤也则以罐，十六罐为一背，每罐六斤"[2]。制盐燃料方面，滇盐全依赖柴薪煎盐，直至20世纪30年代才出现"移卤就煤"[3]的燃料革新。

川盐开采技术早在宋代就很先进了，史载"早在北宋庆历年间（1041—1048），在川南、井研、荣州一带，发明了圜刃锉和冲式顿

---

① 《新纂云南通志》卷149《盐务考三·制造方法》，第209页。

② 《新纂云南通志》卷149《盐务考三·制造方法》，第209页。

③ 详见云南一平浪盐矿档案室一卷宗《关于张冲对"移卤就煤"工程的设计、意见及省政府的批复、电话、架设、运输、石工价格，移灶设计等文件》（1933年9月4日到1935年4月25日永久卷）。

钻技术"①。16 世纪以后，"百丈以上的深井相继出现，卤水浓度增加，一些产量大的盐井开始采用畜力推汲卤水"②。清代，竖立在井口的木制井架——天车已经成为各盐场的象征。制盐燃料方面，"嘉靖中，自流井初煎盐卤，醆务需威（远）煤孔亟。"③ 也就是说，四川早在明代就已经开始用煤炭作为煎盐燃料了。到嘉庆、道光时期，"天然气得到开发"④。可见，四川在制盐燃料方面先后经历了明代的煤炭革命和清代的天然气革命，使川盐制盐燃料革命与能源革命挂钩，大大拓展了川盐文化的内涵，提升了川盐文化的意义。

2. 川滇盐文化在盐运工具和运销方式上不同

因川滇两省地理条件的不同，两省盐运工具和运销方式都存在差别：云南盐运古道基本上是陆路，主要依赖人背马驮。四川盐运古道既有陆路，又有水路，因此，川盐运销方式除了人挑马驮外，还有大规模的船运⑤，故而有昔日千帆竞发的历史画面。

3. 川盐文化的辐射范围更广

在中国的引岸制之下，滇盐只行销本省，不能外销。与滇盐狭小市场相比，川盐通过"盐运山道""盐运水道"和临江绝壁之上的"盐运栈道"，除行销本省之外，它通过鄂西的利川、恩施、宣恩、咸丰、鹤峰、来凤，东进湖北江汉平原，南入湖南湘西，再由龙山、桑植、吉首、凤凰、里耶、矮寨，东进洞庭湖流域，南入贵州，并曾经远及云南⑥。这条盐文化线路，被学者称为"中国内陆最重要的文化沉积带"⑦。这与川盐文化沿该文化线路辐射有莫大关系。

4. 滇盐文化中有独特的新内涵

与川盐文化相比，滇盐文化中还蕴含有着独特的货币文化和域外文

---

① 《四川省志·盐业志》，第 3 页。

② 《四川省志·盐业志》，第 4 页。

③ （清）乾隆《威远县志》卷 2。

④ 《四川省志·盐业志》，第 5 页。

⑤ 运盐的主要是根据水道情况制造的独特的歪尾股船。

⑥ 赵逵、杨雪松、张钰：《"川盐古道"文化之线路研究初探》，《华中师范大学学报》2007 年第 2 期。

⑦ 张正明：《土家族研究丛书》总序，载苏晓云等主编《土家族研究丛书》，中央民族大学出版社 1999 年版。

化。正如前述所说，历史上滇盐不仅以关系国计民生的重要商品身份出现，而且长期作为实物货币——盐币流通①。换言之，在云南货币发展史上，盐币曾扮演了重要角色。盐在云南盐业史和云南货币史上的双重身份，使滇盐文化与货币文化相衔接，无疑丰富了滇盐文化的内涵。

另外，清代以来越南、缅甸海盐以私盐形式大规模侵入云南边岸，大批云南马帮也到南亚、东南亚一带通过贸易带入海盐。外国海盐的进入并流通于云南市场，势必与滇盐在销区市场方面发生争夺战，两种盐的碰撞，必然会引发两种盐文化的碰撞。同时，一些少数民族地区的文化还受到域外文化的影响②，从另一个侧面丰富了滇盐文化的域外特色和内涵。

（三）加强川滇井盐文化的交流与合作

川盐和滇盐同为井盐，是中国井盐的两大代表。因为是同一种盐类，川盐文化和滇盐文化有着许多相同或相似之处。因此，从理论构建层面讲，只有先构建起完整、系统的中国井盐文化理论体系，才有利于推动整个中国盐文化理论和学科体系建设；从盐文化的运用层面来讲，要做好井盐文化的开发利用与保护，需要两地盐文化研究者和从业者加强经验交流。而要做好井盐文化的产业化，更需要取长补短，先进帮带后进。换言之，就是要求两地学者和政府部门、企业一定要树立大井盐文化意识，共同推动川滇两省大井盐文化建设。

1. 达成共识，共同推进盐文化理论体系和学科体系的构建工作

盐文化理论体系和学科体系构建，可进一步提升盐文化研究水平，推进盐文化学科建设，是引领盐文化产业化的火车头，也是今天深化盐文化内涵建设的客观需求。要构建完整、系统的中国盐文化理论和学科体系，首要工作就是要海盐文化、井盐文化、池盐文化三大盐类文化研究者高度重视自身盐文化理论体系的构建工作。然后在各盐类自身盐文化理论的构建基础上，通过相互交流、整合和提升，共

---

① 参见赵小平《历史时期云南盐币流通探析》，《盐业史研究》2007 年第 2 期。

② 如大理州文管所、云龙县文体局于 2000 年 7 月 9 日立的"云南顺荡火葬墓群碑"，其梵文碑文体现了当地少数民族的习惯，无疑受到域外文化的影响。

同推动中国盐文化理论和学科体系建设。从这个层面上讲，加强川滇盐文化的交流与合作，共同构建井盐文化理论体系，无疑对促进井盐文化内涵建设，推动中国盐文化理论体系和学科体系建设有着重要意义。可喜的是，已经有一些前辈学者认识到了盐文化理论体系和学科体系构建的重要性①，这为我们全面推进中国盐文化理论和学科体系构建指引了方向，奠定了坚实基础。

2. 加强交流，共同挖掘井盐文化内涵，提升井盐文化的品质和影响力

盐文化是 20 世纪末提出来的一个新概念，今天已经广为学者所接受。作为一种独特的文化，界定和挖掘其内涵，通过内涵建设来提升盐文化的品质和影响力，无疑是盐文化研究可持续发展的核心任务。幸运的是，曾凡英、宋良曦两位先生在盐文化内涵探讨方面已经为我们奠定了基石②，可以引领我们下一步的拓展性研究。但是，正如曾凡英先生所言，"我们不得不从一种更广阔的视角，把盐作为一种内涵丰富的人类文化现象来重新审视"③。的确，只有从更为广阔的研究视角来分析盐文化，才可以全面、系统地认识盐文化的内涵：从历史上看，一是川滇井盐都有上千年不间断的发展史，其所衍生出的盐文化都具有非常厚重的历史感，无疑有着积淀下来的历史内涵。二是盐本身又是一种关系国计民生的商品，又有着本源的经济内涵。三是盐是历史上各个时期国家管控和征税的对象，而川盐对国家财政的重要贡献，以及中央王朝与地方政权对滇盐的争夺，使得川滇盐都

---

① 如曾凡英：《再论盐文化》（《盐业史研究》1998 年第 1 期）、《盐文化的理论与历史地位》[《自贡师专学报》（综合版）1998 年第 2 期]、《盐文化的内涵与特征》[《四川理工学院学报》（社会科学版）2006 年第 1 期]；柴继光：《也说盐文化》（《盐业史研究》1998 年第 4 期）；宋良曦：《中国盐文化的内涵与研究现状》[《盐文化研究论丛》第 3 辑，巴蜀书社 2008 年版]；黄俶成：《中国盐文化的弘扬与研究趋向》[《扬州大学学报》（人文社会科学版）2015 年第 1 期]。

② 曾凡英：《盐文化的内涵与特征》，《四川理工学院学报》（社会科学版）2006 年第 1 期；宋良曦：《中国盐文化的内涵与研究现状》，载《盐文化研究论丛》第 3 辑，巴蜀书社 2008 年版。

③ 曾凡英：《盐文化的内涵与特征》，《四川理工学院学报》（社会科学版）2006 年第 1 期。

具有一定的政治属性，说盐文化有政治内涵也不为过。四是历史上川滇军阀的发展都曾与井盐密切相关，无疑盐文化中也包含有一定的军事内涵。五是广义上的盐文化，还有着丰富的文化内涵。

因此，无论是挖掘井盐文化中本身所具有的历史内涵、经济内涵、文化内涵，还是探索蕴含其中的政治内涵、军事内涵，都需要川滇盐文化研究者加强交流，共同通过井盐文化的内涵建设，提升井盐文化品质，扩大井盐文化影响力。

3. 齐心协力，共同推进川滇盐文化产业化发展

盐文化研究的核心工作，应当围绕盐文化研究的重大理论问题和盐文化产业化的重大实践问题来展开。对于理论研究问题，前面已有阐述。接下来，我们要认真思考"盐文化如何更好地实现产业化"这一重大实践问题。事实上，解决问题的办法大家都很清楚，就是学术研究一定要做到"历史与现实的贯通性"[1]，即立足盐文化发展的现实需要，从盐文化形成的源头——历史来探讨盐文化的开发利用与保护，并为盐文化产业化发展提供智力支持。

就今天而言，在盐文化的产业化发展方面，川滇两省都做了有益的尝试，并积累了一些成功经验。当然，两省都不同程度存在盐文化产业化规模偏小、水平不高、创新不足等问题，这就需要两省共同搭建起盐文化研究学者、相关政府部门（盐务局、文化局、旅游局）、盐业企业一起交流和合作的平台，共同推进川滇盐文化产业化发展。

综上所述，只要我们能够达成大井盐文化共识，那么，立足于大井盐文化的研究，势必会将我们的视野引向更为宏大的中国盐文化上面。这样，通过大井盐文化、大海盐文化、大池盐文化的相互交流与协作，共同构建盐文化的理论体系，揭示出丰富而独特的盐文化内涵，一定会使"建立盐文化学科的设想"[2] 变成现实。另外，只要我们齐心协力为盐文化产业化群策群力，盐文化未来的产业化道路必将越走越宽。

---

① 林文勋：《学科建设与教学改革初探》，云南大学出版社 2010 年版，第 138 页。

② 曾凡英：《盐文化的内涵与特征》，《四川理工学院学报》（社会科学版）2006 年第 1 期。

第七节　滇盐与档案文献

　　随着明清史研究在广度和深度上的拓展，亟须在新材料的发掘和运用方面有所突破，而档案文献作为第一手资料，日益受到学者们的青睐，故而档案文献的整理工作越来越受到学界的高度关注。陈寅恪先生曾说过，"一时代之学术必有其新材料与新问题，取用此材料，以研求新问题，则为此时代学术之新潮流"①。由此可见新材料对研究新问题的重要性。就明清以来档案文献资料的整理工作而言，自20世纪七八十年代开始，先后出现了一些全国性档案整理成果②，一些有代表性的区域性档案文献的整理成果更是成系列相继推出③。在这种大背景下，盐业档案文献资料的整理工作也取得了显著进展④。相较于档案文献整理成果丰硕的省（区、市）而言，云南的档案文

---

　　① 陈寅恪：《敦煌劫余录序》，《海潮音》1932年第1期，第38页。
　　② 如沈云龙主编《近代中国史料丛刊》（1181册）（台北：文海出版社1966—1973年版）；［日］东洋文库明代史研究室编《中国土地契约文书集（金—清）》（东洋文库1975年版）；杨国桢《明清土地契约文书研究》（人民出版社1988年版）；张传玺主编《中国历代契约会编考释》（北京大学出版社1995年版）；田涛等主编《田藏契约文书粹编》（中华书局2001年版）；《全国民国档案通览》编委会《全国民国档案通览》（全10册）（中国档案出版社2005年版）；郑成林选编《民国时期社会统计资料汇编》（全20册）（国图出版社2016年版）。
　　③ 如福建地区契约文书整理代表成果有福建师范大学历史系编《明清福建经济契约文书选辑》（人民出版社1997年版）；杨国桢《清代闽北土地文书选编》（一、二、三）（《中国社会经济史研究》1982年第1、2、3期）；徽州地区文书整理代表成果有张海鹏、王廷元主编《明清徽商资料选编》（黄山书社出版社1985年版）；周绍泉、王钰欣主编《徽州千年契约文书》（花山文艺出版社1991年版）；刘伯山主编《徽州文书》（1—5辑）（广西师范大学出版社2005、2006、2009、2011、2015年版）；贵州地区文书整理代表成果有张应强、王宗勋主编《清水江文书》（1—3辑）（广西师范大学出版社2007、2009、2011年版）；天津地区文书整理代表成果有天津市档案馆、天津社会科学院历史研究所等合编《天津商会档案汇编（1903—1911）》（天津人民出版社1989年版）。
　　④ 如四川自贡市档案馆等编《自贡盐业契约档案选编（1732—1949）》（中国社会科学出版社1985年版）；南开大学经济研究所经济研究室编《中国近代盐务史资料选辑》（南开大学出版社1985年版）；中国第一历史档案馆、天津市长芦盐业总公司编《清代长芦盐务档案史料选编》（天津人民出版社2014年版）；自贡市档案馆编《自贡盐业历史档案·契约卷》（18册）（凤凰出版社2018年版）。

献整理和盐业档案整理工作还存在着较大差距。但是，近年来随着云南史学界对档案文献资料的日益重视，综合性①和专门性②的地方档案文书整理成果相继出版，在云南盐业档案整理发掘方面也取得了较大成就。因此，认真梳理云南盐业档案整理的成就，并在此基础上考察前期整理工作中的遗漏档案，显得很有必要。同时，进一步深入挖掘盐业档案的特色及其价值，同样很有意义。

一 云南盐业档案整理工作的成就

云南盐业资源丰富，是中国井盐的重要产地之一，其开采历史应该不晚于汉代③。研究云南盐业的史料，主要有历代地方志及专门的盐法志；明清以后，除正史和一些方志类史书、游记外，还出现了非常重要的新资料——盐业档案文献。

明清时期，云南盐业发展虽然取得较大进步，但相较于国内其他产盐区仍相对缓慢，加之云南地处边陲、交通不便、多民族杂居，这些客观因素往往会影响云南盐业发展中的各个环节，因而云南档案中有关盐业方面的记载较为复杂，有别于国内其他地区。

（一）《民国云南盐业档案史料》的出版

云南档案资料整理工作始于 20 世纪八九十年代，由云南省档案馆牵头组织专家根据馆藏资料编著"云南省档案史料丛编"系列丛书，其中《民国云南盐业档案史料》④ 是根据其所藏有关盐业档案原件，录入

---

① 如云南省历史研究所编《〈清实录〉有关云南史料汇编》（云南人民出版社 1985 年版）；云南省档案馆编《民国时期西南边疆档案资料汇编》云南卷（社会科学文献出版社 2013 年版）；中国第二历史档案馆编《民国时期西南边疆档案资料汇编云南广西综合卷》（社会科学文献出版社 2014 年版）；吴晓亮、徐政芸主编《云南省博物馆馆藏契约文书整理与汇编》（人民出版社 2013 年版）。

② 如云南省档案馆、云南省经济研究所合编《云南近代矿业档案史料选编（1890—1949）》（第 3 辑上下）（1990 年）；云南省档案馆、云南省经济研究所合编《云南近代金融档案史料选编（1908—1949 年）》（第 1 辑上下）（昆明工学院印刷厂承印，1992 年）；中国人民银行云南省分行金融研究所印《云南近代货币史资料汇编》。

③ 《汉书》记载："益州郡，连然（在今安宁）有盐官"。参见（汉）班固撰，（唐）颜师古注《汉书》（第 6 册）卷 28 上《地理志》第八上，中华书局 1964 年版，第 1601 页。

④ 《民国云南盐业档案史料》，云南民族出版社 1999 年版。

原文并进行点校后编纂的云南省第一部专门的盐业档案史料选编丛书。《民国云南盐业档案史料》共分为五大部分：云南盐业概况，云南盐斤生产与运销，盐税与权制的变化，场私、外私及边盐，食盐加碘及盐质改良；该书以时间为主线，分五大部分记录各个时期的盐业发展情况。总体来看，该书对民国时期滇盐盐业档案资料收录相对齐全，所收盐业档案的时间从民国初年到云南解放前夕，内容涉及盐业的方方面面。

（1）从档案记录的时间范围上看，《民国云南盐业档案史料》收录了民国元年（1912）至中华人民共和国成立前夕（1949）的档案材料。这一时期又可以分为三个阶段：民国初年到民国十年（1921）、民国十年（1921）至抗日战争前夕、抗战爆发至云南解放前夕，各阶段所侧重收录的内容有所差别，滇盐生产、盐工管理、运销、仓储侧重收录第三阶段的内容；盐税方面的规章制度、征榷侧重于收录第一、第二阶段的内容；私盐及缉私问题是本书中收录内容最少的一部分，仅收录六件档案文献资料；滇盐盐质（加碘）改进主要侧重于收录第二、第三阶段的内容。

（2）从档案形式上看，主要包括各级官府往来的公报文书、训政命令，以及地方上所呈送的呈状类契约文书。文书可分为下行文、平行文和上行文。下行文中包括云南盐运使公署（简称盐务署）向地方各盐井区的机关部门下达的政令或训令；平行文包括各盐产区之间平行机构有关盐业往来的公文；上行文包括各县级政府向省政府所呈送的年报，各盐产区办事机关向省盐务署呈送的各种文书，以及民众、商人、团体工会组织向各级衙门政府所递交的请求、禀文等。

（3）从收录档案的内容来看，主要概括为以下几方面。①盐务：分别从民国元年（1912）到民国十年（1921）、民国十年（1921）到抗日战争爆发前夕、抗日战争爆发到新中国成立前夕三个阶段对民国时期滇盐盐务资料进行了整理，主要包括盐产地变迁、制盐技术革新、滇盐产运销、盐税收支、缉私制度变革、盐务机构设置及演变等；②盐政：包括民国时期各类滇盐制度的实施和成效、云南盐务机构制定和实施的滇盐管理政策、盐商的组织管理、盐工盐民组织的管理条例等；③公共服务：主要包括盐税对盐井区教育、公共设施、环境保护方面的经费投入，提高食盐质量措施以及预防由食盐质量所引起的疾病等。

这是 20 世纪 90 年代云南盐业档案整理的主要成果，为研究民国时期云南盐业提供了相对完整的档案材料。

（二）《民国时期西南边疆档案资料汇编·云南广西综合卷》的出版

进入 21 世纪，云南盐业档案资料的整理工作在前期基础上又有了新进展。2014 年由中国第二历史档案馆编著的《民国时期西南边疆档案资料汇编·云南广西综合卷》① 中，将盐务档案专列出来，共计 36 卷；此外，除专有的盐务档案汇编卷外，在其经济档案汇编材料中也有部分盐业资料，如"经济卷"中的 42、43、45、46、48 卷和"海关卷"中的 49 卷都有民国时期云南盐业的记载情况。《民国时期西南边疆档案资料汇编》中档案文献资料是以影印原始档案文献的方式向史学研究者提供材料，其盐业档案亦如此，是真正意义上的第一手资料。该成果的出版，无疑是对云南省档案馆编著的《民国云南盐业档案史料》的扩充，收录的相关云南盐业档案具体内容如下：

（1）从收录的盐业档案时间看，主要集中于抗日战争时期（1936—1945），抗战胜利至解放前夕的盐业档案资料较少。

（2）从收录的档案形式来看，书中盐业档案以影印件形式收录，使得盐业档案的内容、形式得以完整保存；从收录内容的形式上看，主要是民国政府的中央盐务总局、财政部与云南盐务管理局之间的往来文书及电函电报。

（3）从收录的盐业档案内容来看，主要包括以下几个部分。

第一部分，滇盐盐业概况，主要包括四个方面。①云南盐务管理局的盐务年报及工作进度情形，共计收录了民国二十四年（1935）至民国三十四年（1945）的年报及工作进度和往来电函文书；②会议记录：云南盐务管理局呈送工作考核委员会第一次至第五次会议记录及呈送设计考核委员会第一次至第三次会议记录②；③盐产区舆情

---

① 中国第二历史档案馆编：《民国时期西南边疆档案资料汇编·云南广西综合卷》，社会科学文献出版社 2014 年版。

② 《民国时期西南边疆档案资料汇编·云南广西综合卷》目录总集，第 96 页。

及相关盐务章程，主要包括盐政署编撰盐政史相关事项、盐井区盐务改革情况及相关章程，涉及黑井井区改革、盐井区（磨黑井）经济状况史实、盐政机构裁撤、灶户管理规章制度；④中央盐政官员在云南盐井区的视察、巡查、考察，与云南盐务局及盐务总局之间的往来文书报告整合，对滇中、滇西盐场及开广边岸盐务情形的视察、巡查报告和盐矿地质调查报告，如云南盐务管理局关于视察开广边岸盐务情形与盐务总局往来电令①、驻云南迤西视察许雄斌在滇西盐场的视察报告②、经济部中央地质调查所为派技士前往云南调查盐田地质及请各盐井协助案与盐政司、云南盐务管理局往来文书③，并且针对考察报告中出现的弊端制定出了相应的解决措施或法案，诸如盐务总局为滇省财用标准衡制折合办法案解决问题④，盐价高涨及解决办法，灶户短额的处罚规章制度的建立，盐井区的物资疏散办法等。

第二部分，滇盐盐井区的生产管理，涵盖五个方面。①基础设施、配套设施和生产原料概况：主要是云南盐务管理局、盐务总局和财政部就滇盐生产的工程建设、基础设施建设、配套设施建设、盐矿地质调查检测、新硐开辟等方面的往来文书函电；②场务概况，主要涵括云南盐务管理局、盐务总局和财政部就滇盐场务情形的往来文书：内容包括盐井地场务设备的建设修复及管理、滇中滇西滇南各盐井场务状况、场区灶户灶工管理、场区财产纠纷和盐井产权纠纷等；③滇盐产量和质量概况，包括云南盐务管理局、盐务总局和财政部就滇盐盐质改进和产量增减等问题的往来文书函电：内容包括工艺改进、盐矿地质调查、盐质检测、一平浪元永场"移卤就煤"、盐井停复煎、盐产量增减的内容及原因等；④生产方式与管理办法：内容涵盖盐商与政府间就招商承办、招商投标和包商认课等往来文书函电，各级盐业管理机构对滇盐实行官收官运、对部分滇盐产区实行官办等往来的文书函件；⑤云南盐务管理局、盐务总局和财政部就滇盐各场

<hr/>

① 《民国时期西南边疆档案资料汇编·云南广西综合卷》目录总集，第99页。
② 《民国时期西南边疆档案资料汇编·云南广西综合卷》目录总集，第107页。
③ 《民国时期西南边疆档案资料汇编·云南广西综合卷》目录总集，第102页。
④ 《民国时期西南边疆档案资料汇编·云南广西综合卷》目录总集，第100页。

区的竜费薪本等问题的往来函件：内容包括汪家坪场、滇中各场（包括琅井场、黑井场、元永场、阿陋场）、滇西各场（白井场、乔后场、金泉井、喇鸡井、弥沙场、云龙场）、滇南抱母场等盐场的竜费与竜率的增加与调整、薪本及薪本征率的增加与调整、盐工的工资福利待遇、硐碐价等具体的实施办法及政策、实行时期、具体结果等。

第三部分，滇盐的储运，主要包括五个方面。①运务：可以分为四个部分：a. 云南盐务管理局、盐务总局与运销局就滇盐运销方面的往来文书函电；b. 云南盐务管理局与贵州盐务办事处、盐务总局就滇盐运黔西相关盐务的往来文书函电；c. 云南盐务管理局、川康盐务管理局、盐务总局就川盐济运滇东北地区盐务状况往来文书；d. 云南盐务管理局与盐务总局就开广边岸食粤盐的运务往来文书函电。②运费：主要为云南盐务管理局与盐务总局就滇区运盐路段（包括云南境内的公路、滇越铁路、川滇铁路、河运及盐场区内运盐路线）运费运价的调整，以及盐运过程中搬运费、装卸费等杂费相关的文书往来函件。③购销：收录内容为云南盐务管理局、盐务总局及财政部就开广边岸、腾龙边岸盐的存放、购价、售价情形概况，滇盐的销售包办措施（招商承办、包课制度等），以及云南派员到四川购盐等文书函件往来。④仓储仓耗：涉及云南盐务管理局、盐务总局就盐产地及销售区盐仓的设立及管理办法、销盐区官仓清仓耗盐案情形的往来文书函电。⑤运输途耗：主要包括云南盐务管理局、盐务总局、财政部就滇盐运销过程中的途耗（运耗、零售折耗、超耗）情形及管理办法等往来文书函电。

第四部分，盐税与缉私。①盐税：主要是 1915—1919 年云南盐运使与盐务署就滇盐盐税的调整、整顿、征收办法及税制改革等情形往来文书；相比之下，抗日战争时期云南盐务管理局和盐务总局关于滇盐盐税方面的文书往来却较为缺乏。②缉私：主要是云南盐务管理局、盐务总局、财政部就滇盐私贩、私存、盗卖食盐、私煎、私碐等问题情形报告及盐务机构对此类问题的处理办法和预防措施的往来文书函件。

（三）《〈清实录〉有关云南史料汇编》中专列有"盐务"资料

除上述两大部档案汇编外，《〈清实录〉有关云南史料汇编》（卷四）"财政"部分也专列了"盐务"资料。

从时间上看，共计收录了康熙、雍正、乾隆、嘉庆、道光、咸丰、光绪、宣统八朝盐业档案；从档案内容上看，包括云南盐务方面的上谕、奏言、议复等，内容涉及盐井开发、盐产量、销盐方式、销区、薪本、盐业经费、盐价、盐课、盐官、盐法、私盐、缉私、盐井修复、粤盐销滇、缅盐与越盐入侵等。

上述内容分别从《世祖实录》卷145，《世宗实录》卷54、116，《高宗实录》卷14、18、33、77、85、97、99、111、141、210、252、253、366、390、391、398、529、538、724、885、901、906、920、1002、1042、1067、1089、1105、1106、1108、1112、1122、1123、1124、1212、1216、1291、1307，《仁宗实录》卷56、58，《宣宗实录》卷27、63、72、78、100、121、139、183、412、437、458、915、917、918、919，《文宗实录》卷21、50、63，《德宗实录》卷3、38、73、81、85、126、178、187、245、256、261、268、293、309、314、335、380、407、422、443、466、478、485、498，《宣统政纪》卷40、43、45、61等处辑录而成①。这些文献完全可以与前面提及的两部档案汇编资料相互补充、相互印证。

二 云南盐业档案整理工作中存在的不足及未来的任务

截至目前，云南盐业档案进行整理并公开出版的主要为上述所介绍的档案文献资料汇编，相关整理部门和编者为这些盐业档案能够公之于众做了巨大努力，在此我们要深表感谢！但是，由于云南盐业档案的整理工作起步较晚，因此，不可避免地还存在一些问题，而这些问题无疑需要我们在下一步的档案整理工作中引起重视和进行重点关注。

---

① 云南省历史研究所编：《〈清实录〉有关云南史料汇编》卷4，云南人民出版社1985年版，第353—387页。

（一）已出版盐业档案资料中发现的问题

（1）就《民国云南盐业档案史料》而言，书中收录了从民国初年至云南解放前夕的档案，时间跨度大，故而所收录档案内容不全（收录内容多为此阶段内的政策政令及滇盐改革等事项），具体实施过程中政府各机关部门间往来文书有待进一步发掘和补充，如现存于云南省档案馆的卷宗1009《云南绥靖公署》、卷宗1011《云南省民政厅》、卷宗1014《云贵区国税管理局》、卷宗1015《云南盐务管理局》、卷宗1021《云南省教育厅》、卷宗1044《云南省社会处》、卷宗1077《云南省建设厅》、卷宗1083《云南省参议会》、卷宗1106《云南省政府秘书处》、卷宗1135《云南省财政厅清丈处》等卷宗里都记载了民国元年（1912）至云南解放前夕各级政府、盐场办事人员之间就滇盐问题的往来函件，建议下一步可以补充整理。

此外，因《民国云南盐业档案史料》是点校本，故而还存在部分点校问题。一是时间落款问题，书中时间格式出现了一些转换错误，如"黑井提举叶大林致军政府实业司长信函""黑井入不敷出无款办团防报告""黑元永琅四井全年实入各款分析细数清折""黑元永琅四井全年实支竜工硐费薪工伙食及公杂提解各款细数清折"①；二是内容遗失问题，"白井九年份秋季税收减少原因呈复"② 一文中，未见附表，属于点校过程文档缺失；三是简繁掺杂问题，本书系点校本，文字由繁变简，但文中仍有繁简掺杂现象。

（2）就《民国时期西南边疆档案资料汇编·云南广西综合卷》而言，其收录的抗日战争时期的滇盐盐业档案虽总体较为完整，但亦存在小瑕疵：第一，关于抗日战争时期盐税和缉私方面所收录史料不齐全，此类材料可依照云南省档案馆所藏卷宗1015《云南盐务管理局》及其他卷宗中的缉私档案进行补充；第二，此书是档案复印件编录而成，因档案保存已久，难免出现字迹模糊遗漏，部分档案字迹较为潦草，为研究者查阅和研究工作带来了一些困难。

---

① 《民国云南盐业档案史料》，第350—355页。
② 《民国云南盐业档案史料》，第382页。

总体来看，上述两部已经出版的档案文献资料中，在滇盐缉私方面、抗日战争胜利至云南解放前夕的滇盐概况方面都存在收录的档案资料较少这一不足之处，这应该是未来滇盐档案整理工作中需要重点关注的地方。

（二）一些重要档案文献资料亟须整理和出版

上述滇盐档案文献资料均为民国元年（1912）至抗日战争胜利（1945）期间的档案资料，民国以前（如明清）两朝及抗日战争胜利到云南解放前夕的滇盐档案收录较少，目前也还未有这些时期专门性盐业档案文献的出版。究其原因，主要有：一是云南省档案馆所收录的清朝档案相对较少，目前在馆的资料有同治十三年（1874）至光绪三年（1877）试办盐课报销，光绪十四年（1888）、十五年（1889）河口交私往来文书，光绪十九年（1893）至二十三年（1897）开化边岸盐斤征获课款、云南各区申解提价经费银两，光绪二十一年（1895）至二十五年（1899）盐务委员申报白、乔、喇等井销盐数并申解各公费，光绪三十三（1907）、三十四年（1908）黑白磨三区各十一井私煎盐解课款，宣统元年（1909）至三年（1911）委员抽收维沙盐税课往来电报等①。二是中国第一历史档案馆虽藏有大量清代滇盐档案②，但这些档案需要找到一个合适的时机通过联合项目的方式进行发掘整理③。三是抗日战争胜利至云南解放前夕的滇盐档案在上述两部选编中有收录，但内容不全，尤其是盐务、盐政所涉及的内容较少，这应该与整理者的选择取向有关。

就云南而言，除云南省档案馆所存滇盐档案外，云南省图书馆也藏有部分滇盐档案资料，主要有：民国三年（1914）至民国七年（1918）云南盐务署编《云南盐务辑要续编》；民国十年（1921）云南省议会弹劾盐运使由云龙违法贪污之书牍；民国十八年（1929）昆明

---

① 云南省档案馆编：《云南省档案馆指南》，中国档案出版社1997年版，第70页。
② 如《宫中档乾隆朝奏折》中有大量乾隆时期有关滇盐的档案（台北："故宫博物院"1982年版）；《雍正朝汉文朱批奏折汇编》中有滇盐档案；档案号为02-01-04、04-01-12、04-01-35、03-1772等一批有关滇盐的档案等。
③ 这些档案目前只能以个人的身份去查阅和摘录。

市盐业商运成立经过情形报告书；民国十三年（1924）云南盐运署编《为省议会议员武断专横违法乱政通告全同胞》；民国十四年（1925）云南省第四届省议会《提议取消盐务督销局案》；民国二十年（1931）至民国二十三年（1934）云南通志馆汇辑的《云南通志馆征集云南各县食盐价格资料》；民国二十年（1931）云南盐运署编《云南盐政改革方案》；民国二十一年（1932）云南盐运署编《改组各井灶户方案及修正方案》；民国二十四年（1935）、二十五年（1936）云南盐务统计；民国二十五年（1936）云南全省公路总局黑井区食盐运销处报告书；民国三十三年（1944）至民国三十七年（1948）云南通志编委会编《续云南通志长编盐务草稿》；民国三十三年（1944）云南省合作事业管理处编《办理合作承销食盐手册》。更重要的是，还有两本盐业资料报刊《云南盐政公报》和《滇盐月刊》，其中，《云南盐政公报》主要存留的是 1919 年至 1920 年的第 1 期至第 20 期，1921 年至 1925 年的第 25 期至第 47 期；《滇盐月刊》为民国三十年（1941）财政部云南盐务管理局所创办，可惜只办了一期。

此外，如楚雄彝族自治州及其下辖的禄丰县、大姚县档案馆藏有黑盐井、白盐井的一些档案资料，普洱市档案馆藏有磨黑盐井的一些档案资料，这些盐业档案目前仍没有进行整理；而散落在滇盐产地的一些珍贵碑刻文献①也没有引起大家的重视。

可以说，上述提到的已经出版的档案整理成果中存在的一些问题，应该在我们下一步档案整理工作中引起重视；而上文提到的这些分散于各处尚未整理的各类档案文献和碑刻，无疑是未来云南盐业档案整理的重要方向。

三　云南盐业档案的特色与价值

档案因其新颖、真实、独特、丰富，有着极高的学术价值。云南盐业档案也不例外。

---

① 如黑井古镇大龙祠、庆安堤、文庙都有碑刻，黑井古镇对面山上往滴水菁走的路旁还有大灶户杨金□（该字已模糊）、杨田包的墓碑；又如大理云龙县有盐商和灶户集资修桥的碑刻，云龙顺荡井旁的火葬墓群及正面汉文、背面梵文的墓碑等。

(一) 云南盐业档案的特色

现存滇盐档案文献多为清代以来的盐业档案,目前所整理出来的主要是清末、民国时期的盐业档案,从内容上大体可分为滇盐行政管理档案、滇盐生产运销档案、滇盐税收档案、滇盐司法诉讼档案、滇盐辑私档案、滇盐文化档案六大类,内容丰富。

滇盐行政管理档案主要包括:中央政府与云南省政府在滇盐规章、制度、条例、法规制定实施方面的公函、文书、电令,云南盐业管理机构与各盐井负责机构之间关于滇盐生产、运销、征税及盐工管理规章制度方面的往来文书函电,云南盐业管理机构与盐产地灶户、个人及盐商之间的往来函电,盐务管理部门设立与职责、机关人员任命与调动类的函电,各级政府及盐产地的盐业月报、年报、会议记录、调查报告等。

滇盐生产运销档案主要包括:滇盐生产工艺发展、盐场沿革、盐产位置及分区、生产储运、销售、基础设施建设、盐耗等经济活动的详细记载。

滇盐税收档案主要包括:滇盐税制、税则、正税额、黔岸盐税、粤盐税、中央和地方附税、厘金、盐税的分配(摊还外债、拨留协款)、征税方案、税单等档案文书的记载,可以看出盐税在云南经济社会发展中的地位与作用。

盐业司法诉讼档案主要包括:各县盐务纠纷、盐场区民事刑事诉讼、劳资纠纷评议仲裁、各县矿物诉讼等文书、函件、报告的记载。

滇盐缉私档案主要包括:私盐种类、云南场警局缉私大队改编及配布、云南税警组织与配布、缉私官兵奖惩办法、云南盐警区队编制及薪饷等文书往来及报告。

滇盐文化档案:一是涉及一些盐井为所在地提供资金建办学校、资助学生费用等支持教育方面的记载;二是在云南盐业档案中会涉及井盐所在地少数民族的一些文化习俗。

由此可见,上述盐业档案涵盖的范围非常广泛,其内容包罗万象,政治、经济、司法、文化均有涉及,具有鲜明的政治、经济、文化、司法、民族等特色。另外,我们从中既可以看出中央政府与地方政府在盐业管理中的理念和策略，又可以看到中央政府、地方政府、盐业管理机构、盐场之间的利益关系及其博弈，还可以看到盐对地方经济、财政、教育等方面的贡献，更重要的是还可以从中看到盐与边疆稳定、社会和谐、民族团结之间的密切关系，故而从中挖掘出来的内涵丰富、功能独特、角色多样的特征，无疑更应该引起我们的关注。

（二）云南盐业档案的价值

文献资料是学术研究的基础，而明清以来的档案资料，更是进一步深化学术研究和解决一些学术新问题的重要资料。而滇盐档案，无疑为研究清以后的滇盐问题提供了新资料，开阔了新视角，提升了新内涵，丰富了新内容。特别是对进一步深入研究晚清至民国时期的云南盐业经费、产量、运销、盐税、盐务、盐政、缉私等方面有着非常重要的推动作用。

此外，由于滇盐问题涉及面较广，因此，从滇盐档案中还可以发掘出对其他相关问题拓展研究的价值，如滇盐运销档案可以为研究近代云南交通道路和公共基础设施建设方面提供新史料；又如滇盐"协济黔"和川盐借销滇东北、粤盐借销滇南的档案资料，无疑对研究贵州盐市场、川盐运销、滇粤"铜盐互易"及云南省际贸易等问题有重要价值；再如越南私盐、缅甸私盐侵销云南边岸和缉私方面的档案资料，可以从一个全新的视角研究外私问题、边岸市场的争夺问题、边疆民族地区的地方治理和边疆稳定等重要问题；而盐法、盐规档案，又为我们研究法部史、法律法规提供了新的切入点；滇盐文化档案，则为研究本地区的盐文化、民俗文化及地方教育提供了新史料。

四　小结

盐业档案本身就是一部活生生的盐业发展史，有制度、有场景、有实物、有人物、有活动、有思想，对重新解读盐业发展中的诸多新问题有着非常重要的学术价值；同时对进一步丰富地方传统文化、提升旅游市镇文化内涵，同样有着重要的现实意义。可以这样说，档案文献为我们进一步研究历史提供了一个更为广阔的平台，为我们解决历史研究中碰到的新问题找到了新的突破口。更为重要的是，档案资料以其真实性、可靠性、权威性和厚重感，让我们的研究成果更加令人信服。

正是基于上述原因，学者们才给予档案文献极高的评价，认为"历史档案在史料中不容忽视，应该把它放在研究历史的最高地位"①。"历史档案凭借其内容的翔实性，包含信息的层次感，成为历史研究者最为重要的史料依据。"② 但是，如果这些档案文献只是封存在各大档案馆和相关单位的库房里，没有整理出来，有些甚至根本无法看到，那么这些珍贵资料的价值就无法体现出来，"只是一堆废纸，无从用起"③。而档案整理工作又是一项大工程，需要花费大量的人力、财力，单凭档案管理部门是无法规模化、可持续性来开展这一工作的，故而，吸纳高校力量参与，加强双方的深度合作，是档案整理工作未来的发展趋势。

---

① 郑天挺：《清史研究和档案》，《历史研究》1981 年第 1 期。
② 朱华：《论历史档案在历史研究中的价值》，《兰台世界》2016 年第 6 期。
③ 严昌洪：《中国近代史史料学》，北京大学出版社 2011 年版，第 86 页。

结　语

中国盐业历史悠久，食盐种类多样，"盐之来源，或出于海，或出于池，或出于井，或出于山……于是有海盐池盐井盐岩盐之产生"[①]。井盐则以四川、云南为代表，其生产技术与海盐、池盐、岩盐大不相同。同是井盐，四川与云南又有差异。

就滇盐而言，西汉就已设盐官，唐代盐井开采有了发展，历宋、元、明，至清代突破了盐产地分布"滇中—滇西"一线式格局，形成了"滇中—滇西—滇南"三足鼎立之态势。

民国时期，云南食盐产量、销量和盐税问题一直是地方政府非常关注的重大问题，盐商及其私盐问题一直是云南需要面对的主要问题。而滇盐作为一种特殊商品，与云南地方经济社会发展关系密不可分。

具体而言，北洋政府时期，唐继尧发起的川滇盐"第二次引岸之争"值得关注，其实质是川、滇两省井盐争夺贵州市场问题。而食盐运销制度的改革也值得我们注意，即实施"就场征税，自由贸易"政策。后来滇盐运销制度虽然经历了盐斤统治、官运官销、盐专卖等演变，但最终还是回到了商销制度，这说明"自由贸易"是食盐运销体制改革的内在要求。但是，从实际操作来看，并未能做到真正意义上的"自由贸易"，各大盐井仍有自己相对固定的销区。因此，这里的"自由贸易"，只是商人可以自由选择盐场买盐而已，与制度实施之初的预想无疑有较大差距。

南京国民政府时期，一平浪"移卤就煤"改革问题无疑是云南盐

---

① 曾仰丰：《中国盐政史》，商务印书馆 1984 年版，第 49 页。

业史上的重大事件，它不仅是云南食盐生产领域的燃料改革，它还是云南盐业近代化的开始，并揭开了云南能源更替的序幕；在盐业生产关系方面，从"丁份制"到"公司制"的转变也值得关注，"丁份制"的核心是私有产权，随着丁份的不断继承和分割，份额越来越少，煎盐成本越来越高，其弊端日益明显。而"公司制"的优点在于盐业生产的集团化、规模化、制度化，正好可以弥补这一缺陷；在盐商与私盐的关系问题方面，囤积居奇和官商勾结谋取私盐无疑是盐商谋利的两大手段。而官盐价高、私盐价低无疑是私盐不能根除的根本原因。

抗日战争至中华人民共和国成立前，缅甸、越南私盐侵滇问题一直是云南地方政府必须面对和需要解决的重大问题。不可否认，云南地方政府对外国私盐侵滇问题的确给予了高度重视，如将黑盐井缉私营移驻开广边岸，将白盐井缉私营移驻腾龙边岸，将磨黑井缉私营移驻江城、磨歇等举措，都是为了更有效地抵制外私。但是，由于云南盐业管理机制不健全、滇盐生产成本高、盐价高等原因，整个民国时期外私一直未能禁绝。

历史上食盐是特殊商品，关系国计民生，因此，滇盐与云南经济社会发展的关系问题应当引起我们的高度重视。

首先，滇盐在云南市场发展、市镇发展、货币发展方面作出了重要贡献：在带动市场发展方面，先后形成了滇盐自身的省内市场，川滇盐在销区竞争过程中形成的犬牙交错的滇、黔西南市场，以及滇盐与缅私、交私争夺边岸而形成的邻边市场等三大市场；在推动市镇发展方面，盐必须通过交换实现其使用价值，而商品交换形式的进行又必须在市场上，《汉书》卷二四《食货志下》曰：食盐"非编户齐民所能家作，必仰于市"，因此在频繁的交换过程中，云南一些食盐产地因之而逐步发展成了工商市镇［如黑盐井镇、白盐井镇（石羊镇）、乔后井镇等］，进一步带动了本地区商品经济的发展；在货币发展方面，最大的亮点就是盐币的流通。云南盐币自唐代始，一直流通至解放初，主要流通于盐产地、边远地区和民族地区，是贝币的有益补充，其流通上限虽比贝币晚一些，但其下限也比贝币晚，而这一特点是其他省份所没有的。

盐税则是历代政府财政收入的一个重要来源。云南自明正德年间盐税就已是除田赋之外的一大税种。民国时期，盐税占云南财政收入的 1/3 左右（初期为 1/4—1/3，中期为 1/2 弱，后期为 1/3），可以说，盐税是云南财政收支的支柱，对于解决军饷、推动地方教育、维持地方行政运作作出了重要贡献。

其次，滇盐作为带有一定政治属性的商品，历史上曾引起了各方政治势力对其进行争夺，如唐王朝、南诏政权、东爨势力对安宁盐井的争夺，唐王朝与吐蕃对嶲州（今西昌）盐井的争夺，清代"改土归流"进程中对土官盐权的剥夺，以及嘉庆二年（1797）的"滇西盐案"、咸丰八年（1858）的杜文秀回民大起义对乔后盐井的抢夺，民国云南政府对盐税的截留等，无不交织着通过占有盐池和盐利来实现自身利益的战略目的。

再次，盐与军事方面关系密切。历史上云南兵饷、边务经费的主要来源是盐款。而民国时期滇系军阀的形成、发展、鼎盛及其衰落，都与盐款有着千丝万缕的联系。

复次，盐文化成为盐业市镇、产盐城市传统文化中最亮丽的风景，是地方传统文化中最有历史内涵、最具特色的核心文化，也是地方政府着力开发和保护的重点，更是地方上打造旅游品牌的热点。而盐业档案则是档案文献中最具特色的文化宝藏，需要我们认真整理，加强研究。

最后，历史上的云南边岸问题，主要集中在盐场的得失（如道光年间猛乌、乌得被法国所窃取）、销岸的争夺方面（缅私、交私对开化、广南、腾冲、龙陵四大边岸侵销问题）。上述方面涉及的不仅仅是食盐问题，已经涉及了边疆的稳定和领土的完整这一国家主权问题。

可以说，食盐上关国计，下系民生。对盐的占有，与一个政权、一种政治势力的建立及其发展息息相关。道理很明显，谁控制了食盐，谁就控制了食用盐的人民及行销区。换句话说，食盐的争夺不仅是一个单纯的经济或财政问题，它是统治者借以控制民众的重要手段。而与缅甸、越南私盐的边岸之争，则不仅仅是食盐销区之争、市场之争，它还关系着国家的主权与领土的完整与否。

参考文献

一 文献资料

（民国）龙云、卢汉修，周钟岳等纂：《新纂云南通志》，1949 年云南
省通志馆据 1944 年刻本重印。

（民国）盐务署纂辑：《清盐法志》，盐务署 1920 年版。

（民国）邹琳编：《粤艖纪实》，华泰印刷有限公司 1922 年版。

（明）陈文等修：《云南图经志书》，云南省地方志办公室翻印，
1998 年。

（明）钱古训撰，江应樑校注：《百夷传校注》，云南人民出版社 1980
年版。

（清）岑毓英等修纂：（光绪）《云南通志》，光绪二十年（1894）
刻本。

（清）常明等纂修：《四川通志》，巴蜀书社 1984 年版。

（清）陈宗海修，陈度等纂：（光绪）《普洱府志稿》，光绪二十六年
（1900）刻本。

（清）单国光纂修：（乾隆）《广南府志略》，云南省图书馆旧钞本。

（清）鄂尔泰修，靖道谟撰：（雍正）《云南通志》，乾隆元年
（1737）刻本。

（清）范承勋、王继文修纂：（乾隆）《云南通志》，云南大学图书馆
藏本。

（清）郭存庄等修纂：（乾隆）《白盐井志》，云南省图书馆据中国科
学院南京地理研究所藏清乾隆二十三年（1758）刻本传抄皮藏。

（清）何愚纂修：（道光）《广南府志》，道光二十八年（1848）重刻本。

（清）嵇璜等奉敕撰：《清朝文献通考》，上海图书集成局，光绪二十七年（1901）。

（清）嘉庆《大清会典事例》卷181《户部·盐法》"云南"。

（清）康熙《云南通志》卷11《盐法》，康熙三十年。

（清）李训鈜等修纂：（光绪）《续修白盐井志》，光绪三十三年（1907）刻本。

（清）倪蜕辑，李埏校点：《滇云历年传》，云南大学出版社1992年版。

（清）乾隆《大清会典则例》卷45《户部·盐法上》，乾隆三年题准。

（清）乾隆敕撰：《清朝通志》，上海图书集成局，光绪二十七年（1901）。

（清）阮元等修撰：（道光）《两广盐法志》，云南大学图书馆藏本。

（清）阮元等修纂：（道光）《云南通志稿》，道光十五年（1835）刻本。

（清）阮元修，江藩纂：（嘉庆）《广东通志》，云南大学图书馆藏本。

（清）沈懋价等修纂：（康熙）《黑盐井志》，云南省图书馆传抄北京图书馆藏康熙四十九年（1710）刻本。

（清）沈鼐等修纂：（康熙）《琅盐井志》，云南省图书馆传抄北京大学图书馆藏清康熙五十一年（1712）刻本。

（清）师范编撰：《滇系》，光绪转刊嘉庆本。

（清）孙元相等修纂：（乾隆）《琅盐井志》，乾隆二十一年（1756）刻本。

（清）汤大宾等修纂：（乾隆）《开化府志》，云南省图书馆据故宫博物院图书馆藏清乾隆二十三年（1758）刻本传抄。

（清）王定柱纂修：（嘉庆）《黑盐井志》，嘉庆年间刻本。

（清）王守基：《盐法议略》，中华书局1991年版。

（清）王文韶等修纂：（道光）《续云南通志稿》，光绪二十七年（1901）刻本。

（清）吴其濬撰，徐金生绘编：《云南矿厂工器图略》，云南大学图书馆藏本。

（清）谢启昆撰：《广西通志》，文海出版社1966年版。

（清）杨琼：《滇中琐记》，民国元年（1912）铅印本。

（清）章履成纂修：（康熙）《元江府志》，云南省图书馆据北京图书馆馆藏康熙五十三年（1714）刻本传抄庋藏。

（清）赵尔巽等撰：《清史稿》，中华书局1977年版。

（清）赵弘任修：（康熙）《广西府志》，云南省图书馆据北京图书馆馆藏清康熙五十三年（1714）钞本传抄庋藏。

（清）周庆云纂：《盐法通志》，云南大学图书馆藏本。

（唐）樊绰撰，向达原校，木芹补注：《云南志补注》，云南人民出版社1995年版。

［意］马可·波罗（Polo. M）：《马可·波罗行纪》，冯承钧译，上海书店出版社2001年版。

《楚雄州盐业志》，云南民族出版社2001年版。

《嘉庆重修大清一统志》，中华书局1986年版。

《近代中国史料丛刊三编》第88辑，文海出版社1999年版。

《清朝文献通考》，商务印书馆《万有文库》本。

《清实录·高宗实录》卷4、卷18、卷97、卷920，中华书局1986年版。

《云南省志》卷19《盐业志》，云南人民出版社1993年版。

《云南一平浪盐矿志》，云南美术出版社2000年版。

《张允随奏稿》，云南史料丛刊本。

蔡毓荣撰：《筹滇十议疏》，云南史料丛刊本。

陈鼎撰：《滇游记》，云南史料丛刊本。

大姚县地方志编纂委员会：《大姚县志》，云南大学出版社1999年版。

方国瑜主编：《云南史料丛刊》，云南大学出版社1998—2001年版。

郭燮熙等辑：《云南盐丰县调查省会征集地志资料稿》，民国九年（1920）版。

郭影秋编著：《李定国纪年》，中华书局1960年版。

贺长龄、魏源等编：《皇朝经世文编》，道光刊本。

景学钤：《盐政问题商榷书》，盐政杂志社民国十年（1921）铅印本。

李春龙主编：《云南史料选编》，云南民族出版社 1997 年版。

李根源撰：《滇西兵要界务图注》，光绪三年（1877）刻本。

刘锦藻编：《清朝续文献通考》，商务印书馆《万有文库》本。

刘崑撰：《南中杂说》，云南史料丛刊本。

刘盛堂撰：《云南地志》，光绪三十四年（1908）版。

刘慰三撰：《滇南志略》，云南史料丛刊本。

马复初撰：《朝观途记》，云南史料丛刊本。

南开大学经济研究所经济史研究室编：《中国近代盐务史资料选辑》，
南开大学出版社 1985—1991 年版。

檀萃辑，宋文熙、李东平校注：《滇海虞衡志》，云南人民出版社
1990 年版。

吴大勋撰：《滇南闻见录》，云南史料丛刊本。

吴强等编著：《民国云南盐业档案史料》，云南民族出版社 1999
年版。

徐弘祖著，朱惠荣校注：《徐霞客游记校注》，云南人民出版社 1993
年版。

盐运使公署：《民国二十四年度云南盐务统计》，民国二十五年
（1936）铅印本。

余庆远撰：《维西见闻纪》，云南史料丛本。

云龙县志编纂委员会：《云龙县志》，农业出版社 1992 年版。

云南丛书出编辑：《滇文丛录》，开智印刷公司 1945 年版。

云南省公路总局编：《黑井区食盐运销处报告书》，省公路总局 1936
年排印。

云南省历史研究所编：《〈清实录〉有关云南史料汇编》，云南人民出
版社 1984—1986 年版。

云南省历史研究所编：《〈清实录〉越南缅甸泰国老挝史料摘抄》，云
南人民出版社 1986 年版。

云南省志编纂委员会办公室：《续云南通志长编》，云南省志编纂委

员会办公室 1985 年版。

云南盐运使署：《改组各井灶户修正方案》，民国二十一年（1932）
    铅印本。

云南盐运使署：《云南盐政改革方案》，民国二十年（1931）铅印本。

云南盐运使署编：《云南盐务统计（1936 年度）》，1937 年排印本。

张泓撰：《滇南新语》，云南史料丛刊本。

中国人民大学清史研究所、中国人民大学档案系中国政治制度史教研
    室合编：《清代的矿业》，中华书局 1983 年版。

中国人民政治协商会议云南省委员会文史资料研究委员会编：《云南
    文史资料选辑》第 29 辑，云南人民出版社 1986 年版。

中国人民政治协商会议云南省委员会文史资料研究委员会编：《云南
    文史资料选辑》第 3 辑，1963 年印。

二 档案、报刊资料

（一）档案

"云南通志馆征集云南各县食盐价格资料"（云南省图书馆藏 411 -
30）之嵩明、陆良、寻甸、路南、楚雄、禄丰、罗次、玉溪、元
江、云龙、保山、思茅、阿迷、蒙自、昭通、威信、鲁甸、盐津历
年食盐价格。该资料是云南通志馆为修纂《新纂云南通志》及
《续云南通志长编》而征集的民国抄本，保存在云南省图书馆，目
前云南大学历史系与云南省图书馆合作正在整理点校该资料。

《宫中档乾隆朝奏折》第 10 辑，台北："故宫博物院" 1982 年版。

川康盐务管理局关于"洽商黔西九县给证饬商自由购销滇盐给贵州盐
务分局的电"，民国三十六年 10 月 10 日，自贡市档案馆藏，档案
号：0003 - 005 - 3335 - 0001 - 0158。

署云贵总督彰宝、署云南巡抚李湖"奏报遵旨确查云南节年积欠盐课
等项银两情由事"，乾隆三十七年三月二十七日，中国第一历史档
案馆藏，档案号：04 - 01 - 35 - 0466 - 046。

温礼敬整理：《云南一平浪盐矿史稿·移卤就煤篇》，1985 年 5 月晒

蓝本。存于云南一平浪盐矿档案室。

忻频：《云南盐务管理局报告1939年整理云南盐务经过》，《民国档案》2012年第1期。

云贵总督伯麟"奏报委员查勘滇省白盐井被水情形事"，嘉庆二十三年九月初三日，中国第一历史档案馆藏，档案号：04-01-35-0497-012。

云贵总督伯麟"奏报云南黑盐井被水委员查勘及动项抚恤修理情形事"，嘉庆二十三年九月初三日，中国第一历史档案馆藏，档案号：04-01-35-0497-011。

云贵总督伯麟"奏为云南邓川州及白盐井被水请加赈蠲免钱粮借项事"，嘉庆二十二年十月十二日，中国第一历史档案馆藏，档案号：04-01-35-0048-004。

云贵总督兼署云南巡抚富纲"奏为滇盐酌归民运民销仰祈圣鉴事"之云贵总督兼署云南巡抚富纲"奏谨将滇盐改归民运民销条款开具简明清单恭呈御览"，嘉庆四年六月二十九日，中国第一历史档案馆藏，档案号：04-01-35-0482-01。

云贵总督阮元、云南巡抚伊里布"奏报遵旨查明滇盐滞销情形及现已畅销盐课有盈事"，道光七年闰五月二十日，中国第一历史档案馆藏，档案号：04-01-35-0505-016。

云贵总督崧蕃"奏为造报滇省光绪二十三年分征收各井盐课并开支各款及积存溢课银两"，光绪二十四年三月二十七日，中国第一历史档案馆编：国家图书馆馆藏《光绪朝硃批奏摺》第七十五辑，中华书局1995年版。

云贵总督尹继善"奏为滇盐价重请免赢余以资调济盐价事"，乾隆元年二月十二日，中国第一历史档案馆藏，档案号：04-01-35-0441-005。

云南省档案馆编：《民国云南盐业档案史料》，云南民族出版社1999年版。

云南一平浪盐矿档案室一卷宗《关于张冲对"移卤就煤"工程的设计、意见及省政府的批复、电话、架设、运输、石工价格，移灶设计等文件》（1933 年 9 月 4 日到 1935 年 4 月 25 日永久卷）。

云南总督庆复"奏请滇省近井山场广种树木以供煎盐之用事"，中国第一历史档案馆藏，档案号：04 - 01 - 35 - 0443 - 025。

中国第二历史档案馆、《民国档案》资料室：《云南盐务当局答复地方参议会质询盐务问题史料选（二）》，《民国档案》2012 年第3 期。

中国第二历史档案馆、《民国档案》资料室：《云南盐务当局答复地方参议会质询盐务问题史料选（一）》，《民国档案》2012 年第2 期。

自贡市档案馆编：《自贡盐业历史档案·契约卷》（全 18 册），凤凰出版社 2017 年版。

（二）报刊

李成生：《琅溪的文明倒影》，《云南日报》2006 年 4 月 28 日。

吕长生：《清代云南少数民族地区的盐业生产——〈滇南盐法图〉简介》，《光明日报》1978 年 2 月 28 日。

谭江华：《琅井——穿越千年的盐都》，《春城晚报》2011 年 7 月4 日。

杨寿川：《云南历史上的一种特殊货币——盐块》，《云南日报》1985年 7 月 5 日。

张俊：《盐都黑井与盐商武维扬》，《云南政协报》2007 年 5 月 19 日。

三　近人著作

仓铭：《云南边地移民史》，民族出版社 2004 年版。

曾凡英主编：《盐文化研究论丛》第 1—7 辑，巴蜀书社 2006—2014年版（第 6 辑由四川人民出版社出版）；《中国盐文化》第 8—9辑，中国经济出版社 2015、2016 年版；《中国盐文化》第 10—11辑，西南交通大学出版社 2018、2019 年版。

陈锋：《清代盐政与盐税》，中州古籍出版社 1988 年版。

陈然等编：《中国盐史论著目录索引》，中国社会科学出版社 1990 年版。

陈然等编：《中国盐业史论丛》，中国社会科学出版社 1987 年版。

陈征平：《云南工业史》，云南大学出版社 2007 年版。

丁长清、唐仁粤主编：《中国盐业史·近代当代编》，人民出版社 1997 年版。

丁长清主编：《民国盐务史稿》，人民出版社 1990 年版。

董孟雄、郭亚非：《云南地区对外贸易史》，云南人民出版社 1998 年版。

董孟雄：《云南近代地方经济史研究》，云南人民出版社 1991 年版。

方国瑜：《云南史料目录概说》，中华书局 1984 年版。

方国瑜：《中国西南历史地理考释》，中华书局 1987 年版。

方铁、方慧：《中国西南边疆开发史》，云南人民出版社 1997 年版。

方铁主编：《西南通史》，中州古籍出版社 2003 年版。

郭正忠：《宋代盐业经济史》，人民出版社 1990 年版。

郭正忠主编：《中国盐业史·古代编》，人民出版社 1997 年版。

何维凝：《中国盐政史》，台湾：商务印书馆 1966 年版。

何耀华总主编：《云南通史》1—6 卷，中国社会科学出版社 2011 年版。

胡阳全：《云南马帮》，福建人民出版社 1999 年版。

黄国信：《国家与市场：明清食盐贸易研究》，中华书局 2019 年版。

黄国信：《市场如何形成——从清代食盐走私的经验事实出发》，北京师范大学出版社 2018 年版。

黄培林、钟长永主编：《滇盐史论》，四川人民出版社 1997 年版。

黄晓萍：《失落的盐都：云南古镇黑井》，云南民族出版社 2001 年版。

蒋静一：《中国盐政问题》，正中书局 1936 年版。

李珪：《云南近代经济史》，云南民族出版社 1995 年版。

李何春：《动力与桎梏：澜沧江峡谷的盐与税》，中山大学出版社 2016 年版。

李群:《盐不由衷:琅盐井历史新探》,中山大学出版社 2019 年版。

李埏:《不自小斋文存》,云南人民出版社 2001 年版。

李水城、罗泰主编:《中国盐业考古》第二集《国际视野下的比较观察》,科学出版社 2010 年版。

李水城、罗泰主编:《中国盐业考古》第三集《长江上游古代盐业与中坝遗址的考古研究》,科学出版社 2013 年版。

李水城、罗泰主编:《中国盐业考古》第一集《长江上游古代盐业与景观考古的初步研究》,科学出版社 2006 年版。

李文笔、黄金鼎编著:《千年白族村——诺邓》,云南民族出版社 2004 年版。

李玥:《秘境琅溪——琅井古镇的人文解读》,云南民族出版社 2008 年版。

廖乐焕、孙丹:《云南马帮经济变迁研究》,人民出版社 2011 年版。

林建宇:《中国盐业经济》,四川人民出版社 2002 年版。

林文勋、黄纯艳等:《中国古代专卖制度与商品经济》,云南大学出版社 2003 年版。

林振翰编:《中国盐政纪要》,商务印书馆 1930 年版。

刘光平:《逝去的盐都:黑井》,云南美术出版社 2002 年版。

刘淼:《明代盐业经济研究》,汕头大学出版社 1996 年版。

刘勇编著:《茶马古道》,黄山书社 2012 年版。

刘云明:《清代云南市场研究》,云南大学出版社 1996 年版。

龙晓燕:《千年盐都:黑井》,云南大学出版社 2008 年版。

陆韧:《云南对外交通史》,云南民族出版社 1997 年版。

陆韧主编:《现代西方学术视野中的中国西南边疆史》,云南大学出版社 2007 年版。

罗群:《近代云南商人与商人资本》,云南大学出版社 2004 年版。

马存兆编著:《茶马古道上远逝的铃声:云南马帮马锅头口述历史》,云南大学出版社 2007 年版。

倪玉平:《博弈与均衡:清代两淮盐政改革》,福建人民出版社 2006 年版。

欧宗佑:《中国盐政小史》,商务印书馆 1927 年版。

潘定祥:《云南盐政纪要》,民国元年(1912)铅印本。

彭泽益、王仁远主编:《中国盐业史国际学术研讨会论文集》,四川
　　人民出版社 1991 年版。

史为乐主编:《中国历史地名大辞典》,中国社会科学出版社 2005
　　年版。

舒瑜:《微"盐"大义:云南诺邓盐业的历史人类学考察》,世界图
　　书背景出版公司 2009 年版。

唐仁粤主编:《中国盐业史》地方编,人民出版社 1997 年版。

田斌:《中国盐税与盐政》,省政府印书局 1929 年版。

万湘澂:《云南对外贸易概观》,新云南丛书社发行部 1946 年版。

王云五、傅纬平:《中国盐政史》,商务印书馆 1937 年版。

吴斌、支果、曾凡英:《中国盐业契约论——以四川近现代盐业契约
　　为中心》,西南交通大学出版社 2015 年版。

吴海波、曾凡英:《中国盐业史学术研究一百年》,巴蜀书社 2010
　　年版。

吴炜辑:《四川盐政史》,民国二十一年(1932)铅印本。

吴兴南:《云南对外贸易——从传统到近代化的历程》,云南民族出版
　　社 1997 年版。

谢本书:《张冲传》,四川民族出版社 1993 年版。

盐务署盐政稽核所编:《中国盐政实录》,上海汉文正楷印书局 1933
　　年版。

盐务总局编:《中国盐政实录》,上海新生德记印刷厂 1948 年版。

燕生东:《商周时期渤海南岸地区的盐业》,文物出版社 2013 年版。

杨甫旺:《千年盐都——石羊》,云南民族出版社 2006 年版。

杨镜主编:《乔后盐文化》,云南民族出版社 2010 年版。

杨寿川:《云南经济史研究》,云南民族出版社 1999 年版。

杨寿川编著:《贝币研究》,云南大学出版社 1997 年版。

杨勋民编:《云南盐务纪要》,民国三十三年(1944)版。

于云汉主编:《海盐文化研究》第一辑、第二辑,中国海洋大学出版

社，2014 年 11 月、2015 年 12 月出版。

云南省钱币学会编：《云南货币简史》，云南民族出版社 2002 年版。

曾仰丰：《中国盐政史》，商务印书馆 1984 年版。

张茂炯等编：《清盐法志》，1920 年铅印本。

张小也：《清代私盐问题研究》，社会科学文献出版社 2001 年版。

张银河：《中国盐文化史》，大象出版社 2009 年版。

郑凡：《沧桑小镇黑井村》，社会科学文献出版社 2008 年版。

钟长永：《中国盐业历史》，四川人民出版社 2001 年版。

周庆运等编：《盐法通志》，1914 年文明书局铅印本。

周智生：《商人与近代中国西南边疆社会：以滇西北为中心》，中国
社会科学出版社 2006 年版。

朱旭等纂修：《民国盐政史云南分史稿》，民国十九年（1930）铅
印本。

左树珍：《盐法纲要》，新学会社 1912 年版。

［美］李中清：《中国西南边疆的社会经济（1250—1850）》，林文勋、
秦树才译，人民出版社 2012 年版。

［日］佐伯富：《中国盐政史研究》，法律文化社 1987 年版。

《云南省经济综合志》编纂委员会主编：《云南省经济大事辑要
（1911—1990 年）》，云南经济信息报印刷厂 1994 年版。

四　论文

（一）学术论文

白广美：《中国古代井盐生产技术史的初步探讨》，《清华大学学报》
1962 年第 9 卷第 6 期。

白广美：《中国古代盐井考》，载《中国盐业史论丛》，中国社会科学
出版社 1987 年版。

陈锋：《近百年来清代盐政研究述评》，《汉学研究通讯》2006 年第
2 期。

陈锋：《微员任重：清代的盐场大使——清代盐业管理研究之五》，

《中国经济史研究》2019 年第 3 期。

陈星生：《两个城市的背影——扬州盐商与自贡盐商的比较研究》，《盐业史研究》2008 年第 2 期。

陈璋：《汉武帝盐铁官卖政策考略》，《港大史学年刊》1960 年第 1 卷。

程龙刚：《云南诺邓中国盐文化原生态博物馆》，《中国文化遗产》2009 年第 1 期。

程龙刚：《自贡盐文化遗产保护与利用研究》，《中国名城》2011 年第 8 期。

邓军：《文化线路视阈下川黔古盐道遗产体系与协同保护》，《长江师范学院学报》2016 年第 6 期。

丁琼、李月声：《略论清代云南盐税收入在地方财政上的流向》，载《盐文化研究》第 5 辑，巴蜀书社 2010 年版。

董咸庆：《清代云南食盐产销的独特性》，载云南大学历史系编《史学论丛》第 5 辑，云南大学出版社 1993 年版。

董咸庆：《清代云南盐务制度》，载云南大学历史系编《史学论丛》第 4 辑，云南大学出版社 1989 年版。

董咸庆：《盐币：云南市场流通过的货币》，载《中国盐业史国际学术讨论会论文集》，四川人民出版社 1991 年版。

董咸庆：《盐币：云南市场流通过的货币》，载《中国盐业史国际学术讨论会论文集》，四川人民出版社 1991 年版。

董咸庆：《云南食盐产地沿革与变迁》，《盐业史研究》1986 年第 1 期。

董振平：《1937—1941 年国民政府食盐运输制度述论》，《盐业史研究》2002 年第 1 期。

董振平：《抗战时期国民政府食盐产制政策述论》，《盐业史研究》2005 年第 3 期。

董振平：《论抗战时期国民政府的盐税政策》，《盐业史研究》2002 年第 1 期。

杜雪飞：《技术、制度、利益与生态环境变迁——云南黑井地区盐矿生产的生态环境史研究》，《思想战线》2012 年第 6 期。

方国瑜：《云南用贝作货币的时代及贝的来源》，《云南社会科学》1981 年第 1 期。

郭正忠：《宋代私盐律述略》，《江西社会科学》1997 年第 4 期。

何亚莉：《二十世纪中国古代盐业史研究综述》，《盐业史研究》2004 年第 2 期。

何珍如：《康熙时期的云南盐政》，载《中国历史博物馆馆刊》总第 5 期，文物出版社 1983 年版。

何珍如：《明代云南的盐政》，载《中国历史博物馆馆刊》总第 10 期，文物出版社 1987 年版。

何珍如：《清代云南的盐务缉私》，载《中国历史博物馆馆刊》总第 6 期，文物出版社 1984 年版。

何珍如：《我国古代的井盐》，《文史知识》1990 年第 6 期。

胡士铎：《滇盐钻探之经过及其展望》，《教育与科学》1947 年第 2 卷第 3 期。

胡士铎：《滇盐钻探之经过及其展望》，《教育与科学》1949 年第 2 卷第 3 期。

胡月：《白盐井与石羊古镇盐文化研究》，载《中国盐文化》第 10 辑，西南交通大学出版社 2018 年版。

黄俶成：《论两淮盐业经济对清代学术文化的影响》，《江海学刊》2001 年第 3 期。

黄纯艳：《魏晋南北朝世族势力的膨胀与盐政演变》，《盐业史研究》2002 年第 2 期。

黄国信：《从清代食盐贸易中的官商关系看传统市场形成机制》，《扬州大学学报》（人文社会科学版）2018 年第 1 期。

黄国信：《清代滇粤"铜盐互易"略论》，《盐业史研究》1996 年第 3 期。

黄健执笔：《云南盐业考察报告》，《盐业史研究》1996 年第 3 期。

黄培林：《〈云南盐法道题名记〉碑文揽要》，《盐业史研究》1992 年第 4 期。

黄培林：《民国年间滇盐的产制管理》，《盐业史研究》1992 年第
  1 期。

黄培林：《民国时期滇盐运销体制概括》，《盐业史研究》1988 年第
  3 期。

黄培林：《有关滇盐的诗歌及民谣随录》，《盐业史研究》1991 年第
  3 期。

黄培林：《云南盐史概说》，《盐业史研究》1996 年第 3 期。

黄培林：《云南盐税琐谈》，《盐业史研究》1990 年第 4 期。

黄培林：《云南盐业四十年》，《云南文史丛刊》1990 年第 4 期。

吉成名：《论汉代食盐产地》，载《盐文化研究论丛》第 2 辑，巴蜀
  书社 2007 年版。

吉成名：《论金代食盐产地》，《盐业史研究》2008 年第 3 期。

吉成名：《论清代井盐产地》，《盐业史研究》2010 年第 3 期。

吉成名：《元代食盐产地研究》，《四川理工学院学报》2008 年第 3 期。

贾大泉：《井盐在宋代四川经济及政治中的地位与作用》，《盐业史研
  究》1986 年第 1 期。

姜锡东：《关于宋代的私盐贩》，《盐业史研究》1999 年第 1 期。

李德成：《北洋政府时期的盐务管理》，《江西师范大学学报》2001 年
  第 1 期。

李国喜：《一平浪盐矿的创始人——张冲》，《盐业史研究》1991 年第
  3 期。

李和：《清代粤西路上的滇粤"铜盐互易"》，《甘肃农业》2006 年第
  9 期。

李敏：《20 世纪 90 年代以来中国盐文化研究综述》，《盐业史研究》
  2013 年第 2 期。

李如海：《石羊传统制盐技艺的价值审视》，《盐业史研究》2013 年第
  1 期。

李三谋：《清代食盐贸易中的引岸制度》，《盐业史研究》1992 年第
  1 期。

李陶红：《危机的调适：清末云南白盐井盐业生产与林业生态互动研

究》,《西南民族大学学报》(人文社科版)2019 年第 6 期。

李陶红:《云南白盐井盐业社会的传说、信仰与仪式》,《民族论坛》
2016 年第 2 期。

李晓龙、温春来:《中国盐史研究的理论视野和研究取向》,《史学理论研究》2013 年第 2 期。

李正亭:《环境史视域下云南井盐生产与井场森林生态》,《青海民族大学学报》(社会科学版)2018 年第 4 期。

李正亭:《明代云南开中盐法及其社会影响析论》,《四川理工学院学报》2013 年第 3 期。

李正亭:《元代以前滇盐与云南经济社会发展》,《盐业史研究》2008年第 2 期。

梁建:《抗战时期缅盐销滇正常化努力述论》,《盐业史研究》2015 年第 3 期。

廖乐焕:《论云南马帮运输货物的历史变迁》,《黑龙江民族丛刊》2010 年第 5 期。

林瑞翰:《宋代盐榷》,《大陆杂志》1953 年第 28 卷第 6 期。

林文勋:《北宋解盐入蜀考析》,《盐业史研究》1990 年第 2 期。

林文勋:《北宋四川解盐入蜀考析》,《盐业史研究》1990 年第 2 期。

林文勋:《北宋四川盐产量蠡测》,《盐业史研究》1992 年第 1 期。

林文勋:《从历史发展看云南国际大市场的构建》,《云南社会科学》2001 年第 1 期。

林文勋:《大理国货币流通分析》,《云南民族学院学报》1999 年第3 期。

林文勋:《略论食盐入中法的产生发展及作用》,《盐业史研究》1991年第 1 期。

林文勋:《明清时期内地商人在云南的经济活动》,《云南社会科学》1991 年第 1 期。

林文勋:《南诏货币流通分析》,《云南社会科学》1999 年第 1 期。

林文勋:《诺邓村:一个盐井村落的历史文化解读》,《盐业史研究》2004 年第 4 期。

林文勋：《钱币之路：沟通中外关系的桥梁和纽带》，《思想战线》1999 年第 5 期。

林文勋：《宋代食盐与周边民族关系》，《云南民族学院学报》1993 年第 2 期。

林文勋：《宋代盐钞功能试探》，《中州学刊》1995 年第 2 期。

林文勋：《云南古代货币文化发展的特点》，《思想战线》1998 年第 6 期。

林文勋：《中国古代专卖制度的源起与历史作用：立足于盐专卖制的考察》，《盐业史研究》2003 年第 3 期。

林文勋：《中国历史上的"盐铁时代"及其地位》，载《盐文化研究论丛》第 1 辑，巴蜀书社 2006 年版。

刘德林：《滇盐矿山开发史略论》，《盐业史研究》1996 年第 3 期。

刘经华：《抗战时期国民政府盐务管理体制的变迁》，《盐业史研究》2005 年第 3 期。

刘经华：《民国初期食盐贸易自由化论析》，《中国社会经济史研究》2003 年第 2 期。

刘隽：《清代云南的盐务》，《中国近代经济史研究集刊》1933 年第 2 卷第 1 期。

刘淼：《明朝灶户的户役》，《盐业史研究》1992 年第 2 期。

鲁西奇：《民国时期盐务机构的演变》，《盐业史研究》1991 年第 1 期。

陆韧：《抗日战争中的云南马帮运输》，《抗日战争研究》1995 年第 1 期。

罗守杰：《云南采用岩盐定向对接井采卤方法》，《中国井矿盐》2000 年第 5 期。

吕长生：《清代云南井盐生产的历史画卷——〈滇南盐法图〉》，载《中国历史博物馆馆刊》，文物出版社 1983 年版。

马琦：《清代贵州盐政述论——以川盐、淮盐、滇盐、粤盐贵州市场争夺战为中心》，《盐业史研究》2006 年第 1 期。

马琦：《清前中期云南盐税的定额、实征与奏销》，《盐业史研究》

2018 年第 2 期。

苗成:《民国时期云南盐工的生活状况》,《盐业史研究》1996 年第 3 期。

潘向明:《清代滇桂地区开发概论》,《清史研究》1991 年第 2 期。

彭泽益:《盐业与盐业史研究》,《盐业史研究》1986 年第 1 期。

蒲培勇、宋来福、马宏强:《盐商文化视角下对历史建筑价值研究——以"千年盐都"中国历史文化古镇云南黑井为例》,载《盐文化研究论丛》第 6 辑,四川人民出版社 2013 年版。

千家驹:《关于中国的盐务史》,《盐业史研究》1986 年第 1 期。

屈小强:《三星堆文明时期的食盐贸易》,《盐业史研究》1994 年第 1 期。

盛茂产:《力主云南盐政改革的谷际岐》,《盐业史研究》1995 年第 4 期。

史继刚:《两宋对私盐的防范》,《中国史研究》1990 年第 2 期。

舒瑜:《从清末到民国云南诺邓盐的"交换圈"》,《西南民族大学学报》2010 年第 7 期。

舒瑜:《丰产的文化理性解释:云南诺邓历史上两套丰产仪式之研究》,《民族研究》2011 年第 6 期。

宋良曦:《清代中国盐商的社会地位》,《盐业史研究》1998 年第 4 期。

宋良曦:《中国盐文化的内涵与研究状况》,载《盐文化研究论丛》第 3 辑,巴蜀书社 2008 年版。

宋良曦:《中国盐与食文化》,《盐业史研究》1996 年第 1 期。

孙亚明、田亚莲:《楚雄州盐文化资源调研》,《盐业史研究》2011 年第 4 期。

孙亚明:《云南楚雄地区盐文化旅游发展探讨》,载《盐文化研究论丛》第 7 辑,巴蜀书社 2014 年版。

唐靖:《清末资政院滇籍议员活动述论——以云南盐斤加价案为核心》,《中国边疆史地研究》2016 年第 4 期。

唐柱:《城镇更新中黑井盐文化遗产建筑空间保护与设计》,载《中国盐文化》第 9 辑,中国经济出版社 2017 年版。

滕兰花:《清代滇桂通道上的滇粤铜盐互易及其影响》,载广西博物馆编《广西博物馆文集》第 4 辑，广西人民出版社 2007 年版。

万吉琼：《中国盐文化研究的现状与趋势》，《江西社会科学》2013 年第 10 期。

王抚州：《中国之盐政》，《大陆杂志》1950 年第 1 卷第 6 期。

王仲：《袁世凯统治时期的盐务和盐务改革》，《近代史研究》1987 年第 4 期。

王子今：《两汉盐产与盐运》，《盐业史研究》1993 年第 3 期。

王子今：《张家山汉简〈金布律〉中的早期井盐史料及相关问题》，《盐业史研究》2003 年第 3 期。

吴承越：《盐与滇盐币》，《盐业史研究》1997 年第 2 期。

吴海波：《近十五年来清代私盐史研究综述》，《盐业史研究》2001 年第 3 期。

吴海波：《清代湖广官盐流通、运销与私盐》，《求索》2006 年第 2 期。

吴强：《抗战时期的云南盐业》，《盐业史研究》1995 年第 1 期。

吴泽霖：《从近百年自贡盐业运销史看商品经济的重要性》，《盐业史研究》1988 年第 2 期。

武晓芬：《清代及民国云南盐政变化与地方经济的关系》，《中国经济史研究》2004 年第 3 期。

萧右乾：《滇中盐区元永井》，《建国报道》1945 年第 1 卷第 16 期。

谢本书：《滇盐发展的历史特点》，《盐业史研究》1996 年第 3 期。

谢本书：《移卤就煤——云南盐业史上的创举》，《盐业史研究》1991 年第 4 期。

谢祺：《清末边疆危机下中央与云南当局围绕盐课的博弈》，《盐业史研究》2018 年第 2 期。

杨柳、诸锡斌：《黑井传统制盐技术新考》，《云南农业大学学报》2007 年第 1 期。

杨亚东：《试论清代云南汉族移民与盐业发展、私盐泛滥的关系》，《清史论丛》2018 年第 2 期。

杨卓如：《明代云龙盐井的开发与"改土归流"》，《大理文化》1982 年第 1 期。

杨宗亮：《元明清时期滇桂通道及其历史作用》，《中南民族学院学报》1992 年第 2 期。

阎柏：《古镇的兴衰对滇中社会经济发展的影响——以云南楚雄黑井和石羊盐业古镇为例》，《云南民族大学学报》2007 年第 3 期。

曾凡英：《盐文化的内涵与特征》，《四川理工学院学报》（社会科学版）2006 年第 1 期。

曾凡英：《再论盐文化》，《盐业史研究》1998 年第 1 期。

曾绍伦：《食盐专营及盐业管理模式比较研究》，《四川理工学院学报》2010 年第 5 期。

曾原、戴世莹：《边疆地区历史文化名镇的保护、开发和利用研究——以云南省禄丰县黑井镇为例》，《思想战线》2003 年第 4 期。

张柏惠：《明清易代与国家制度下的地方运作——论清初云南的黑、白、琅井盐课提举司》，《中国边疆史地研究》2018 年第 1 期。

张柏惠：《以丁之名——再论明清云南黑、白、琅井盐课提举司的赋役征派》，《盐业史研究》2016 年第 3 期。

张海超：《试论南诏大理国的盐业与国家整合》，《中国社会经济史研究》2018 年第 2 期。

张小也：《清代盐政中的缉私问题》，《清史研究》2000 年第 1 期。

张心雄：《川滇井盐概述》，《旅行杂志》1940 年第 14 卷第 3 期。

张学君、张莉红：《南方丝绸之路上的食盐贸易（续篇）》，《盐业史研究》1995 年第 4 期。

张学君：《南方丝绸之路上的食盐贸易》，《盐业史研究》1995 年第 4 期。

赵德厚：《滇西盐场巡礼》，《旅行杂志》1948 年第 22 卷第 3 期。

赵逵、杨雪松：《川盐古道与盐业古镇的历史研究》，《盐业史研究》2007 年第 2 期。

赵敏：《洱海区域的盐井与南诏大理文化》，《大理学院学报》2012 年第 5 期。

赵小平、褚质丽：《云南盐文化及其传播》，载《中国盐文化》第 8 辑，中国经济出版社 2015 年版。

赵小平、胡月：《川滇盐文化比较研究》，载《中国盐文化》第 9 辑，中国经济出版社 2017 年版。

赵小平、肖仕华：《八十年来云南盐业史研究综述》，《盐业史研究》2014 年第 3 期。

赵小平、谢华香：《南方丝绸之路上的川盐入滇古道研究》，载自贡市盐业历史博物馆编《川盐文化圈研究——川盐古道与区域发展学术研讨会论文集》，文物出版社 2016 年版。

赵小平、余劲松：《清代云南盐业经费来源问题研究》，《盐业史研究》2018 年第 2 期。

赵小平、余劲松：《清代云南盐业生产中的薪本银借贷问题研究》，《盐业史研究》2017 年第 1 期。

赵小平、张惠、余劲松：《盐与云南市镇发展关系研究》，载《中国盐文化》第 10 辑，西南交通大学出版社 2018 年版。

赵小平：《对做好盐文化资源开发利用与保护的几点思考》，载《盐文化研究论丛》第 7 辑，巴蜀书社 2014 年版。

赵小平：《南方丝绸之路上的滇缅食盐贸易研究》，《盐业史研究》2019 年第 3 期。

赵小平：《清代云南盐政探析》，载《盐文化研究论丛》第 6 辑，四川人民出版社 2013 年版。

赵小平：《云南黑井盐文化及其保护与开发》，《扬州大学学报》（人文社会科学版）2018 年第 5 期。

钟长永：《西南军阀与四川盐税》，《井盐史通讯》1984 年第 1 期。

钟长永：《盐与云南的民俗风情》，《盐业史研究》1997 年第 3 期。

重仁、怀玉：《云南盐业史上一个以盐为主多种经营的成功范例》，《盐业史研究》1996 年第 3 期。

周询：《清代川盐盐税》，《四川文献》1957 年第 66 期。

朱霞：《从口述材料看民国时期的私盐运销——以云南诺邓盐村为个案》，《民俗研究》2006 年第 3 期。

朱霞：《民间卤水资源分配与国家灶户制度——以云南诺邓白族村盐井的"十六灶"习俗为个案》，《云南社会科学》2007 年第 1 期。

朱霞：《盐井与卤龙王：诺邓盐井的技术知识和民间信仰》，《广西民族学院学报》2004 年第 2 期。

［韩］金钟博：《明代盐法之演变与盐商之变化》，《史学集刊》2005年第 1 期。

［美］何柄棣：《扬州盐商：十八世纪中国商业资本的研究》，《中国社会经济史研究》1999 年第 2 期。

［美］李中清：《明清时期中国西南的经济发展与人口增长》，载《清史论丛》第 5 辑，中华书局 1984 年版。

［美］李中清：《一二五〇——一八五〇年西南移民史》，《社会科学战线》1983 年第 1 期。

［美］李中清：《一二五〇——一八五〇年中国西南的人口增长与粮食供给》，云南省历史研究所编《研究集刊》1983 年第 2 期。

［美］佐拉·G. 多伊奇、梁鹰：《中国的井盐开采技术》，《盐业史研究》1986 年第 1 辑。

［日］宫崎市定：《清代盐政之研究》序，载［日］佐伯富《清代盐政之研究》，顾南、顾学稼译，《盐业史研究》1993 年第 2 期。

［日］宫崎市定：《西夏的兴起与青白盐问题》，《东亚经济研究》1934 年第 18 卷第 2 期。

［日］吉田寅：《中国盐业史在日本的研究现状》，见彭泽益、王仁远主编《中国盐业史国际学术讨论会论文集》，四川人民出版社 1991年版。

［日］影山刚：《西汉的盐专卖》，载《日本学者研究中国史论著选集》第 3 卷，中华书局 1993 年版。

［日］佐伯富：《盐与中国社会》，日本《东亚人文学报》1943 年第 3卷第 1 期。

［瑞士］傅汉思：《中西盐业史比较研究》，《盐业史研究》1993 年第4 期。

［新加坡］姜道章：《论清代中国的盐业贸易》，《盐业史研究》1989年第 2 期。

（二）学位论文

陈东：《民国时期滇盐运销制度的演变》，硕士学位论文，云南民族大学，2009 年。

陈萍：《清代云南的盐业及相关问题研究》，硕士学位论文，云南大学，2006 年。

崔校：《云南楚雄黑井镇明清时期空间格局的复原研究》，硕士学位论文，中央民族大学，2019 年。

丁琼：《清代粤盐销滇研究》，硕士学位论文，云南大学，2011 年。

董咸庆：《清代滇盐及其与地方政治、经济关系》，硕士学位论文，云南大学，1985 年。

胡莉：《元代井盐研究》，硕士学位论文，暨南大学，2013 年。

纪丽真：《明清山东盐业研究》，博士学位论文，山东大学，2006 年。

金知恕：《清前期滇西云龙地区的盐井与地方社会》，硕士学位论文，复旦大学，2013 年。

李青淼：《唐代盐业地理》，博士学位论文，北京大学，2008 年。

李清清：《唐代西南地区盐的产销及其在经济社会中的作用》，硕士学位论文，西南大学，2010 年。

李正亭：《滇盐与明清云南社会经济述论》，硕士学位论文，云南师范大学，2002 年。

魏严坚：《安史之乱后唐代盐业之发展——以江淮地区为重心》，硕士学位论文，台湾东海大学，1986 年。

吴海波：《清中叶两淮私盐与地方社会》，博士学位论文，复旦大学，2007 年。

徐泓：《明代的盐法》，博士学位论文，台湾大学，1973 年。

姚伟男：《明清以降楚雄大理井盐聚落的历史演变与建筑类型研究》，硕士学位论文，深圳大学，2018 年。

余劲松：《清代云南盐业经费问题研究》，硕士学位论文，云南大学，2016 年。

张崇荣:《清代白盐井盐业与市镇文化研究》,硕士学位论文,华中师范大学,2014 年。

张毅:《明清天津盐业研究》,博士学位论文,南开大学,2009 年。

赵小平:《清代滇盐与商品经济的发展》,硕士学位论文,云南大学,2002 年。

周靖:《云南黑井井盐研究》,硕士学位论文,云南大学,2015 年。

周莉:《清代广东盐业与地方社会》,博士学位论文,华中师范大学,2005 年。

朱霞:《云南诺邓井盐生产民俗研究》,博士学位论文,北京师范大学,2004 年。

后　记

　　食盐是日常必需品，由于盐矿开采技术的现代化及产能的剧增，今天食盐供给已经非常充裕，实行两千多年的食盐专营制度也于2016年取消，故而普通民众对食盐的重视程度已经远远不如历史上的任何时期。我们知道，历史上食盐是关系国计民生的大宗商品，是国家最早实行专卖的商品，也是各方政治势力集团争夺的焦点，更是统治集团用来控制广大民众的重要手段。对食盐问题的研究，既涉及对食盐的生产、运输、销售这三大环节的研究，又涉及对盐政、盐法等制度、机制的研究，也涉及对经费、盐质与盐价、盐税等核心问题的研究，还涉及对盐官、盐商、灶户或盐工、运夫等相关人员的研究，同时还涉及对盐业生产技术、生产关系的演变研究；随着对上述核心问题的研究，围绕食盐衍生出来的一系列问题引起了学者的关注，如私盐与缉私问题、盐市场与盐业市镇兴衰问题、盐业生产与生态环境变迁问题、盐税与财政及社会发展问题、政治势力围绕食盐的博弈问题、盐与边疆稳定问题、盐文化及其传播问题等。可以说，盐业史研究在前辈学者的努力推动和新生力量的参与之下，今天迎来了又一次春天。

　　滇盐为中国井盐的代表，云南在历史上一直都是盐业生产的重要产区。由于盐业资源形成条件的特殊性和盐业生产技术、运输方式的独特性，滇盐在其发展进程中与同是井盐的川盐相比，有着许多差异性，并对云南经济、社会、文化发展产生了重要影响。然而，与川盐的研究相比，滇盐研究无论从研究人员规模还是成果而言，都相对薄弱。这无疑是我加入滇盐研究队伍中一个很重要的原因，也是完成本成果的一个重要动因。

本成果是根据我的博士学位论文修改而成，也是自我硕士学位论文后又一次对民国时期滇盐较为系统的研究。但与硕士学位论文的写作过程相比，有着更为复杂的感受和体会。

在我正式攻读硕士研究生之前，虽然是保送生（推免生），但由于是自费生，迫于经济的压力，我曾有过放弃继续读书的打算，而当时只有33岁的林文勋教授鼓励我继续读下去。可以说，从那一刻起，我的人生出现了重大转机。更有幸的是，我的硕士生导师就是林文勋教授。当时林老师告诉我，李埏先生曾劝他先从治云南地方史开始，进而拓展到西南区域史，最后走向全国的舞台，而当时他选择了从四川开始（林老师的博士学位论文研究的是宋代四川商品经济史），因此，看到我准备从云南经济史起步，林老师当时给了我极大地鼓励！2000年初，中国经济史研究所成立，专门设立了云南地方经济史这一研究方向，这给了我从事云南经济史研究的更大信心。那么，我的硕士学位论文选取云南经济史的哪个切入点呢？我选择了研究滇盐。这个选择，无疑与我读本科（我的本科在云南大学历史学基地班就读）时上潘先林教授的"西南军阀史专题"课时对盐税与滇系军阀发展关系的兴趣有关，并为了探究这一兴趣点，在吴晓亮教授的悉心指导下，完成了本科毕业论文《盐与唐继尧滇系军阀的发展》（这篇论文读研后在林文勋教授的指导下又进行了修改，并被林老师推荐到《盐业史研究》上发表，这也是我与该刊的第一次结缘，非常感激林老师把我领到盐业史研究学术领域！）。我的硕士学位论文《清代滇盐与商品经济的发展》，力图从商品经济史的视角来研究清代云南食盐的发展，可以说，我正式成为一名云南盐业史研究的新人。硕士研究生阶段最大的压力是经济问题，但是，在导师的关心和帮助下，在很多好心人和老师的关照下，我不但顺利毕业，而且在导师的争取下幸运地成为中国经济史研究所的一员。可以说，是导师改变了我的人生轨迹，我在这里由衷地感谢！

选择读博是工作六年后的事。工作后的六年里，林老师仍然带着我在云南地方经济史的研究中前进，吸纳我参加了他本人主持的许多相关课题，使我在六年中虽然没有做出大的成果，但也有了一些积累，并激发了我进一步深造的信念。考博过程虽然历经波折，但林老师仍然不嫌弃我资质愚钝，使我又一次幸运地成了他名下的一名博士生。在博士学位论文的选题方面，林老师希望我的选题可以尽快让我从云南地方经济史研究转向中国史研究，成为我以后学术研究的新起点。但是，我还是让导师失望了，我还是选择了云南盐业史，而林老师也宽厚地允许了。在论文写作的过程中，由于撰写进程断断续续，思路不停地被各种事情打断，又加上急于评职称的功利想法，往往是写一点就赶紧发表了。但现在回头看来，有些文章仍然不够成熟，因而在博士学位论文的修改过程中进行了大量增补。我知道，完成的博士学位论文，既离林老师的要求相去甚远，也与自己的预期有较大的距离。

与读硕期间相比，林老师的工作越来越繁重，需要全局考虑的事情越来越多，但是，最让我敬佩的是，不管如何忙，他在指导学生方面一如既往地认真、负责，在和学生谈话时一如既往地和蔼、热情。正是基于此，虽然林老师的职务有多次变动，但我也一如既往地称呼林老师。每次见师母，她都要询问我的学习、生活和工作情况，师母对我的一点点进步都给予充分肯定和鼓励，对我遇到的一小点挫折都给予了真诚的安慰。再次由衷地感谢林老师和师母对我学术上的指导，生活上的照顾，工作上的关心！

我常常以聆听过李埏先生的授课而自豪，因先生曾几次当面告诫和教导我而感激。而这种长辈对孙辈的告诫和教导、关心和爱护，在先生去逝后仍然在师祖母身上幸福地延续着，直至师祖母离我们而去才终止。

在我的老师中，吴晓亮教授从本科授课开始，关心和帮助了我整整25年。正是吴老师，从本科学位论文就把我引进云南盐业史研究领域，并在我读硕、工作、读博期间给予了我各种鼓励和帮助！感谢罗群教授将本成果纳入"云南大学史学丛书"出版，正是罗老师与出版社的多次协调和沟通，本成果才能顺利出版。感谢百忙之中仍不忘给我们讲课的武建国教授！感谢在我相关论文发表过程中给予大力指导和帮助的廖国强编审！感谢带领我研究明代货币史的王文成研究员！感谢给我提出过学术发展规划的顾仕敏教授、戴顺祥教授！感谢从硕士阶段就一直在学习、生活上关心和帮助我的张锦鹏教授！感谢给我们讲授经济思想史的黄海涛教授！感谢在每次经济史所博士研究生、硕士研究生答辩时给我们精彩点评的云南师范大学李寿教授、李槐教授！读博期间，还要感谢李晨阳教授、潘先林教授、韩杰教授、陈庆江教授、秦树才教授、廖炼忠教授在教学、科研、管理工作方面给予的关心和帮助！感谢黄纯艳教授四年来对我全方位的关心和指导！感谢中国经济史研究所的薛政超教授、田晓忠副教授、黎志刚副教授、董雁伟副教授、李园副教授对我给予的极大支持和帮助！感谢缪坤和师兄、谷更有师兄、王燕玲师姐、王水乔师兄、陈碧芬师姐、唐国锋师弟、祁志浩师弟、李佳韩师妹等在我读硕、读博期间给予的鼓励和帮助！感谢历史系马琦老师、谢蔚老师在资料上的帮助！感谢我的研究生丁琼、查海花、刘风在资料查找等方面的帮助！也感谢我所指导的所有研究生，正是他们的求知欲，迫使我不断地学习新知识、开拓新视野。

我之所以能够如预期赶上答辩，与研究生院各位老师的大力支持和鼓励分不开。特别感谢当时在研究生院工作的赵琦华教授、段红云教授、姚绍文教授、王启梁教授、徐媛媛老师、徐瑾老师、闵红云老师等同事对我工作上、学术上、生活上的指导、关心和帮助！感谢学校社科处杨绍军处长及社科处各位老师在我课题申报、成果报奖方面的指导和帮助！感谢《思想战线》三任主编王文光教授、杨毅教授、蒋红教授在我科研道路上的关心和鼓励！正是各位老师对我工作上的帮助、精神上的鼓励、生活上的关心，我才能够顺利完成博士学位论文。

除了云南大学各位老师对我的精心指导和帮助之外，这么多年来我能够在云南盐业史研究方面有所进步，还与中国盐文化研究中心和《盐业史研究》编辑部的各位从事盐业史、盐文化研究专家的支持和关心分不开，特别感谢曾凡英主任、程龙刚馆长和周翠薇副馆长、周聪老师、邓军老师、黄健研究员、万吉琼老师、胡门祥老师、潘玉虹老师、张倩老师、王晓静老师、邹丽莎老师、王放兰老师等长期以来对我从事云南盐业史研究的大力支持！感谢盐业史专业委员会黄俶成老会长对我的厚爱和鼓励！感谢四川轻化工大学张强老师为我提供的珍贵盐业档案！

本成果在修改过程中，吸纳了评阅专家的意见和答辩委员的建议，进行了一些补充、修改，在此感谢给我论文提出宝贵建议和意见的刘兰兮研究员、李寿教授、李槐教授、吴晓亮教授、张锦鹏教授！感谢中国社会科学出版社刘志兵老师为本成果能够如期出版所做的努力和辛勤工作！

在收获博士学位论文的同时，我自己还有其他很多收获，很多感悟：在我读博期间，我的父亲从从教43年的讲台上退休了，把教书的希望完全寄托在了我一人身上；我的小妹也长大出嫁了；我的母亲再也不必整天为我们兄妹三人操心了，脸上笑容明显多了。遗憾的是，我的岳父不幸去世了，没能看到我答辩的时刻；高兴的是，我不但有了小宝宝赵映竹，而且答辩前都能和我谈论一些简单的问题了，现在更是可以与我辩论了。可以说，博士论文的顺利完成和女儿的健康成长，倾注了我妻子张波的无私付出，在此深表感谢！我的大妹更是无私的从甘肃老家来昆为我们带了三年的孩子，可以让我全身心地投入工作和论文撰写中去。我岳母自岳父去逝后一直与我们一起生活，每天下午早早做好饭等我们和孩子回家后吃饭；我妻子的哥、大姐、二姐三家人，同样给予了我诸多温暖，使我在彩云之南感受到了太多的亲情和关怀！因此，我的博士学位论文能够完成，还与我的亲人们的殷切期望和全力支持分不开，在此，对我的父母、岳父母、妻子、小宝、妹妹及两边所有的家人道一声感谢！

在我45年的人生旅途中，前20年是在甘肃老家度过的，虽然生活艰苦，却也处处有家人、亲戚、乡里的浓浓亲情，我尽情地享受着我的奶奶（在我读大二时去世了）、外公外婆（皆已去世）、舅舅们、姑姑们、姨们对我的疼爱，他们在我成长和学习过程中，在经济上、精神上给予了我太多的帮助和支持，因此我的学习历程是快乐的。来昆明的 25 年里，师生情、新的亲情、同学情、老乡情、同事情、朋友情，接触了那么多人，也就意味着有更多的人帮助和关心过我，虽然不能一一提及，但感谢是必须要说的。

　　感谢的人越多，愈发觉得匆匆完成的成果辜负了大家的期望，衷心地希望各位专家学者对本成果提出宝贵的建议和意见，谢谢！

赵小平

2020 年 4 月于昆明